NOS VÉRITÉS

KAMALA HARRIS

NOS VÉRITÉS

Mon rêve américain

Traduit de l'anglais (États-Unis) par Pierre Reignier

Robert Laffont

Titre original : The Truths We Hold. An American Journey

Traduction française : Éditions Robert Laffont, S.A.S., Paris, 2021
ISBN 978-2-221-25480-6
Dépôt légal : mai 2021

(édition originale : ISBN 978-05-255-60-715, publiée par Penguin Press, imprint of Penguin Randon House)
Édition publiée avec l'accord de Penguin Press, une maison de Penguin Publishing Group, une division de Penguin Random House LLC.

Éditions Robert Laffont – 92, avenue de France 75013 Paris

À mon époux bien-aimé.
Merci d'être toujours si patient,
affectueux, encourageant, paisible.
Et surtout, de me faire tellement rire.

Préambule

Le matin, Doug, mon mari, se réveille le plus souvent avant moi et reste au lit pour lire les nouvelles. À ses réactions – un grognement, un soupir, une exclamation –, je peux deviner comment la journée s'annonce.

Celle du 8 novembre 2016, la dernière de ma campagne pour devenir sénatrice des États-Unis, avait très bien commencé. Je la consacrai à rencontrer autant d'électeurs que possible et, bien sûr, je votai moi-même dans l'école de notre quartier, à deux pas de la maison. Nous étions d'excellente humeur. Nous avions réservé une salle immense pour la soirée électorale, et le lâcher de ballons était prêt. Avant cela néanmoins, pour respecter une tradition datant de ma toute première campagne, je devais dîner avec ma famille et quelques très bons amis. Mes tantes et cousins, ma belle-famille, la belle-famille de ma sœur, et d'autres encore, avaient fait le voyage des quatre coins du pays, et même de l'étranger, et nous avions prévu de nous réunir pour ce qui devait être, espérions-nous, un moment exceptionnel.

Je regardais par la vitre de la voiture, méditant sur tout ce que nous avions accompli, lorsque j'entendis l'un des petits grognements expressifs de Doug.

« Regarde un peu ça », dit-il avec gravité en me passant son téléphone. Les premiers résultats de l'élection présidentielle[1] com-

1. Le Jour des élections (Election Day), qui tombe toujours un mardi de début novembre, les Américains votent pour élire leur président, les membres du Congrès

mençaient à tomber. Et il se passait quelque chose d'inquiétant. Le temps que nous arrivions au restaurant, l'écart entre les deux candidats s'était déjà considérablement réduit. Moi aussi, en mon for intérieur, je grognais. Les projections du *New York Times* indiquaient que nous avions sans doute devant nous un long et sinistre suspense.

Nous nous installâmes pour le dîner dans un petit salon à l'écart de la salle principale du restaurant. Tout le monde était très ému, survolté, mais pas pour les raisons que nous avions envisagées. D'un côté, même si les bureaux de vote n'étaient pas encore fermés en Californie, nous étions optimistes pour ma candidature au Sénat. Mais tout en anticipant cette victoire conquise de haute lutte, nous consultions sans cesse nos écrans où, État après État, les chiffres de la présidentielle déroulaient un récit troublant.

Mon filleul Alexander, qui avait neuf ans, s'approcha à un moment de moi les yeux gonflés de larmes. Supposant que l'un des autres enfants de notre groupe l'avait vexé pour une raison ou une autre, je dis : « Viens me voir, mon grand. Qu'est-ce qui t'arrive ? »

Alexander leva le menton pour soutenir mon regard. Il répondit d'une voix tremblante : « Tatie Kamala, il ne faut pas que cet homme gagne. Il ne va pas gagner, quand même ? » L'inquiétude du petit garçon me fendit le cœur. Je refusais que quiconque fasse du mal de cette façon à un enfant. Huit ans plus tôt, nous avions été nombreux à verser des larmes de joie lorsque Barack Obama avait été élu à la Maison Blanche. Et maintenant, voir la peur d'Alexander…

Son père, Reggie, et moi le prîmes à l'écart pour le consoler.

« Alexander, tu sais que les superhéros, parfois, se retrouvent face à un très grand défi parce qu'un méchant se prépare à les attaquer ? Eh bien qu'est-ce qu'ils font, à ton avis, dans cette situation ?

— Ils ripostent ? dit timidement le petit garçon.

(Sénat et Chambre des représentants), et participent à diverses autres consultations (les élections de gouverneurs ou procureurs généraux d'État, par exemple, ou des référendums locaux). *(Toutes les notes de bas de page sont du traducteur.)*

— Exactement. Et ils ripostent avec émotion, parce que les meilleurs superhéros éprouvent des émotions très fortes, comme toi. Mais ils ripostent toujours, n'est-ce pas ? Alors c'est ce que nous allons faire. »

Peu après, l'Associated Press annonça ma victoire. Nous étions encore au restaurant.

« Je ne vous remercierai jamais assez d'avoir été avec moi à chaque étape et depuis tout ce temps, depuis si longtemps, dis-je à ma famille et à mes amis, tous ces gens qui m'apportaient une affection et un soutien extraordinaires. C'est tellement important pour moi. » J'éprouvais une immense gratitude, autant envers les personnes présentes dans cette salle qu'envers celles que j'avais perdues en chemin, en particulier ma mère. C'était un moment unique, à savourer – et je m'en accordai brièvement le temps. Mais bientôt, je reportai comme tout le monde mon regard vers la télévision et les résultats de la présidentielle.

Après le dîner, nous prîmes la direction de la salle où devait se dérouler notre soirée électorale, en présence de plus d'un millier de personnes rassemblées pour fêter ma victoire. Je n'étais plus simplement candidate. J'étais désormais une sénatrice élue – la première femme noire dans mon État, et la seconde dans l'histoire du pays, à décrocher ce titre. J'avais aussi été désignée pour représenter plus de trente-neuf millions de personnes, soit à peu près un Américain sur huit, de toutes origines et de tous horizons. C'était, et cela reste, une leçon d'humilité et un honneur extraordinaire.

Mon équipe m'applaudit et poussa des hourras lorsque j'entrai dans la loge derrière la scène. Tout nous semblait encore un peu irréel. Aucun de nous n'avait assimilé complètement ce qu'il venait de se passer. Ils formèrent un cercle autour de moi tandis que je les remerciais pour le travail qu'ils avaient effectué. Nous étions comme une famille, nous aussi, et nous avions vécu ensemble une aventure exceptionnelle. Certains m'accompagnaient depuis ma première campagne, treize ans auparavant, pour devenir procureure de district[1]. Mais à présent, près de deux ans après le début de notre campagne sénatoriale, nous avions une nouvelle montagne à gravir.

J'avais préparé un discours fondé sur la promesse de la victoire d'Hillary Clinton, qui aurait été la première femme élue présidente des États-Unis. Je laissai de côté ce texte devenu inutile avant de gagner la scène pour parler à mes supporters. J'embrassai la salle du regard. Elle était pleine à craquer, de la fosse au balcon. Beaucoup de gens qui suivaient les résultats nationaux en direct semblaient en état de choc.

Je leur dis que nous avions du travail devant nous. Les enjeux étaient immenses. Nous devions nous promettre de rassembler notre pays, de faire le nécessaire pour protéger nos valeurs fondamentales et nos idéaux. Pensant à Alexander et à tous les enfants, je posai cette question :

« Allons-nous reculer ou nous battre ? Moi je dis, il faut se battre. Et c'est ce que je compte faire ! »

Plus tard nous rentrâmes à la maison avec quelques membres de la famille venus de loin qui logeaient chez nous. Nous passâmes tous par nos chambres pour nous mettre en tenue décontractée, avant de nous retrouver dans la grande pièce de vie. Certains s'installèrent sur les canapés, d'autres par terre. La télévision captiva très vite notre attention à tous.

Personne ne savait trop comment réagir. Chacun encaissait le choc à sa façon. Assise avec Doug sur un canapé, je dévorai un paquet entier de Doritos nature. Sans proposer la plus petite chips à quiconque.

Mais j'avais déjà compris ceci : si une campagne était derrière nous, une autre s'annonçait dans laquelle nous allions tous devoir nous engager. Cette fois, pour défendre l'âme de notre nation.

---

1. Procureur de district : en anglais le fameux *district attorney*, qui remplit à peu près les fonctions du juge d'instruction et celles du procureur en France. C'est un élu qui a sous ses ordres toute une équipe de procureurs recrutés. Kamala Harris a été élue deux fois à ce poste, en 2003 et en 2007.

Dans les années qui ont suivi cette élection fatidique, nous avons vu une présidence américaine s'aligner sur les tenants de la suprématie blanche au niveau national et copiner avec des dictateurs à l'international ; arracher des bébés des bras de leurs mères en violation manifeste de leurs droits élémentaires ; accorder d'énormes réductions d'impôts aux multinationales et aux riches tout en ignorant la classe moyenne ; contrecarrer la lutte contre le changement climatique ; saboter l'accès aux soins de santé et compromettre le droit des femmes à être maîtresses de leur corps. Tout cela en agressant verbalement à peu près tout et tout le monde, y compris le principe même d'une presse libre et indépendante.

Nous valons mieux que cela. Les Américains savent que nous valons mieux que cela. Mais nous allons devoir le prouver. Nous allons devoir nous battre pour ce que nous sommes.

Le 4 juillet 1992, Thurgood Marshall[1], l'un de mes héros, qui m'a toujours tellement inspirée, prononça un discours dont les mots ont une résonance profonde aujourd'hui : « Nous ne pouvons pas faire l'autruche, dit-il. La démocratie ne peut tout simplement pas prospérer dans la peur. La liberté ne peut pas s'épanouir dans la haine. La justice ne peut pas prendre racine dans la fureur. Les Américains doivent se mettre au travail [...]. Nous devons rompre avec l'indifférence. Nous devons rompre avec l'apathie. Nous devons rompre avec la peur, la haine et la défiance. »

Ce livre est né de cette exhortation à agir, et de la certitude qui est la mienne que parler vrai doit être l'alpha et l'oméga de notre combat.

Je crois qu'il n'existe pas d'antidote plus puissant et prometteur aux problèmes de notre époque qu'une relation de confiance mutuelle. La confiance, cela s'accorde et cela se reçoit. Et l'un des ingrédients essentiels d'une relation de confiance, c'est de se dire la vérité. Les propos que nous tenons comptent. La signification

---

1. Thurgood Marshall (1908-1993). Juriste, célèbre défenseur de la cause des Noirs et pourfendeur de la ségrégation raciale, il fut aussi le premier Noir nommé à la Cour suprême.

que nous donnons aux mots. La valeur que nous leur prêtons – et qu'autrui leur prête.

Nous ne pourrons pas régler nos problèmes les plus difficiles si nous ne les formulons pas avec honnêteté, si nous ne sommes pas prêts à tenir certaines conversations difficiles et à accepter l'évidence des faits.

Il faut parler vrai : le racisme, le sexisme, l'homophobie, la transphobie et l'antisémitisme sont bien réels dans ce pays, et ce sont des forces auxquelles nous devons nous opposer. Il faut parler vrai : à l'exception des Amérindiens, nous sommes tous les descendants de personnes qui ne sont pas nées sur nos rivages – que nos ancêtres soient venus en Amérique de leur plein gré, dans l'espoir d'un avenir prospère, ou sous la contrainte à bord d'un négrier, ou par désespoir pour échapper à un passé éprouvant.

Nous ne pourrons pas bâtir une économie qui offre aux travailleurs américains une vie digne et convenable si nous ne commençons pas par parler vrai : aujourd'hui, il est demandé aux gens de faire davantage avec des revenus moindres, et de vivre plus longtemps dans une précarité qui va croissant. Les salaires n'ont pas augmenté depuis quarante ans, alors que les coûts de la santé, de l'enseignement et de l'immobilier ont grimpé en flèche. La classe moyenne vit au jour le jour.

Nous devons parler vrai, aussi, au sujet de notre crise de l'incarcération de masse : nous jetons en prison, sans bonne raison, davantage de prévenus qu'aucun autre pays de la planète. Nous devons parler vrai au sujet des brutalités policières, des préjugés raciaux, et de l'assassinat de tant d'hommes noirs désarmés. Nous devons parler vrai au sujet des laboratoires pharmaceutiques qui ont inondé d'opiacés addictifs des communautés sans méfiance, et au sujet des prêteurs sur salaires et des écoles privées de formation supérieure qui saignent des Américains vulnérables et les accablent de dettes. Nous devons parler vrai au sujet des entreprises cupides et prédatrices qui ont fait de la dérégulation, de la spéculation financière et du négationnisme climatique un véritable credo. Et j'ai l'intention de faire exactement cela.

Ce livre, je ne l'ai pas écrit pour défendre une plateforme électorale, encore moins un programme en cinquante points. C'est plutôt un assemblage d'idées, de points de vue, d'histoires tirés de ma propre vie et des vies des nombreuses personnes que j'ai rencontrées sur ma route.

Deux petites choses encore avant de nous lancer :

Tout d'abord, mon prénom se prononce « comma-la[1] » et signifie *fleur de lotus* – un symbole important dans la culture indienne. Le lotus se développe dans l'eau, sa fleur s'élevant au-dessus de la surface tandis que ses racines s'implantent vigoureusement au fond de la rivière.

Ensuite, je veux que vous sachiez à quel point ce livre est personnel. Il contient l'histoire de ma famille. L'histoire de mon enfance. L'histoire de la vie que j'ai bâtie. Vous allez faire connaissance avec ma famille et mes amis, mes collègues et mon équipe. J'espère qu'ils vous inspireront autant d'affection qu'à moi, et qu'à travers mon récit vous verrez que rien de ce que j'ai jamais accompli, je n'aurais pu le faire seule.

– Kamala, 2018.

1. Et en anglais, ce « comma » se prononce comme le mot *comma* qui veut dire « virgule ».

1

« Pour le peuple »

Je me souviens de la première fois que je suis entrée dans l'immeuble de la cour supérieure du comté d'Alameda, à Oakland, Californie, pour y travailler. C'était en 1988, durant mon dernier été en fac de droit. Avec neuf autres étudiants, je m'étais vu proposer un stage d'assistante au bureau du procureur de district. Je pressentais que j'avais envie de devenir moi-même procureure, parce que je souhaitais à la fois être en première ligne de la réforme de la justice pénale, un combat tellement nécessaire dans notre pays, et protéger les personnes vulnérables. Mais n'ayant jamais observé la profession de près, je n'étais pas encore tout à fait décidée.

Le tribunal, baigné de soleil ce matin-là, se dressait au bord du lac Merritt, plus élevé et plus majestueux que les bâtiments des environs. Vu sous certains angles, avec sa base en granite et sa tour centrale de béton couronnée par un toit doré, on aurait pu croire à quelque merveille architecturale d'une capitale étrangère. Mais sinon, il ressemblait plutôt à une espèce de gâteau de mariage tendance Art déco.

Le bureau du procureur de district du comté d'Alameda est lui-même une sorte de légende. Le célèbre juriste Earl Warren le dirigea avant de devenir procureur général[1] de Californie et, plus

1. Le procureur général est l'équivalent du ministre de la Justice. Le procureur général d'un État est un élu (dans la plupart des États), le procureur général des États-Unis est nommé par la Maison Blanche. Kamala Harris elle aussi, après avoir été procureure de

tard, l'un des juges les plus influents de la Cour suprême des États-Unis. Et je pensais à lui, ce matin-là, en longeant les éblouissantes mosaïques du hall qui illustrent les premiers temps de l'histoire de la Californie. Les paroles du juge Warren, qui avait affirmé que la ségrégation raciale en milieu scolaire était « essentiellement inégalitaire », avaient mis quinze longues années pour parvenir jusqu'à Berkeley. Je leur étais reconnaissante d'avoir influencé le cours des choses juste à temps pour ma génération : lorsque j'étais entrée à l'école primaire, ma classe n'était encore que la seconde de la ville à favoriser la mixité raciale grâce au *busing*, le système des bus scolaires permettant à des enfants noirs de faire leur scolarité dans des quartiers blancs, et inversement.

J'arrivai la première à la séance d'orientation. Mes neuf collègues stagiaires me rejoignirent quelques minutes après. Il n'y avait parmi eux qu'une seule femme, Amy Resner. Dès la séance terminée, je l'abordai et lui demandai son numéro de téléphone. Dans cet environnement hyper-masculin, c'était agréable d'avoir au moins une camarade. Amy est encore aujourd'hui l'une de mes meilleures amies, et je suis la marraine de ses enfants.

En tant que stagiaires, nous n'avions naturellement ni pouvoir ni influence. Notre mission consistait pour l'essentiel à observer et à apprendre, tout en nous rendant utiles chaque fois que c'était possible. Mais c'était une vraie chance que d'avoir cet aperçu de l'intérieur sur le fonctionnement de la justice pénale, et de voir ce qu'il advenait quand la justice était bien servie – ou quand elle ne l'était pas. Nous travaillions auprès de procureurs qui traitaient toutes sortes d'infractions, de la conduite en état d'ivresse à l'homicide, et nous avions la possibilité d'assister, parfois même de participer, au montage des dossiers.

Je n'oublierai jamais ce jour où mon superviseur travaillait sur une saisie de drogue. La police avait arrêté plusieurs personnes pendant le raid, dont une femme complètement innocente : une

---

district, deviendra procureure générale de Californie (élue une première fois en 2010, puis de nouveau en 2014).

témoin de l'événement, qui s'était seulement trouvée au mauvais endroit au mauvais moment, et avait été prise dans le coup de filet. Je ne l'avais pas vue, cette femme. J'ignorais qui elle était, à quoi elle ressemblait. Je n'avais aucun lien avec elle, sinon à travers les documents que j'avais sous les yeux. Mais quelque chose dans sa situation retenait mon attention.

C'était un vendredi en fin d'après-midi. La plupart des employés du tribunal étaient déjà partis pour le week-end. Selon toute vraisemblance, cette femme risquait de ne pas être vue par un juge avant le lundi. Autrement dit, elle allait devoir passer le week-end en prison.

Travaille-t-elle le week-end ? Va-t-elle être obligée d'expliquer à son employeur ce qui lui est arrivé ? Va-t-elle perdre son travail ?

Plus important, je voyais sur sa fiche de renseignements qu'elle avait de jeunes enfants à la maison. *Savent-ils seulement qu'elle est en prison ? Alors, ils vont penser qu'elle a fait quelque chose de mal. Qui s'occupe d'eux en ce moment ? Y a-t-il seulement quelqu'un pour les garder ? Et si les services de la protection de l'enfance sont alertés ? Mon Dieu, elle pourrait se voir retirer ses enfants...*

Cette femme risquait de tout perdre : sa famille, son gagne-pain, sa réputation dans sa communauté, sa dignité, sa liberté. Alors qu'elle n'avait rien fait de mal.

Je me suis précipitée au bureau du greffier pour demander à ce que l'affaire soit entendue sans délai. J'ai supplié. J'ai plaidé sa cause. Si le juge acceptait de revenir en salle d'audience cinq minutes, juste cinq minutes, nous pouvions la faire relâcher. Je ne pensais plus qu'à sa famille et à ses enfants apeurés. Enfin, alors que la journée tirait sur ses dernières minutes, le juge a reparu. Je l'ai observé et écouté tandis qu'il examinait le dossier. J'ai attendu qu'il se prononce. Et sur un coup de marteau, comme ça, elle a recouvré la liberté. Elle pouvait rentrer chez elle, retrouver ses enfants à temps pour le dîner. Je n'ai jamais eu l'occasion de lui parler, mais je n'oublierai jamais cette femme.

Ce fut un moment décisif de ma vie où se cristallisa en moi cette idée que, dans le domaine judiciaire, même pour les affaires mineures, les enjeux sont toujours extraordinairement élevés et profondément humains. Je pris conscience ce jour-là que même avec l'autorité fort limitée d'une stagiaire, il est possible d'agir en faveur de la justice pour peu que l'on se soucie d'autrui. Ce fut une révélation : pour bien fonctionner, le système avait besoin de procureurs qui sachent faire preuve de compassion. Des années avant d'être moi-même élue procureure d'un district très important, je venais d'assister à l'une des victoires qui comptaient le plus. Cette femme pouvait rentrer chez elle.

Je fus dès lors certaine de savoir quel métier je voulais faire, et qui je souhaitais servir.

Le tribunal ne se trouvait pas loin du quartier où j'ai grandi. Je suis née à Oakland en 1964 et j'ai passé les premières années de mon enfance entre Oakland et Berkeley.

Mon père, Donald Harris, est né à la Jamaïque en 1938. Étudiant brillant, il émigra aux États-Unis lorsqu'il fut admis à l'université de Californie à Berkeley. Après des études d'économie, il entama une carrière de professeur d'économie à Stanford, où il est encore professeur émérite.

La vie de ma mère commença à des milliers de kilomètres à l'est de la Californie : dans le sud de l'Inde. Shyamala Gopalan était l'aînée d'une famille de quatre enfants, trois filles et un garçon. Comme mon père, elle se révéla douée pour les études, et lorsqu'elle se découvrit une passion pour la science, ses parents l'encouragèrent dans cette voie.

Elle sortit diplômée de l'université de Delhi à dix-neuf ans. Et ne s'arrêta pas là. Elle postula à un programme de cycle supérieur à Berkeley, une université dont elle ignorait tout dans un pays où elle ne s'était encore jamais rendue. J'imagine comme il a dû être difficile pour ses parents de la laisser partir. À l'époque, les lignes aériennes internationales commençaient tout juste à se développer. Il n'était pas simple de se donner des nouvelles d'un continent à l'autre. Pourtant, quand ma mère leur demanda la permission d'étudier en Amérique, mes grands-parents ne s'y opposèrent pas. Elle était encore adolescente lorsqu'elle quitta le foyer familial, en 1958, pour entamer en Californie un doctorat en nutrition et endocrinologie qui la conduirait ensuite à devenir chercheuse et spécialiste du cancer du sein.

Ma mère était censée rentrer en Inde à la fin de ses études. Le mariage de ses parents avait été arrangé par leurs familles. Il allait de soi, a priori, qu'elle serait mariée sur le même principe. Mais le destin avait d'autres projets pour elle. Mon père et ma mère se rencontrèrent à Berkeley pendant qu'ils prenaient part au mouvement des droits civiques. Ils tombèrent amoureux. Le mariage de ma mère, et sa décision de rester aux États-Unis pour y faire sa vie, furent des gages suprêmes d'autodétermination et d'amour.

Mes parents eurent ensemble deux filles. Ma mère termina son doctorat à l'âge de vingt-cinq ans – l'année de ma naissance. Ma sœur adorée, Maya, vint au monde deux ans plus tard. Pour ses deux grossesses, selon la légende familiale, ma mère continua de travailler jusqu'au tout dernier moment : pour l'une, elle perdit les eaux pendant qu'elle était au labo, pour l'autre, alors qu'elle préparait un strudel aux pommes. (Dans les deux cas, la connaissant, je parie qu'elle insista pour terminer ce qu'elle faisait avant de se rendre à l'hôpital pour accoucher.)

Ces premières années de ma vie furent heureuses et insouciantes. J'adorais le grand air et je me souviens que mon père voulait que je gambade sans frein. Il disait à ma mère : « Laisse-la donc courir, Shyamala. » Puis il se tournait vers moi et m'encourageait : « Cours, Kamala. Aussi vite que tu peux. Cours ! » Je m'élançais à toutes jambes, le vent sur mon visage, avec le sentiment d'être capable de tout. (Pas étonnant que je garde bien des souvenirs de ma mère décorant de pansements mes genoux écorchés.)

La musique avait une grande place dans notre famille. Ma mère adorait chanter en écoutant du gospel, depuis les premières chansons d'Aretha Franklin jusqu'aux grands titres des Edwin Hawkins Singers – « Oh, Happy Day ». Elle avait remporté un prix en Inde, pour sa belle voix, et j'aimais tellement l'entendre.

Mon père partageait la même passion. Il possédait une collection de disques de jazz qui emplissait toutes les étagères d'un mur. Chaque soir, je m'endormais bercée par Thelonious Monk, John Coltrane ou Miles Davis.

Mais l'harmonie entre mes parents ne devait pas durer. Avec le temps, les choses se compliquèrent. Ils cessèrent d'être affectueux l'un envers l'autre. Je savais qu'ils s'aimaient beaucoup, mais leur relation semblait devenir aussi impossible que celle de l'eau et l'huile. Je n'avais encore que cinq ans lorsque les liens qui les unissaient finirent par céder sous le poids de leur incompatibilité. Ils se séparèrent peu après que mon père eut pris un poste à l'université du Wisconsin, et divorcèrent quelques années plus tard. Ils ne se disputèrent jamais pour des questions d'argent. La seule chose pour laquelle ils se bagarrèrent, ce fut le partage des livres.

J'ai souvent pensé que s'ils avaient été un peu plus âgés, plus mûrs sur le plan affectif, peut-être leur mariage aurait-il survécu. Mais ils étaient si jeunes. Mon père était le premier petit ami de ma mère.

Ce fut pénible pour eux deux. Je crois que pour ma mère, le divorce constituait une sorte d'échec qu'elle n'avait jamais envisagé. Son mariage avait autant été un acte de rébellion qu'une preuve d'amour. Expliquer cette décision à ses parents avait été difficile. Expliquer le divorce, j'imagine, dut être encore plus difficile. Je doute qu'ils lui aient jamais dit « Nous t'avions prévenue », mais je pense que ces mots résonnèrent malgré tout dans son esprit.

Maya était encore toute petite au moment de leur séparation, trop jeune pour comprendre ce qui arrivait, pour ressentir les difficultés de cette période. J'ai parfois éprouvé un pincement de culpabilité à l'idée qu'elle n'avait pas vécu cette expérience : j'ai connu nos parents à une époque où ils étaient heureux ensemble. Maya, jamais vraiment.

Mon père garda sa place dans nos vies. Nous le voyions le week-end et nous passions une partie de l'été avec lui à Palo Alto. Mais ce fut ma mère, pour l'essentiel, qui se chargea de nous élever.

C'est elle qui nous a façonnées, qui a fait de nous les femmes que nous sommes aujourd'hui.

Et elle était extraordinaire. Ma mère mesurait à peine un mètre cinquante-cinq, mais elle me donnait le sentiment d'être une géante. Elle était intelligente, à la fois solide, farouche et protectrice. Et aussi généreuse, loyale et drôle. Elle n'avait que deux objectifs dans la vie : élever ses deux filles et vaincre le cancer du sein. Elle nous éduqua, Maya et moi, avec bienveillance et exigence, en nous poussant à viser haut, en nous donnant toujours le sentiment que nous pouvions accomplir tout ce que nous voulions à condition de travailler pour y parvenir.

Ma mère avait grandi dans une famille où le militantisme politique et l'action citoyenne avaient toute leur place. Sa mère, ma grand-mère, Rajam Gopalan, n'avait jamais été au lycée, mais c'était une organisatrice communautaire de talent. Elle accueillait des femmes maltraitées par leurs maris, puis elle prenait contact avec les maris et leur expliquait qu'ils avaient intérêt à changer, sinon elle s'occuperait d'eux. Elle parlait aussi devant des groupes de femmes, dans les villages, pour les éduquer à la contraception. Mon grand-père, P. V. Gopalan, participa au mouvement pour l'indépendance de l'Inde. Plus tard, en tant que diplomate de haut rang au sein du gouvernement indien, il vécut avec ma grand-mère en Zambie, après l'accession de ce pays à l'indépendance, pour aider à l'établissement de réfugiés. Il disait souvent en plaisantant que les revendications sociales de ma grand-mère finiraient par lui attirer des ennuis. Il savait cependant qu'il ne réussirait jamais à la dissuader d'agir. De ses parents, ma mère apprit que c'est rendre service à autrui qui donne un but et un sens à l'existence. Et de notre mère, Maya et moi avons appris la même leçon.

Ma mère a hérité de la force et du courage de ma grand-mère. Les gens qui les ont connues, l'une et l'autre, savaient qu'il ne fallait pas leur chercher querelle. Et de mes deux grands-parents, ma mère a acquis une conscience politique aiguë. Elle avait le sens de l'histoire, elle était consciente des difficultés et des inégalités qui affectaient certains groupes. Dès l'enfance, elle avait été éprise de justice.

Mes parents m'emmenaient souvent avec eux – en poussette – à des manifestations en faveur des droits civiques. J'ai des souvenirs, dès mon plus jeune âge, d'un océan de jambes autour de moi. De l'énergie, aussi, et des cris et des chants de ces rassemblements. Les questions de justice sociale avaient une place prépondérante dans les discussions de notre famille. Plus tard, ma mère rirait en racontant comment un jour où, toute petite, je n'arrêtais pas de gesticuler, elle avait demandé « Qu'est-ce que tu veux, à la fin ? » pour essayer de me calmer. « La libe'té ! » m'étais-je alors exclamée.

Ma mère avait tout un entourage d'amies qui étaient comme des sœurs pour elle. Il y avait notamment ma marraine, une ancienne étudiante de Berkeley elle aussi, que j'appelais « Tante Mary ». Ma mère et elle se rencontrèrent pendant le mouvement des droits civiques qui commença à prendre forme au début des années 1960, et dont les débats animaient les rues d'Oakland ou, à l'université de Berkeley, Sproul Plaza où les orateurs s'exprimaient juchés sur des caisses à savon. En écoutant les étudiants noirs s'élever contre l'injustice, nombre de jeunes gens passionnés, intelligents et politiquement engagés se lièrent d'amitié – dont ma mère et Tante Mary.

Elles participèrent à des manifestations pacifiques où elles furent attaquées par des forces de police équipées de lances à eau. Elles défilèrent contre la guerre du Vietnam, pour les droits civiques et le droit de vote. Elles allèrent ensemble écouter Martin Luther King à Berkeley, et ma mère eut l'occasion de le rencontrer. Elle m'a raconté un jour que, lors d'une marche contre la guerre, elles se retrouvèrent face à une troupe de Hells Angels. Une autre fois, ses amis et elle durent prendre la fuite à toutes jambes – et j'étais là, dans ma poussette – parce que des violences éclataient contre les manifestants.

Mais mes parents et leurs amis ne se contentaient pas de participer aux manifestations. Ils réfléchissaient, ils défendaient de grandes idées et organisaient leur communauté. Tante Mary, son frère (mon « Tonton Freddy »), ma mère, mon père et une douzaine d'autres étudiants organisèrent un groupe de lecture pour aller à la découverte des écrivains noirs que l'université ignorait. Ils se retrouvaient le dimanche au domicile de Tante Mary et Tonton Freddy dans Harmon Street, et là ils dévoraient Ralph Ellison, discutaient de Carter G. Woodson, débattaient des idées de W. E. B. Du Bois. Ils parlaient de l'apartheid, de la décolonisation de l'Afrique, des mouvements de libération des pays en développement, et de l'histoire du racisme en Amérique. Mais il ne s'agissait pas que de parler. Ils avaient hâte de voir leur combat porter ses fruits. Ils recevaient des invités importants, aussi, notamment des intellectuels et des leaders des droits civiques comme LeRoi Jones et Fannie Lou Hamer.

Après Berkeley, Tante Mary devint professeure à l'université d'État de San Francisco, où elle continua de célébrer et de promouvoir l'expérience noire. L'université avait fondé un Collège expérimental, géré par les étudiants, où un autre grand ami de ma mère, que j'appelais Tonton Aubrey, créa en 1966 le premier cours de *black studies* du campus. Celui-ci était un véritable terrain d'expérimentation pour redéfinir la signification et la substance de l'éducation supérieure.

Voilà les gens que côtoyait ma mère. Dans un pays où elle n'avait pas de famille, ils étaient sa famille – et elle était la leur. Dès l'instant, ou presque, où elle était arrivée d'Inde, elle avait été adoptée et entourée par la communauté noire qui était devenue le socle de sa vie américaine.

Outre Tante Mary, c'était « Tante Lenore » qui était la plus proche amie et confidente de ma mère. Je chéris aussi le souvenir de l'un de ses mentors, Howard, un brillant endocrinologue qui l'avait prise sous son aile. Un jour, quand j'étais petite, il me donna un collier de perles qu'il avait rapporté d'un voyage au Japon. (Depuis, les perles ont toujours compté parmi mes bijoux préférés !)

J'étais aussi très proche du frère de ma mère, Balu, et de ses sœurs, Sarala et Chinni (que j'appelais toutes deux *Chithi*, un mot qui signifie « petite mère »). Ils vivaient en Inde, à des milliers de kilomètres, et nous nous voyions rarement. Malgré tout, grâce à nos nombreuses conversations téléphoniques, nos voyages périodiques en Inde, et aux lettres et cartes postales que nous nous adressions régulièrement, le sentiment que nous avions de former une famille – d'être unis, de pouvoir nous soutenir et nous faire confiance les uns les autres – put s'affranchir de la distance. C'est ainsi que j'ai appris qu'il est possible d'avoir des relations étroites et solides avec des gens même sans les voir tous les jours. Nous étions là les uns pour les autres, à coup sûr, indépendamment de la forme que nos rapports pouvaient avoir.

Ma mère, mes grands-parents, mes tantes et mon oncle nous ont rendues fières, Maya et moi, de nos racines sud-asiatiques. Nos prénoms indiens classiques attestaient l'héritage qui était le nôtre, et nous fûmes élevées dans la connaissance et l'appréciation de notre culture indienne. Pour exprimer de la tendresse ou de la colère, ma mère utilisait toujours les mots de sa langue maternelle – et cela me paraît logique, car la pureté de ces émotions est une chose que j'associe avant tout à ma mère.

Ma mère comprenait très bien qu'elle élevait deux filles noires. Elle savait que, pour son pays d'adoption, Maya et moi étions noires, et elle était déterminée à tout faire pour que nous devenions des femmes noires fières et pleines d'assurance.

Environ un an après la séparation de mes parents, nous nous installâmes à l'étage d'un appartement en duplex de Bancroft Way, une rue de la partie centrale et plate (d'où son surnom) de Berkeley que l'on appelait les *flatlands*. C'était un quartier chaleureux et familial, où les gens pensaient avant tout à bien tenir leur emploi, à payer leurs factures et à être là les uns pour les autres. C'était une communauté investie dans ses enfants, et où l'on croyait ferme au principe fondamental du rêve américain, à savoir que si vous travaillez dur et vous comportez bien envers le monde, vos enfants auront une vie meilleure que la vôtre. Nous n'étions pas riches matériellement, mais les valeurs que nous avons intériorisées nous ont apporté une autre forme de richesse.

Tous les matins ma mère nous préparait pour l'école, Maya et moi, avant de partir à son labo. En général elle nous faisait boire ce grand classique, une préparation instantanée de la marque Carnation. Nous avions le choix entre chocolat, fraise et vanille. En certaines occasions nous avions le droit de glisser des Pop-Tarts (goûts variés, là aussi) dans le grille-pain. Le petit déjeuner, pour ma mère, ce n'était pas le moment de chercher midi à quatorze heures.

Après qu'elle m'avait embrassée, je marchais jusqu'au carrefour pour prendre le bus de l'école primaire Thousand Oaks. Je n'ai appris que beaucoup plus tard que nous faisions partie d'une expérience nationale de brassage social par le *busing*, notre établissement accueillant à la fois des enfants noirs de la classe ouvrière des *flatlands* et des enfants blancs plus fortunés des collines de Berkeley. À l'époque, je savais seulement que pour aller à l'école, je devais monter dans le gros bus jaune.

Ma photo de classe de cours préparatoire, quand je la regarde, me rappelle à quel point il était merveilleux de grandir dans un environnement aussi métissé socialement et racialement. Les élèves venant d'un peu partout, nous formions un groupe vraiment très divers. Certains grandissaient dans des HLM, d'autres avaient des professeurs d'université pour parents. Je me souviens d'avoir célébré les jours fériés de différentes cultures, dans cette école, et d'avoir appris à compter jusqu'à dix dans plusieurs langues. Je me souviens de parents – dont ma mère – qui se portaient volontaires pour diriger des ateliers de science et de dessin auprès des enfants. Mme Frances Wilson, mon institutrice de CP, se dévouait totalement à ses élèves. À tel point que deux décennies plus tard, le jour de ma remise de diplôme à l'École de droit Hastings de l'université de Californie, elle se trouverait dans le public pour me féliciter.

Lorsque Maya et moi sortions de l'école, notre mère était souvent encore au travail. Nous nous rendions donc, deux maisons après la nôtre, chez les Shelton, un couple que ma mère connaissait par Tonton Aubrey et avec lequel nous avions depuis longtemps une relation d'amitié affectueuse.

Regina Shelton, qui était originaire de la Louisiane, était la tante d'Aubrey. Avec son mari, Arthur, qui venait lui de l'Arkansas, elle avait créé une crèche qui fut d'abord installée au sous-sol de leur maison puis, plus tard, sous notre appartement. Les Shelton s'étaient donné pour mission d'offrir aux enfants du quartier le meilleur départ possible dans la vie. La crèche était petite, mais chaleureuse. Aux murs il y avait des posters de personnalités de la cause noire telles que Frederick Douglass, Sojourner Truth ou Harriet Tubman. Le premier George Washington dont Maya et moi avons entendu parler dans notre petite enfance est le botaniste George Washington Carver. Nous rions encore de la première fois où Maya, entendant un professeur d'école évoquer le président George Washington, pensa avec fierté : « Je le connais ! C'est celui qui faisait pousser des cacahuètes ! »

La crèche des Shelton faisait aussi garderie pour les enfants qui en avaient besoin après l'école, et c'était donc là que Maya et moi finissions nos après-midi. Nous disions simplement que nous allions « à la maison ». Et dans cette maison-là, il y avait toujours des enfants qui couraient dans tous les sens, beaucoup de rires et de jeux. Maya et moi, nous devînmes extrêmement proches de la fille de Regina Shelton et d'enfants adoptifs qu'elle avait recueillis. Entre filles, nous nous racontions que nous allions toutes nous marier avec les Jackson Five – Maya avec Michael et moi avec Tito. (Je t'aime, Tito !)

Mme Shelton est vite devenue une seconde mère pour Maya et pour moi. Aussi élégante et gracieuse que chaleureuse, elle apportait tout le charme traditionnel du Sud à son hospitalité – sans parler de ses quatre-quarts et de ses biscuits maison que j'adorais. C'était aussi une femme réfléchie et attentionnée, exceptionnellement intelligente et d'une générosité peu commune.

Je n'oublierai jamais la fois où j'ai préparé des carrés au citron pour les lui offrir. Après avoir passé un long moment à suivre scrupuleusement une recette que j'avais trouvée dans un livre de cuisine de ma mère, je les ai enfin sortis du four. Ils me paraissaient magnifiques et j'étais très excitée à l'idée de les exhiber.

Je les ai donc disposés sur une assiette en les recouvrant de film étirable, et je me suis mise en route pour la maison de Mme Shelton. Celle-ci était installée dans la cuisine, bavardant et riant autour d'un thé avec sa sœur, Tante Bea, et ma mère. Je leur ai fièrement présenté ma création, puis Mme Shelton a mordu à pleines dents dans un carré. Petit problème, j'avais malencontreusement utilisé du sel à la place du sucre – mais, n'ayant pas goûté à ma préparation, je l'ignorais.

« Mmmm, ma chérie, a dit alors Mme Shelton avec son gracieux accent du Sud, les lèvres un peu pincées par la saveur particulière du carré. C'est délicieux. Peut-être avec un petit peu trop de sel… mais tout à fait délicieux ! » Je ne suis pas ressortie de chez elle en pensant que j'avais tout raté. J'étais convaincue d'avoir bien travaillé, et d'avoir juste commis une petite erreur. Ce sont des moments comme ceux-là qui m'ont aidée à acquérir naturellement de la confiance en moi. Qui m'ont appris à croire que j'étais capable de tout.

Mme Shelton m'a tant appris. Elle se rendait toujours disponible pour les mères qui avaient besoin d'un conseil, ou de soutien, ou juste de tendresse – parce que c'est ce qui se fait. Elle a accueilli davantage d'enfants sans famille que je ne peux en conserver le souvenir, et elle a adopté une fille, Sandy, qui est devenue ma meilleure amie. Elle voyait du potentiel en chaque individu. C'était une autre chose que j'adorais chez elle. Elle investissait dans les gamins du quartier laissés pour compte, et elle faisait cela parce qu'elle estimait que ces garçons et ces filles en difficulté pouvaient devenir des personnes formidables. En même temps, elle n'en parlait pour ainsi dire jamais. Elle ne s'attardait pas sur le sujet. À ses yeux, ce qu'elle faisait n'avait rien d'extraordinaire – c'était simplement le prolongement de son système de valeurs.

Quand je quittais la maison des Shelton pour rentrer chez nous, je trouvais en général ma mère en train de lire, ou de travailler sur ses notes de recherche, ou de nous préparer le dîner. Le petit déjeuner mis à part, elle adorait cuisiner – et moi j'adorais m'asseoir avec elle dans la cuisine pour observer, humer et goûter. Elle avait un immense fendoir de cuisinier chinois et un plein placard d'épices. Je trouvais génial que les gombos puissent servir à préparer, selon les épices que l'on mettait avec, soit de la *soul food* du Sud soit des plats indiens. Ma mère y ajoutait des crevettes séchées et de la saucisse pour faire une sorte de gumbo cajun, ou bien elle les faisait revenir avec du curcuma et des graines de moutarde.

Ma mère cuisinait en scientifique. Elle expérimentait sans cesse : un ragoût de bœuf à la sauce d'huître un soir, des *latkes* frits un autre soir. Même mon déjeuner servait de laboratoire à sa créativité. Dans le bus de l'école, mes camarades, qui avaient leurs traditionnels sandwiches de Bologne ou de beurre de cacahuète, me demandaient avec curiosité : « Kamala, t'as quoi aujourd'hui ? » J'ouvrais le sachet en papier, que ma mère décorait toujours d'un petit dessin ou d'un smiley, et j'annonçais : « Fromage à la crème et olives sur du pain de seigle ! » J'avoue que toutes ces tentatives n'étaient pas réussies, en tout cas pour mon palais de petite écolière. Mais qu'importe – ces préparations étaient uniques et donc irremplaçables, comme ma mère.

Quand elle cuisinait, elle mettait souvent Aretha Franklin sur le tourne-disque, et je dansais et chantais dans le living-room comme si j'étais moi-même sur scène. Nous écoutions sa version de « To be Young, Gifted and Black » (Être jeune, doué et noir), un hymne à la fierté noire qu'avait d'abord interprété Nina Simone.

La plupart de nos conversations se passaient dans la cuisine. Préparer le repas et manger faisaient partie des activités que nous pratiquions le plus souvent en famille. Quand Maya et moi étions petites, notre mère nous servait parfois ce qu'elle appelait un « smorgasbord » : avec des emporte-pièces, elle découpait des étoiles, des cœurs et des triangles dans des tranches de pain, puis elle les disposait sur un plateau avec de la moutarde, de la mayonnaise, des pickles et des cure-dents fantaisie. Entre deux tranches de pain cœur ou triangle, nous glissions ce qui restait dans le réfrigérateur des repas des derniers soirs. Il m'a fallu des années pour piger que « smorgasbord » voulait juste dire « manger les restes ». Ma mère avait un don pour faire de l'ordinaire une petite aventure.

Et puis nous riions beaucoup, aussi. Ma mère appréciait énormément un spectacle de marionnettes intitulé « Punch et Judy », dans lequel Judy pourchassait Punch avec un rouleau à pâtisserie. Elle se tordait de rire en faisant mine de nous pourchasser à travers la cuisine avec le sien.

Mais bien sûr, tout ne pouvait pas être toujours drôle. Le samedi était « jour de corvées ». Ma sœur et moi avions chacune nos tâches à accomplir. Et ma mère pouvait être sévère. Elle avait peu de patience pour l'autosatisfaction. Nous étions rarement félicitées pour des comportements ou des résultats qui allaient de soi. « Pourquoi devrais-je t'applaudir pour quelque chose que tu étais censée faire ? » me grondait-elle si j'essayais de soutirer un compliment. Et si je rentrais à la maison pour raconter quelque minidrame en quête d'une oreille compatissante, ma mère ne voulait rien entendre. Sa première réaction était : « Et toi, alors, qu'est-ce que tu as fait ? » Avec le recul, je comprends qu'elle voulait me montrer que j'avais en moi pouvoir et autonomie. Parfait ! mais cela me mettait quand même en rogne...

Cette sévérité s'accompagnait cependant toujours d'un amour, d'une loyauté et d'un soutien sans faille. Si Maya ou moi passions une mauvaise journée, ou si la météo était grise et déprimante depuis trop longtemps, notre mère organisait ce qu'elle aimait appeler une « fête de non-anniversaire » – avec un gâteau de non-anniversaire et des cadeaux de non-anniversaire. À d'autres moments, elle nous préparait certaines de nos friandises préférées : des pancakes aux éclats de chocolat ou ses cookies aux céréales « Special K » (« K » comme Kamala). Souvent, aussi, elle sortait la machine à coudre pour nous faire des vêtements, pour nous ou pour nos Barbie. Elle nous laissa même, Maya et moi, choisir la couleur de la voiture de la famille, une Dodge Dart qui l'emmenait partout. Nous avons déclaré qu'il fallait la prendre en jaune – notre couleur préférée à l'époque –, et si elle a regretté de nous avoir confié cette décision, elle ne l'a jamais montré. (Côté positif de la chose, la voiture était facile à repérer au milieu d'un parking.)

Trois fois par semaine j'allais chez Mme Jones à quelques maisons de la nôtre. Mme Jones avait une formation de pianiste classique, mais les options de carrière étant limitées dans ce milieu, à l'époque, pour une femme noire, elle était devenue professeure de piano. Et elle était stricte et sérieuse. Chaque fois que je tournais la tête vers la pendule pour voir combien de temps de leçon il restait, elle me tapait sur les doigts avec une règle. Les autres soirs, j'allais chez Tante Mary où je jouais aux échecs avec Oncle Sherman. Il jouait très bien et il adorait me parler des aptitudes développées par les échecs : le sens de la stratégie, la prévoyance, la capacité à penser sur plusieurs coups d'avance, à envisager les réactions de l'adversaire et à adapter ses propres choix en conséquence pour l'emporter. De temps en temps, il me laissait gagner.

Le dimanche, notre mère nous envoyait à l'Église de Dieu[1] de la 23e Avenue – serrées avec les autres enfants à l'arrière du break de Mme Shelton. Mes plus anciens souvenirs des enseignements de la Bible sont ceux d'un Dieu d'amour, un Dieu qui nous demande de « parler pour ceux qui ne peuvent pas parler pour eux-mêmes » et de « défendre les droits des pauvres et des démunis ». C'est là que j'ai appris que le mot « foi » est comme un verbe, il parle d'*agir* : je crois que nous devons vivre notre foi et faire preuve de foi dans l'action.

Maya et moi chantions dans le chœur des enfants, où mon hymne préféré était « Fill My Cup, Lord » (Emplis ma coupe, Seigneur). Je me souviens d'un jour de fête des Mères où nous récitâmes une ode aux mamans, chacun de nous interprétant une des lettres du mot « mother ». On m'avait attribué le T. Écartant les bras de part et d'autre de mes épaules, j'énonçai fièrement : « T comme tout le temps qu'elle consacre à s'occuper de moi et à me manifester son amour. »

---

1. Plusieurs courants chrétiens évangéliques américains (et présents en Europe) utilisent ce nom – *Church of God* en anglais.

Mon soir préféré de la semaine était le jeudi. Car le jeudi, nous nous rendions dans un modeste bâtiment beige situé au carrefour de Derby et Grove Street. Après avoir accueilli un temps une morgue, ce bâtiment débordait de vie lorsque je l'ai connu : il abritait un centre culturel pionnier pour la communauté noire, le Rainbow Sign.

Le Rainbow Sign était un cinéma, une galerie d'art, un studio de danse, un espace de happenings et bien d'autres choses encore. Il possédait un restaurant doté d'une vaste cuisine où l'on trouvait toujours quelqu'un en train de préparer quelque mets délicieux – un ragoût de poulet, des boulettes de viande en sauce, des patates douces confites, du pain de maïs, de la tourte aux pêches. Dans la journée, on pouvait y suivre des cours de danse et de langues étrangères, participer à des ateliers de théâtre et de dessin. Le soir il y avait des projections, des conférences, des happenings assurés par certains des plus importants intellectuels, artistes et leaders noirs des deux sexes de l'époque – musiciens, peintres, poètes, écrivains, réalisateurs, chercheurs, danseurs et politiciens à l'avant-garde de la culture et de la pensée critique américaines.

Le Rainbow Sign était la création de Mary Ann Pollar, une organisatrice de concerts visionnaire qui lança le centre avec dix autres femmes noires en septembre 1971. Le nom, Rainbow Sign, provenait d'un couplet du spiritual « Mary Don't You Weep » (Marie, ne pleure pas) qui était imprimé sur la brochure des adhérents : « God gave Noah the rainbow sign, Said "No more water but fire next time" » – « Dieu a désigné l'arc-en-ciel à Noé, et dit "La prochaine fois pas d'eau, mais le feu." » Et c'est James Baldwin, bien sûr, qui a utilisé ce couplet dans son livre *La Prochaine Fois, le feu*. Grand ami de Pollar, il était régulièrement invité au centre.

Ma mère, Maya et moi allions donc souvent au Rainbow Sign. Dans le quartier, on nous appelait « Shyamala et les filles ». Nous étions une unité. Une équipe. Et quand nous arrivions là-bas, nous étions toujours accueillies par de grands sourires et de chaleureuses étreintes. Le Rainbow Sign était un centre communautaire à l'atmosphère inclusive. Il était conçu comme un lieu de diffusion de nouvelles connaissances, de nouvelles prises de conscience et de nouvelles capacités. Sa devise tacite était « Pour l'amour des gens ». Les familles et les enfants y étaient particulièrement bienvenus – une approche qui reflétait les valeurs et la vision des femmes qui le dirigeaient.

Pollar a dit un jour à un journaliste : « Derrière tout ce que nous faisons, les meilleurs divertissements que nous organisons, il y a toujours un message : Regardez autour de vous. Réfléchissez à cette question. » Le centre possédait un programme spécifique pour les enfants, depuis les écoliers jusqu'aux lycéens, qui proposait non seulement une éducation à l'art, mais aussi une version parallèle de la programmation des adultes, afin de donner la possibilité aux jeunes de rencontrer et d'interagir avec les orateurs et les artistes invités.

Autour de la baie de San Francisco vivait un très grand nombre de personnalités noires extraordinaires, et dans certains lieux la fierté noire exultait. La région attirait des gens des quatre coins du pays. Cela voulait dire que les enfants qui, comme moi, passaient du temps au Rainbow Sign, étaient exposés à des dizaines d'hommes et de femmes remarquables qui nous montraient les adultes que nous pouvions devenir. Shirley Chisholm, la première femme noire élue au Congrès des États-Unis, nous rendit visite en 1971 – au moment où elle envisageait de se présenter à la présidence. Parlez un peu de force ! « Inachetable et inaliénable », comme le promettait son slogan de campagne. Alice Walker, qui obtiendrait plus tard le prix Pulitzer pour *La Couleur pourpre*, fit une lecture au Rainbow Sign. Ainsi que Maya Angelou, la première femme noire à entrer sur les listes de best-sellers grâce à son autobiographie, *Je sais pourquoi chante l'oiseau en cage*. Nina Simone joua au Rainbow Sign lorsque j'avais sept ans. J'apprendrais plus tard que Warren Widener, le premier maire noir de Berkeley, avait proclamé le 31 mars 1972 *Nina Simone Day* pour commémorer sa visite de deux jours dans la ville.

J'adorais l'atmosphère grisante du Rainbow Sign – les rires, les repas, l'énergie qu'on y trouvait. J'adorais les puissants discours prononcés sur la scène, et les commentaires drôles et futés, parfois turbulents, du public. C'est là que j'ai appris que l'expression artistique, l'ambition et l'intelligence étaient des choses formidables. C'est là que j'ai compris qu'il n'existe pas de meilleur moyen de nourrir l'esprit des gens que de rassembler en un même lieu de bons petits plats, de la poésie, de la politique, de la musique, de la danse et de la peinture.

C'est aussi là que j'ai vu le prolongement logique des leçons quotidiennes de ma mère, et que j'ai pu commencer à imaginer ce que l'avenir était susceptible de me réserver. Ma mère nous élevait dans l'idée que « C'est trop difficile ! » n'est jamais une excuse acceptable, qu'être une bonne personne, cela veut dire défendre quelque chose de plus grand que soi, et que le succès se mesure en partie à l'aide que l'on apporte aux autres pour leur permettre de s'accomplir et de réussir. Elle nous disait : « Battez-vous contre le système d'une façon qui l'oblige à devenir plus juste, et ne vous laissez pas limiter par le fait que ceci ou cela est ainsi depuis toujours. » Au Rainbow Sign, je voyais ces valeurs en action, ces principes personnifiés. Je recevais une éducation citoyenne, la seule que je connaissais, et je supposais qu'il en allait de même pour tout le monde.

J'étais heureuse de la vie que je menais à Berkeley. Mais pendant mes années collège, il nous fallut déménager. Ma mère avait reçu une offre exceptionnelle de Montréal, pour enseigner à l'université McGill et poursuivre ses recherches à l'Hôpital général juif. C'était une opportunité enthousiasmante pour sa carrière.

Mais pas enthousiasmante du tout pour moi. J'avais douze ans, et l'idée de quitter la Californie ensoleillée au mois de février, en plein milieu de l'année scolaire, pour une ville étrangère, francophone, ensevelie sous trois mètres de neige, me chagrinait plus qu'un peu. Ma mère essaya de nous présenter la chose comme une aventure, et nous emmena acheter nos premières doudounes et mitaines comme si nous partions affronter l'hiver du Grand Nord en exploratrices. Mais j'avais du mal à voir les choses de cette façon. Et le pompon, ce fut de l'entendre nous annoncer que nous allions devoir apprendre la langue de là-bas – et par conséquent qu'elle nous inscrivait à Notre-Dame-des-Neiges, une école pour francophones de naissance.

La transition fut difficile. Les seuls mots de français que je connaissais alors, je les tenais de mon cours de danse classique où *Madame* Bovie, la professeure, s'exclamait : « *Demi-plié, Relevé !* » Je disais souvent en riant que j'avais l'impression d'être un canard, dans notre nouvelle école, parce que toute la journée je répétais : « Quoi ? Quoi ? Quoi ? »

Je ne manquai pas d'emporter mon éducation citoyenne à Montréal. Un jour, Maya et moi avons organisé une manifestation, devant notre immeuble, pour protester contre le fait que les enfants n'avaient pas le droit de jouer au ballon sur la pelouse. J'ai le plaisir de pouvoir rapporter que nos exigences furent satisfaites.

Finalement j'ai réussi à persuader ma mère de me laisser changer d'établissement, et je suis entrée dans une école proposant une formation aux arts où je me suis essayée au violon, au cor d'harmonie et à la timbale en parallèle aux programmes d'histoire et de maths. Une année, nous avons monté *Free to Be... You and Me* – les quatre actes, de bout en bout[1].

Le temps d'arriver au lycée, je m'étais adaptée à notre nouvel environnement. La Californie, mes amis et ma famille me manquaient encore, et j'étais toujours très heureuse de retourner là-bas pendant les vacances – nous logions soit chez mon père, soit chez Mme Shelton. Je m'étais habituée, pour l'essentiel, à cette vie canadienne. Ce que je n'arrivais pas à surmonter, néanmoins, c'était le mal du pays. Les États-Unis me manquaient. J'éprouvais constamment ce désir profond de les retrouver, pour de bon, et j'étais donc déjà certaine d'y retourner pour mes études supérieures.

1. Œuvre pour enfants créée en 1972 par l'actrice Marlo Thomas sous la forme d'un livre illustré et d'un album de chansons enregistrées par de nombreuses célébrités de l'époque, dont Diana Ross, Mel Brooks et Michael Jackson. Les thèmes centraux en sont la liberté d'être soi (comme l'annonce le titre) et l'idée qu'il est possible, que l'on soit garçon ou fille, de réussir tout ce à quoi l'on aspire.

À la fin de la terminale, j'ai invité mes deux parents à la cérémonie de remise des diplômes. Même si je savais qu'ils ne s'adresseraient pas la parole, j'avais envie qu'ils soient là tous les deux pour moi. Je n'oublierai jamais que, quelques minutes avant le début de la séance, assise avec mes camarades – nous occupions les deux premiers rangs –, je scrutais le public à la recherche de ma mère en me demandant : *Qu'est-ce qu'elle fait ? Elle n'est pas venue à cause de mon père ?* Et puis, tout à coup, la porte du fond de la salle s'est ouverte et maman – maman qui la plupart du temps enfilait un jean et des tennis pour aller au labo – a fait son entrée vêtue d'une robe rouge étincelante et de chaussures à talons. Elle n'a jamais été du genre à se laisser démonter.

Pendant que j'étais au lycée, j'ai commencé à réfléchir sérieusement à mon avenir – à mes études et au-delà. Il était évident pour moi, depuis toujours, que je ferais carrière dans un domaine ou un autre. Je voyais toute la satisfaction que mes deux parents tiraient de leurs professions. Je voyais comment de nombreuses femmes remarquables – Tante Mary, Mme Wilson, Mme Shelton, et par-dessus tout ma mère – réussissaient dans leurs domaines respectifs, et l'impact qu'elles avaient sur la vie de tant de gens.

Si la graine fut sans doute plantée assez tôt, je ne sais pas très précisément à quel moment j'ai décidé de m'orienter vers le droit. Certains de mes plus grands modèles étaient des juristes : Thurgood Marshall, Charles Hamilton Houston, Constance Baker Motley. Et tous étaient aussi des géants des mouvements des droits civiques. L'équité était pour moi une valeur fondamentale, et je voyais le droit comme un outil permettant de rendre la société équitable. Mais je crois que ce qui m'attira le plus dans cette voie, c'est la confiance et les attentes que tout le monde, autour de moi, plaçait dans les professions juridiques. L'Oncle Sherman et un bon ami de la famille, Henry, étaient avocats, et chaque fois que quelqu'un avait un problème, dans la famille ou dans le voisinage, la première chose que l'on entendait était « Appelez Henry. Appelez Sherman. Ils sauront quoi faire. Ils sauront démêler ça. » Je voulais être capable de faire cela. Je voulais être celle que les gens appelaient. Je voulais être celle qui pouvait aider.

Aussi, pour ce qui était de mon choix d'université, je voulais démarrer du bon pied. Et quel meilleur établissement pour cela, pensais-je, que celui où Thurgood Marshall avait lui-même fait ses études ?

Depuis toujours j'entendais dire – par Tante Chris, notamment, qui l'avait aussi fréquentée – que l'université Howard était un endroit extraordinaire. Située à Washington, cette institution avait une histoire remarquable. Créée pour les étudiants noirs des deux sexes, elle avait toujours tenu bon, et prospéré, depuis sa fondation deux ans après la guerre de Sécession. Elle avait tenu bon à une époque où les portes des études supérieures étaient pour l'essentiel fermées aux Noirs. Elle avait tenu bon durant les longues décennies où la ségrégation et la discrimination avaient encore force de loi dans le pays. Elle avait tenu bon lorsque peu de gens reconnaissaient encore le potentiel des jeunes gens noirs, et leur capacité à devenir des leaders. Howard avait formé et guidé des générations d'étudiants en les équipant de la confiance nécessaire pour viser haut et des outils pour entamer leur ascension. Je voulais les rejoindre – et à l'automne 1982, je me suis donc installée à Eton Towers, ma première résidence universitaire.

Je me souviendrai toujours du moment où je suis entrée dans l'auditorium Cramton pour la séance d'orientation des étudiants de première année. La salle était bondée. Je l'ai parcourue du regard et j'ai pensé : « C'est le paradis ! » Il y avait des centaines d'étudiants, et tous me ressemblaient[1]. Certains étaient les enfants d'anciens étudiants de Howard, d'autres étaient les premiers de leurs familles à entamer des études supérieures. Certains avaient

1. Si l'université Howard est ouverte à tous les étudiants sans distinction depuis sa création, l'immense majorité d'entre eux (entre 80 et 90 % selon les périodes) sont noirs.

fréquenté toute leur vie des écoles majoritairement noires, d'autres avaient longtemps été les seules personnes de couleur dans leurs classes ou leurs quartiers. Certains venaient de la ville, d'autres de la campagne, et certains arrivaient de pays africains, des Caraïbes et de toute la diaspora africaine.

Comme la plupart de mes camarades, l'endroit de l'université que je préférais, pour passer le temps, était son célèbre Yard : un gigantesque quadrangle gazonné situé au milieu du campus. Quel que soit le jour de la semaine, je pouvais m'avancer sur le Yard et trouver, à ma droite, des danseurs en train de travailler une chorégraphie ou des musiciens avec leurs instruments, à ma gauche, des étudiants, sacoche à la main, sortant d'un pas tranquille de l'école de commerce, ou des étudiants en médecine en blouse blanche regagnant leurs labos. Ici et là, il y avait des petits groupes de jeunes en train de rire aux éclats ou absorbés dans de profondes discussions – un chroniqueur du *Hilltop*, le journal étudiant de Howard, en conversation avec la vedette de l'équipe de football ; un chanteur du chœur de gospel avec le président du club de maths…

C'était cela la beauté de Howard. Tout nous y rappelait, à nous les étudiants, que nous pouvions devenir qui nous voulions – que nous étions jeunes, doués, et noirs, et que nous ne devions rien laisser nous empêcher de réussir. Sur ce campus, aucun garçon, aucune fille n'avait à se limiter à la place qui aurait pu lui être attribuée par qui que ce fût. À Howard, vous arriviez comme vous étiez et vous repartiez la personne que vous aspiriez à devenir. Il n'y avait pas de mauvais choix.

Nous n'entendions pas seulement dire que nous avions la capacité de nous dépasser : nous étions incités à relever le défi et à développer tout notre potentiel. Il allait de soi que nous devions cultiver et exploiter nos talents pour assumer des rôles de leaders et avoir une influence sur les gens, sur notre pays et peut-être même sur le monde.

Je me suis plongée avec bonheur dans la vie de Howard. Sans délai, je me suis présentée à ma première élection : représentante des étudiants de première année au conseil des étudiants en Arts libéraux[1]. C'était ma toute première campagne. Je n'ai jamais eu d'adversaire aussi coriace, depuis lors, que Shelley Young, une fille du New Jersey – et pour la native d'Oakland que je suis, ce n'est pas peu dire.

J'ai présidé la société d'économie et participé aux compétitions de débat par équipe. J'ai été acceptée dans ma très chère Alpha Kappa Alpha, la première sororité noire du pays, fondée par neuf femmes de Howard il y a plus d'un siècle. Le vendredi, mes amies et moi revêtions nos plus beaux habits pour nous pavaner sur le Yard. Les week-ends, nous allions sur le National Mall, devant le Capitole, pour manifester contre l'apartheid en Afrique du Sud.

Pendant que j'étais à Howard, en plus d'être étudiante j'ai aussi occupé plusieurs emplois. J'ai fait un stage à la Commission fédérale du commerce où j'avais la responsabilité des « coupures » – cela voulait dire que je devais passer en revue tous les journaux du matin, y découper les articles mentionnant l'agence et les coller sur des feuilles à photocopier et à distribuer à la direction. J'ai aussi fait des recherches aux Archives nationales et, surtout, j'ai été guide touristique au Bureau de la gravure et de l'impression (c'est là que sont conçus les billets de banque et autres produits pour le département du Trésor). Mes collègues et moi, nous nous vîmes chacun remettre un talkie-walkie et un numéro d'identification. J'étais « TG-10 », un nom de code qui me donnait l'impression d'être un agent secret. Un jour, alors que je terminais mon service, je suis tombée dans le hall sur Ruby Dee et Ossie Davis. Les deux acteurs étaient là pour une visite privée après la fermeture. Ils rayonnaient comme les sommités qu'ils étaient à mes yeux, mais ils eurent la gentillesse d'engager la conversation avec

1. Avant de se consacrer à la matière qu'ils visent pour leur future profession – le droit, les affaires, la médecine… –, les étudiants américains font quatre années de fac préparatoire dans une autre matière, plus ou moins proche, pour décrocher un *bachelor's degree* (une licence). De Howard, Kamala Harris sortira diplômée en science politique et économie. (Des matières qui, dans cette université, font partie de la division des Arts libéraux, ou Lettres.)

moi et de me dire qu'ils étaient fiers, en tant que Noirs, de voir une jeune femme noire travailler ainsi dans la fonction publique. Je n'ai jamais oublié l'émotion que m'ont procurée ces deux icônes plus grandes que nature en prenant le temps de s'intéresser à ma jeune personne.

L'été de ma seconde année, je fus prise en stage chez le sénateur de la Californie Alan Cranston. Qui aurait pu imaginer qu'une trentaine d'années plus tard, je serai élue au même siège du Sénat américain ?! (J'ai encore la lettre de remerciement de son chef de bureau, encadrée et suspendue à un mur de mes bureaux, au Sénat, près de la table de mon propre stagiaire. Lorsque je croise des stagiaires dans le métro du Capitole, je leur dis souvent : « Regardez. C'est votre avenir que vous avez devant vous ! ») J'ai adoré, cet été-là, aller travailler tous les jours au Capitole des États-Unis. C'était l'épicentre de la nation, me semblait-il, où tout était possible, où tout pouvait changer – et même en tant que simple stagiaire chargée du courrier, j'étais exaltée de m'y trouver. Cependant, j'étais encore plus fascinée par le bâtiment de la Cour suprême qui se trouve juste en face du Capitole. Je traversais parfois la rue dans l'atmosphère estivale brûlante et moite, où l'air semblait épais comme du beurre, pour contempler avec admiration son éblouissante façade et les mots gravés dans le marbre à son fronton : EQUAL JUSTICE UNDER LAW. Et j'imaginais un monde où cette aspiration à une justice égale pour tous, selon la loi, se concrétiserait.

Après Howard, je retournai chez moi, à Oakland, pour entrer à l'École de droit Hastings de l'université de Californie. Je fus élue présidente de l'Association des étudiants en droit noirs pendant ma seconde année. À l'époque, les étudiants noirs avaient davantage de difficultés que les étudiants blancs pour trouver du travail, et je voulus faire évoluer cet état de choses. En tant que présidente de notre association, j'appelai donc les responsables de tous les grands cabinets d'avocats de la région et je leur demandai d'envoyer un membre de leur équipe à un salon de l'emploi que nous organisions dans un hôtel.

Lorsque je me rendis compte que je souhaitais entamer une carrière de procureure au bureau du procureur de district – j'avais trouvé ma vocation ! –, j'eus très envie de faire part de ma décision à mes amis et à ma famille. Et je ne fus pas surprise de leur réaction étonnée. Il me fallut défendre mon choix comme on soutient une thèse.

L'Amérique a une longue et sombre histoire de mauvais usage du pouvoir du procureur et de dérive vers l'injustice. Je la connaissais bien : les innocentes victimes de coups montés, les accusations portées sans preuves contre des personnes de couleur, les dissimulations d'informations susceptibles de disculper des prévenus, les nombreux exemples d'application disproportionnée de la loi. J'avais grandi avec les récits de ces injustices et je comprenais donc très bien la méfiance de ma communauté. Mais l'histoire de notre pays se tissait aussi d'autres récits.

Je connaissais ces procureurs courageux qui s'étaient attaqués au Ku Klux Klan dans le Sud. Je savais que des procureurs s'étaient dressés contre des politiciens corrompus et de grandes entreprises polluantes. Je connaissais l'héritage de Robert Kennedy qui, en 1961, en tant que procureur général des États-Unis, avait envoyé des responsables du département de la Justice protéger les *freedom riders* qui se battaient pour les droits civiques. Puis avait envoyé les US Marshals, l'année suivante, protéger James Meredith lorsqu'il était devenu le premier étudiant noir à entrer à l'université du Mississippi.

Je savais très bien que l'idée de justice égale pour tous était un idéal. Je savais que la force du droit était appliquée de façon inégale, justement, et parfois à dessein. Mais je savais aussi que le mauvais fonctionnement du système n'avait pas à être une réalité intangible. Et je voulais contribuer à changer les choses.

L'une des expressions préférées de ma mère était « Ne laisse à personne le soin de te dire qui tu es. *Toi*, tu leur dis qui tu es ». Et c'est ce que je fis. Je savais que pour obtenir des avancées, changer le système, il fallait d'un côté, bien sûr, faire ce que j'avais vu toute mon enfance, entourée d'adultes qui en apparence manifestaient, revendiquaient, exigeaient des changements au nom de la justice. Mais je savais aussi qu'il y avait un rôle important à tenir à l'intérieur du système – en siégeant à la table où les décisions se prenaient. Si des militants manifestaient et venaient cogner à la porte, je voulais être celle qui serait dans la place pour les faire entrer.

Je comptais devenir une procureure à l'image de ce qui m'avait façonnée. Je voulais remplir ma mission en m'appuyant sur mes propres expériences et perspectives, avec les opinions et la sagesse que j'avais acquises sur les genoux de ma mère, dans la salle du Rainbow Sign et sur le Yard de Howard.

L'une des observations importantes que mon éducation m'avait conduite à faire, c'était qu'en matière de justice pénale, on nous plaçait trop souvent devant de faux dilemmes. Depuis trop longtemps, on nous répétait qu'il n'y avait que deux options : soit réprimer sévèrement la criminalité, soit être laxiste vis-à-vis d'elle. C'était un raisonnement simpliste qui ignorait la réalité des questions de sécurité publique. Vous pouvez souhaiter que la police fasse cesser la criminalité dans votre quartier, et vouloir en même temps qu'elle cesse de faire usage d'une force excessive. Vous pouvez souhaiter que les policiers pourchassent un tueur dans vos rues, et souhaiter aussi qu'ils arrêtent le profilage racial. Vous pouvez croire qu'il est nécessaire d'assumer les conséquences de ses actes et de rendre des comptes, surtout pour les auteurs de crimes sérieux, tout en vous opposant aux incarcérations injustes. Je pensais déjà, à l'époque, qu'il était essentiel de tisser ces fils variés tous ensemble.

À la fin de mon stage d'été au bureau du procureur de district du comté d'Alameda, j'acceptai avec enthousiasme le poste de procureure adjointe qui m'était proposé. Tout ce qu'il me restait à faire, c'était boucler ma dernière année de droit et passer l'examen de certification du barreau de l'État. Et je pourrais alors entamer ma carrière au tribunal.

Je terminai la faculté au printemps 1989 et me présentai à l'examen du barreau en juillet. Durant les dernières semaines de cet été-là, l'avenir me semblait radieux et limpide. Le compte à rebours vers la vie que j'avais imaginée était lancé.

Et puis tout à coup, stupeur, je fus stoppée net dans mon élan. En novembre, le barreau de l'État de Californie répondit par courrier aux étudiants qui s'étaient présentés à l'examen – et j'avais échoué. J'étais anéantie. Je n'arrivais pas à comprendre. C'était presque insoutenable. Ma mère m'avait toujours dit « Ne fais rien à moitié » – et j'avais toujours pris ce conseil très à cœur. Je travaillais dur. J'étais perfectionniste. J'étais le genre de personne qui ne tenait rien pour acquis. Mais cette lettre m'obligeait à en prendre conscience : en préparant l'examen du barreau, j'avais fait les choses à moitié et obtenu le résultat le plus minable de ma vie.

Par chance, j'avais encore un travail au bureau du procureur de district. Ils étaient prêts à me garder, avec des fonctions d'assistante, en me laissant le temps dont j'avais besoin pour étudier et repasser le barreau en février. J'étais reconnaissante d'avoir cette chance, mais comme j'avais l'impression d'être nulle, incompétente, il m'était difficile de me rendre le matin au bureau. Tous les autres, ou presque, engagés en même temps que moi avaient réussi l'examen, et entamaient à présent leur formation – sans moi. Je me souviens d'avoir entendu un jour quelqu'un dire, en passant devant un bureau : « Mais elle est tellement intelligente. Comment elle a pu rater ça ? » J'étais malheureuse. J'étais honteuse. Je me demandais si les gens pensaient que je n'étais pas à ma place. Malgré tout, je m'efforçais de garder la tête haute et d'aller travailler tous les jours – et je réussis l'examen à la seconde tentative. J'étais tellement fière et honorée le jour où je prêtai enfin serment comme fonctionnaire judiciaire ! Aussitôt après, je me rendis au tribunal, prête à me mettre au travail. Sauf que ni la fac de droit ni l'examen du barreau ne préparent réellement à travailler en salle d'audience, bien sûr, et pendant les premiers temps j'eus le sentiment étrange d'avoir débarqué sur une planète inconnue où tout le monde parlait une langue dont je ne savais rien. En tant qu'assistante, j'avais parfois suppléé le procureur, sous sa supervision. Mais voilà que tout à coup, je devais assurer toute seule mon premier procès.

Je me préparai à fond, revoyant dix fois au moins tous les détails de l'affaire. J'établis la liste des questions que je voulais poser, formulai précisément mes requêtes. J'étudiai aussi toutes les pratiques et les coutumes du prétoire – jusqu'au port du tailleur-jupe longtemps de rigueur, pour les femmes, avant qu'elles ne soient autorisées à porter le pantalon en salle d'audience. Je fis tout ce que je pouvais imaginer. Mais l'enjeu était tel que j'avais le sentiment de ne pas en faire assez.

Le jour J, enfin, j'entrai dans la salle d'audience, m'avançai entre les rangées de bancs jusqu'à la rambarde séparant les prévenus en attente, leurs familles, les témoins et les spectateurs des membres du tribunal. Des chaises étaient disposées devant la rambarde pour les avocats attendant que leurs dossiers soient appelés, et je pris place parmi eux. L'anxiété et l'excitation provoquaient en moi une poussée d'adrénaline qui me donnait la chair de poule. Mais j'étais par-dessus tout très consciente, et honorée, de l'immense responsabilité qui m'était accordée : le devoir de protéger ceux qui comptaient parmi les membres les plus vulnérables et silencieux de notre société. Lorsque vint mon tour, je quittai ma chaise à la table du procureur et m'avançai vers l'estrade pour prononcer ces mots que tout procureur doit dire :

« Kamala Harris, pour le peuple[1]. »

Si nous avons, aux États-Unis, un corps de procureurs de district chargé des poursuites judiciaires, c'est parce que dans notre pays, un crime commis contre l'un de ses citoyens est un crime commis contre tous. Par définition, pour ainsi dire, notre sys-

1. La Californie est l'un des États américains où l'accusation (le procureur) est ainsi nommée, « le peuple » (*the people*). La formule fait aussi écho aux premiers mots de la Déclaration d'indépendance des États-Unis : *We, the People* – Nous, le peuple. En tant que politique, enfin, Kamala Harris est connue pour utiliser fréquemment ces mots de sa carrière de procureure comme slogan : elle est, elle œuvre *pour le peuple*.

tème pénal juge des affaires dans lesquelles des individus ou des groupes puissants ont infligé un tort à moins puissant qu'eux. Or il nous semble inconcevable que la quête de justice de la partie la plus faible puisse être envisagée autrement que comme un effort collectif. Voilà pourquoi les procureurs ne représentent pas « la victime ». Ils sont là « pour le peuple » – la société dans son ensemble.

J'ai gardé ce principe à l'esprit lorsque je travaillais avec des victimes, dont la dignité et la sécurité étaient toujours primordiales à mes yeux. Il faut énormément de courage aux victimes pour raconter leur histoire, d'abord, puis pour affronter un contre-interrogatoire durant lequel leur crédibilité peut-être questionnée, et les détails les plus intimes de leur vie exposés et critiqués. Quand elles viennent à la barre, néanmoins, elles font cela pour le bien de toute la collectivité – pour que ceux qui violent la loi soient tenus pour responsables et en subissent les conséquences.

« Pour le peuple », telle était ma ligne de conduite, et il n'y avait rien que je prisse davantage au sérieux que le pouvoir dont j'étais investie. En tant que procureure, il m'incombait de décider si je devais engager des poursuites contre telle ou telle personne, et, le cas échéant, pour quels motifs et dans quelle mesure précisément. Je pouvais négocier des transactions pénales avec les avocats, et proposer des recommandations de verdict et de libération conditionnelle au juge. Je commençais à peine ma carrière et j'avais déjà le pouvoir de priver des individus de leur liberté d'un simple trait de crayon.

Lorsque vint le moment de mon premier réquisitoire, je m'approchai du banc des jurés. J'avais décidé de parler sans notes, de façon à ne pas devoir baisser les yeux sur une feuille de papier. Je ne voulais pas donner l'impression d'avoir besoin de consulter les arguments pour lesquels j'estimais que l'accusé devait être condamné. Je devais connaître suffisamment mon dossier pour pouvoir fermer les yeux et avoir une vision à 360 degrés, dans ses moindres détails, du crime jugé. En parlant, aussi, je voulais soutenir le regard des jurés.

Lorsque j'eus terminé mon argumentaire et regagnai ma table, je jetai un coup d'œil en direction du public. Amy Resner, l'amie que je m'étais faite le premier jour de notre stage au bureau du procureur de district, était assise là et m'adressait un grand sourire d'encouragement. À présent, nous étions toutes les deux lancées.

La charge quotidienne de travail était intense. À tout moment, chaque procureur peut jongler simultanément avec plus d'une centaine de dossiers. Tout juste entrés dans la carrière, nous démarrions bien sûr avec des affaires peu importantes : argumentaires d'audiences préliminaires, procès pour délits mineurs tels que conduite en état d'ivresse ou vols à la tire. Les années passant, néanmoins, j'eus de plus en plus d'affaires à mon actif et je m'élevai peu à peu dans la hiérarchie du bureau du procureur de district. Arriva un jour où je commençai à traiter des crimes violents, et ma pratique franchit alors un cap.

J'étudiais à fond les rapports de police et interrogeais les témoins. Je me rendais chez le coroner pour examiner des photographies d'autopsie, toujours très consciente que je contemplais l'enfant ou le proche décédé de quelqu'un. Lorsque la police arrêtait un suspect, j'allais au commissariat et, derrière la vitre sans tain d'une salle d'interrogatoire, j'échangeais des notes avec les enquêteurs chargés de questionner les suspects.

Lorsque j'ai commencé à m'occuper de crimes violents, j'ai été affectée aux homicides. Un vendredi après-midi, on me remit un attaché-case contenant un pager (un gadget high-tech pour ce début des années 1990), un stylo et un bloc-notes, un exemplaire du code pénal et une liste de numéros de téléphone essentiels. Toute la semaine qui suivit, chaque fois que le pager bipait, je devais en déduire qu'un homicide avait eu lieu quelque part et que je devais me rendre sur la scène de crime. En général, cela signifiait sauter du lit entre minuit et six heures du matin. Mon rôle consistait à m'assurer que tous les indices étaient relevés dans les règles de l'art, avec toutes les protections constitutionnelles d'usage, de telle sorte qu'ils soient admissibles au tribunal. Je devais souvent expliquer aux victimes et à leurs familles que ce que nous savions qu'il était arrivé, ce n'était pas la même chose que ce que nous pouvions prouver qu'il était arrivé. Il y a un pas de géant entre l'arrestation et la condamnation, et pour parvenir à le franchir, il faut des preuves obtenues dans le respect de la loi.

Le prétoire était un lieu où je me sentais bien. Je comprenais son fonctionnement, ses rythmes. J'appréciais ses particularismes. Un jour, enfin, je rejoignis une unité spécialisée dans les poursuites des crimes sexuels – où il s'agissait de mettre des violeurs et des abuseurs d'enfants derrière les barreaux. C'était une mission délicate, pénible et très importante. Je devais y rencontrer tellement de filles, et parfois de garçons, qui avaient été violentés, agressés, maltraités, et trop souvent par des personnes avec lesquelles ils avaient une relation de confiance.

Ce qui rendait ces dossiers particulièrement difficiles, c'était que, pour obtenir une condamnation, nous avions souvent besoin que les victimes témoignent. J'ai passé bien des jours à faire leur connaissance à l'hôpital public Highland d'Oakland, pour leur expliquer en détail ce que signifiait venir à la barre, à quel genre d'expérience elles devaient s'attendre. Pour certaines, il était tout simplement inimaginable de prendre ainsi la parole, d'énoncer publiquement une chose qu'elles ne voulaient même pas évoquer en privé. Lorsque l'on a subi des violences sexuelles, la souffrance est immense. Surmonter ce type de traumatisme psychique pour venir à la barre exige énormément de courage et de résistance, surtout quand l'agresseur est aussi présent dans la salle d'audience, quand cet agresseur est peut-être un membre de la famille ou un ami, et en sachant que l'on va subir les questions d'un avocat de la défense dont le travail est de convaincre le jury que l'on ne dit pas la vérité. Je n'ai jamais fait aucun reproche aux victimes qui ne pouvaient pas se résoudre à affronter cette épreuve.

Souvent, comme dans les cas où de jeunes enfants étaient impliqués, le défi pour obtenir une condamnation se trouvait moins dans la volonté que dans la capacité de la victime à témoigner. Ces affaires m'obsédaient plus que toutes les autres. Je n'oublierai jamais cette gamine de six ans, minuscule, qui avait été violentée par son frère de seize ans. Pour faire mon travail, j'ai dû m'asseoir avec cette adorable fillette et engager la conversation avec elle pour l'encourager à me raconter son histoire – et pour voir si elle serait capable de la répéter devant un jury. J'ai passé beaucoup de temps avec elle, en la distrayant avec des peluches, des jouets, des petits jeux, pour essayer d'instaurer une relation de confiance entre nous. Mais malgré tous mes efforts, hélas, il était très clair à mes yeux que jamais elle ne serait en mesure d'articuler devant un jury ce qu'elle avait subi. Je me souviens d'être sortie de la pièce, à un moment, pour me précipiter aux toilettes et fondre en larmes. Je n'avais pas assez d'éléments pour inculper son frère. Sans le témoignage de la petite, je n'étais pas en mesure de prouver l'accusation au-delà du doute raisonnable. Malgré tout le pouvoir que j'avais en tant que procureure, je ne crois pas m'être jamais sentie aussi impuissante que cette fois-là.

Mais ce n'est qu'un aspect des difficultés qui se posent pour défendre des enfants victimes de prédateurs sexuels. Il y a aussi le problème du jury lui-même, qui est parfois plus enclin à croire les adultes que les enfants. Et c'est le cas, en particulier, dans les dossiers de jeunes gens exploités sexuellement. Je repense souvent à l'affaire d'une jeune fille de quatorze ans qui avait fui sa famille adoptive avec un groupe de jeunes hommes de son quartier. Au lieu de la soutenir et de la protéger, ils l'avaient emmenée dans un appartement désert et l'avaient violée. Je sentais qu'elle avait appris dès son plus jeune âge à ne pas faire confiance aux adultes : elle portait une carapace de méfiance et d'hostilité. J'avais de la peine pour cette pauvre fille, et pour l'enfance affreuse qui l'avait conduite là. Mais je devinais aussi très bien la perception que les jurés auraient d'elle lorsqu'elle s'avancerait à la barre, mastiquant son chewing-gum, donnant peut-être même l'impression de mépriser l'institution judiciaire censée l'aider.

J'étais inquiète : les jurés la considéreraient-ils comme l'enfant qu'elle était, comme la victime innocente d'un viol collectif ? Ou feraient-ils une croix sur elle, ne voyant que sa tenue « indécente », estimant qu'elle « l'avait bien cherché » ?

Les jurés sont des êtres humains, avec des perceptions et des réactions humaines. Je savais que je devais aller à leur rencontre si je voulais avoir la moindre chance de les amener à une interprétation juste des faits.

Je me rendis vite compte que la victime ne leur inspirait rien de bon. Ils semblaient ne pas l'apprécier. « Le code pénal n'a pas été écrit pour protéger certains d'entre nous, leur rappelai-je. Il est là pour nous tous. Cette jeune fille est une enfant. Elle doit être protégée des prédateurs qui l'attaquent. Or l'une des raisons pour lesquelles les accusés en ont fait leur victime, c'est qu'ils estimaient que son cas ne vous intéresserait pas assez pour que vous décidiez de la défendre. » Nous avons obtenu une condamnation, finalement, mais je ne suis pas sûre que le verdict eut beaucoup de signification pour la jeune fille. Elle a disparu aussitôt après le procès. Quelque temps plus tard j'ai demandé à des enquêteurs de m'aider à la localiser. Nous avons entendu dire qu'elle était tombée entre les mains d'un souteneur qui l'obligeait à faire le trottoir à San Francisco, mais nous n'avons pas pu en avoir confirmation. Je ne l'ai jamais revue.

Difficile, avec un dossier comme celui-ci, de ne pas sentir le poids des problèmes systémiques auxquels nous étions confrontés. Mettre les violeurs de cette jeune fille en prison signifiait qu'ils ne pourraient plus abuser d'autres jeunes filles. Mais *elle*, justement, qu'ils avaient déjà réussi à détruire… En quoi notre système judiciaire l'avait-il aidée ? La condamnation de ses agresseurs ne lui permettrait jamais de se reconstruire. Elle n'avait même pas permis de l'arracher au cycle de violences dont elle était prisonnière. Cette réalité incontournable – et ce qu'il convenait de faire à son sujet –, m'occupait beaucoup l'esprit, quand elle ne me tourmentait pas franchement. Mais il faudrait encore quelques années avant que je puisse m'y attaquer pour de bon.

En 1998, après neuf années de service au bureau du procureur de district du comté d'Alameda, je fus recrutée de l'autre côté de la baie, au bureau du procureur de district de San Francisco, pour diriger l'unité de la criminalité professionnelle, chargée des dossiers des délinquants violents, endurcis, récidivistes. J'hésitai, tout d'abord, à prendre le poste, et pas seulement parce que j'aimais beaucoup travailler au tribunal du comté d'Alameda. À l'époque, le bureau du procureur de district de San Francisco avait assez mauvaise réputation.

Ce que j'entendais dire sur certains dysfonctionnements de ce bureau me préoccupait. En même temps, on m'offrait une promotion : j'allais diriger une unité, superviser une équipe entière de procureurs. C'était une chance de grandir. Et mon ami et mentor Dick Iglehart, qui était alors premier procureur de district adjoint, m'encourageait beaucoup à traverser la baie. Non sans quelque réserve, je finis par accepter la proposition – et constatai très vite que mes inquiétudes étaient complètement justifiées.

Le bureau était mal en point. Pas plus d'un ordinateur pour deux procureurs, aucun système de classement digne de ce nom et pas de base de données pour le suivi des dossiers. Il se murmurait que certains procureurs, lorsqu'ils en avaient terminé avec une affaire, jetaient simplement le dossier à la corbeille. Nous étions à la fin des années 1990 et le bureau n'avait même pas encore d'adresse e-mail.

Il y avait aussi une montagne de dossiers en souffrance, attendant une enquête et un procès. Les avocats étaient mécontents de la police qui ne menait pas les investigations nécessaires. Celle-ci était mécontente du procureur de district car son bureau échouait à obtenir des condamnations. Les décisions prises par la hiérarchie paraissaient arbitraires, incohérentes, et le moral de l'équipe était au plus bas. L'atmosphère du bureau, déjà délétère, fut encore aggravée par une salve brutale de licenciements : un vendredi, quatorze juristes revinrent de déjeuner pour trouver à leur table un feuillet administratif rose leur signifiant qu'ils étaient renvoyés. Ce fut un coup terrible pour l'ensemble du personnel. Certains réagirent par l'indignation, d'autres avec des larmes, et bientôt la peur se mua en paranoïa. Tout le monde se mit à craindre tout le monde, chaque employé du bureau redoutant un coup de poignard dans le dos par un collègue prêt à tout pour protéger son poste.

Certains évitèrent les pots d'adieu des camarades licenciés, par peur que leur présence ne les transforme en cible pour la prochaine charrette.

Tout cela était profondément contrariant, et pas seulement en termes de fonctionnement quotidien du bureau. J'estimais que le procureur de district en poste ternissait l'idée même de ce qu'un procureur progressiste pouvait être : quelqu'un qui utilise le pouvoir de sa charge avec impartialité et expertise, en prenant du recul sur les choses, et qui est aussi au clair avec la nécessité de tenir les criminels pour responsables de leurs actes, tout en comprenant que le meilleur moyen d'assurer la sécurité d'une communauté, c'est de commencer par éviter que des crimes ne s'y produisent. Pour être efficace sur tous ces plans, il était essentiel de diriger une équipe très professionnelle.

Au bout de dix-huit mois, on me tendit une planche de salut. La directrice des affaires juridiques de la municipalité de San Francisco, Louise Renne, m'appela pour me proposer un emploi. Louise était la première femme à occuper son poste. C'était une pionnière intrépide qui n'hésitait pas à s'attaquer aux puissances établies, qu'il s'agisse de fabricants d'armes, de compagnies de tabac ou de clubs pour hommes. Dans l'important service qu'elle dirigeait, la place de responsable de la division des services de l'enfance et de la famille venait de se libérer. Elle se demandait si cela pouvait m'intéresser. Je lui dis que j'étais partante, mais que je ne voulais pas me contenter de traiter des cas individuels en juriste : je souhaitais travailler sur des dossiers susceptibles d'améliorer le système dans son ensemble. Trop souvent, les jeunes gens confiés à des familles d'accueil basculaient dans la délinquance juvénile, puis se voyaient entraînés dans la machine judiciaire de la criminalité adulte. Je voulais réfléchir à des politiques susceptibles d'endiguer ce flot catastrophique.

Louise était complètement pour.

J'y passai deux ans. Pour commencer, je cocréai un groupe de travail chargé d'étudier les problèmes spécifiques des jeunes gens exploités sexuellement. Nous rassemblâmes des experts, des victimes et des membres de différentes communautés pour guider notre réflexion, avec pour objectif de produire une série de recommandations à présenter au Conseil des superviseurs (le conseil législatif) de San Francisco.

Ma partenaire dans cette initiative fut Norma Hotaling, une femme qui avait une expérience personnelle des défis auxquels nous étions confrontés. Abusée sexuellement à l'adolescence, elle était devenue SDF et héroïnomane. Elle avait été arrêtée pour prostitution plus de trente fois. Mais son histoire était de celles, rares, qui se terminaient bien. Norma avait surmonté son addiction. Elle avait repris des études. Elle avait décroché un diplôme en éducation à la santé. Sans attendre, elle s'était appuyée sur cette qualification pour créer un programme d'aide aux femmes souhaitant quitter la prostitution – un programme qui, depuis, a été beaucoup imité. Je n'aurais souhaité meilleure collaboratrice, et je l'admire d'avoir eu le courage de raconter son histoire et d'avoir su s'en servir pour le bénéfice de tant d'autres personnes.

L'une de nos priorités fut de créer un lieu sûr, pour les jeunes prostitués des deux sexes, où ils pourraient trouver de l'affection, du soutien, et des soins. Par mon expérience de procureure, je savais que ces victimes que nous essayions de secourir n'avaient en général nulle part où aller. Dans la plupart des cas, leurs parents étaient sortis du paysage. Beaucoup avaient fugué des familles qui les avaient pris en charge. J'entendais souvent des voix demander comment il était possible que ces jeunes exploités, dès qu'ils étaient libérés par la police, retournent vers les macs et prostitués plus âgés qui « s'occupaient d'eux ». Cela ne me paraissait pas si étrange : vers qui d'autre pouvaient-ils se tourner ?

Notre groupe de travail proposa de créer un centre d'accueil pour les jeunes victimes d'exploitation sexuelle : un sanctuaire où ils pourraient se désintoxiquer et recevoir une aide psychologique, où ils trouveraient des ressources pour reprendre une scolarité, tout un réseau de soutien capable d'assurer leur sécurité, de les soigner et de les pousser dans la bonne direction. Nous défendîmes le financement de ce centre d'accueil, ainsi que d'une campagne d'information. Nous fîmes poser des affiches dans les toilettes publiques et les transports en commun, dans tous les lieux où les jeunes à risque seraient susceptibles d'accéder aux renseignements dont ils avaient besoin sans avoir leurs « protecteurs » sur le dos.

Nous pensions aussi qu'il était important de perturber le réseau de bordels, maquillés en salons de massage, où tant de personnes étaient exploitées sexuellement, et nous demandâmes donc au Conseil des superviseurs d'ordonner aux forces de police de faire de cette mission une priorité.

Immense satisfaction pour notre équipe, le conseil approuva et finança nos recommandations. Dès les deux premières années, nous pûmes sauver des dizaines de jeunes fugueurs. La police, de son côté, ferma près de trois douzaines de lieux de prostitution à travers la ville.

C'était un travail stimulant, qui avait du sens et qui me prouvait qu'il était possible de promouvoir de vraies mesures, utiles pour la société, même sans faire partie d'un corps législatif. Il me donna aussi de l'assurance quant à ma capacité à apporter des solutions aux problèmes que j'identifiais. Toutes ces fois où ma mère m'avait houspillée en demandant « Eh bien, et *toi*, qu'est-ce que tu as fait ? », je les comprenais à présent beaucoup mieux. Je me rendis compte que je n'avais pas besoin d'attendre que quelqu'un veuille prendre les choses en main. Je pouvais commencer à faire moi-même bouger les choses.

Je crois que c'est cette prise de conscience qui m'a poussée à viser une fonction élective. De tous les problèmes que j'avais sous les yeux, peu avaient un besoin aussi urgent de solutions que le bureau du procureur de district de San Francisco. Pendant que nous faisions d'importantes avancées au bureau de la directrice des affaires juridiques de la municipalité, le bureau du procureur de district continuait de s'autodétruire. De talentueux procureurs de carrière voyaient leurs efforts dépréciés et avaient le sentiment d'être entravés dans la mission essentielle à laquelle ils consacraient leur vie. Et pendant ce temps-là, des criminels violents restaient en liberté. Je savais cela. Nous le savions tous.

Mais tout à coup, il m'apparaissait que ce n'était pas seulement un problème important à résoudre. C'était un problème important que *je* pouvais résoudre.

Je voulais honorer, soutenir et renforcer la mission tout entière du bureau du procureur de district. Mais pour pouvoir le diriger, il fallait que je me porte candidate. Une campagne politique, c'était une entreprise de grande envergure, et dans laquelle je ne devais évidemment pas m'embarquer à la légère. Je me suis donc tournée vers mes amis, ma famille, mes collègues et mes mentors. Nous avons eu de longues discussions très animées (une nouvelle thèse à soutenir pour moi). Nous avons pesé le pour et le contre – puis nous avons encore réfléchi.

La plupart des gens soutenaient mon projet, mais ils étaient en même temps inquiets. Mon adversaire, et ancien supérieur, était célèbre. Il avait aussi une réputation de combattant pugnace – à vrai dire, son surnom était Kayo, à prononcer « K.-O. », en hommage aux nombreux K.-O. qu'il avait infligés dans sa jeunesse, lorsqu'il pratiquait la boxe. Une campagne contre lui serait non seulement pénible, mais coûterait aussi très cher. Et je n'avais aucune expérience en matière de levée de fonds.

Était-ce vraiment le moment de me présenter ? Je n'avais pas de réponse à cette question. Mais il me paraissait de plus en plus évident que l'attentisme n'était pas une bonne solution. Je songeais à James Baldwin, dont les propos ont tant éclairé le combat pour les droits civiques : « Il n'y aura jamais de bon moment, dans l'avenir, où nous trouverons la solution de notre salut, a-t-il écrit. Le défi est dans l'instant présent. Le bon moment, c'est toujours maintenant. »

2

Une voix pour la justice

Ma mère s'impatientait : « Kamala, il faut partir. Nous allons être en retard, voyons !

— Une seconde, maman. » Nous devions nous mettre en route pour mon QG de campagne, où l'équipe se rassemblait déjà. Ma mère s'occupait souvent de la supervision des bénévoles, et elle ne tergiversait pas. Tout le monde savait que quand Shyamala parlait, il fallait écouter.

Partant de mon appartement, près de Market Street, nous traversâmes le centre cossu de San Francisco et ses nombreux centres d'intérêt pour gagner Bayview-Hunters Point, un quartier du sud de la ville où la population était très majoritairement noire. C'est à Bayview que l'on trouvait autrefois le chantier naval de San Francisco qui joua un rôle de premier plan dans le développement de la marine militaire de l'Amérique au milieu du XXe siècle. Dans les années 1940, l'assurance de trouver de bons emplois sur le chantier naval et des logements abordables à proximité attira des milliers de Noirs américains en quête de nouvelles opportunités, et qui voulaient échapper à la ségrégation injuste et douloureuse dont ils étaient victimes. Ces travailleurs courbèrent l'acier et soudèrent les tôles qui ont aidé notre nation à remporter la Seconde Guerre mondiale.

Mais comme trop de quartiers similaires à travers l'Amérique, Bayview fut délaissé dans les décennies de l'après-guerre. Quand le chantier naval ferma en 1974, rien ne vint le remplacer. De splendides maisons anciennes furent abandonnées, des déchets toxiques polluèrent les sols, l'eau et l'air, la drogue et la violence empoisonnèrent les rues, une pauvreté épouvantable s'installa de façon durable. La communauté de Bayview acquit une représentation disproportionnée dans la machine judiciaire, tout en étant également accablée de crimes irrésolus. Les familles du quartier, dont beaucoup étaient ancrées depuis des générations à San Francisco, furent coupées, au sens propre comme au figuré, des promesses de la cité prospère qu'ils aimaient. Bayview était le genre d'endroit que personne ne *voyait*, simplement, à moins d'avoir une bonne raison de s'y rendre. L'autoroute ne passait pas à proximité. On ne traversait pas le quartier pour aller d'un point à l'autre de la ville. Bayview était tragiquement invisible au monde qui l'entourait. Je voulais contribuer à changer cela. Alors j'y avais installé mon QG de campagne en son cœur, au carrefour de la 3e Avenue et de Galvez Avenue.

Les consultants politiques jugeaient que j'étais dingue. Ils affirmaient que les volontaires habitant les autres secteurs de la ville n'accepteraient jamais de venir par là. Mais c'étaient justement les endroits comme Bayview qui m'inspiraient, qui m'avaient donné envie de me présenter pour devenir procureure de district. Je n'étais pas candidate pour avoir un joli bureau dans le centre-ville. Je voulais avoir une chance de me battre pour des gens dont les voix n'étaient pas entendues, et de m'engager à assurer la sécurité de *tous* les quartiers, pas seulement de certains. En outre, je ne croyais pas que les participants à notre campagne refuseraient de venir à Bayview. Et j'avais raison, car ils sont venus. Par dizaines.

San Francisco, comme les États-Unis dans leur ensemble, est une ville aux populations très variées, mais encore aujourd'hui profondément séparées les unes des autres – une ville plus mosaïque que melting-pot. Pourtant, notre campagne attira des personnes qui représentaient toute la vitalité de San Francisco. Volontaires et supporters affluèrent de Chinatown, de Castro, de Pacific Heights, de Mission District – Blancs, Noirs, Asiatiques et Latinos, cols blancs aisés et cols bleus, hommes et femmes, jeunes et vieux, gays et hétéros. Des adolescents graffeurs décorèrent le mur du fond de notre salle à la bombe, avec le mot JUSTICE en lettres géantes. Le QG était une ruche bourdonnante de volontaires, certains au téléphone pour contacter les électeurs, d'autres assis autour d'une table pour remplir des enveloppes, d'autres encore préparant des écritoires à pince et des tracts pour aller faire du porte-à-porte dans la communauté et expliquer aux gens notre projet.

Nous arrivâmes devant le quartier général juste à l'heure. Maman descendit de la voiture en demandant : « Tu as la planche à repasser ?

— Bien sûr, elle est derrière.

— OK. Je t'aime », dit-elle en refermant la portière sur elle.

Alors que je redémarrais, je l'entendis s'exclamer : « Kamala, et le scotch ? ! »

Oui, j'avais aussi pris le scotch.

J'accélérai pour gagner un supermarché non loin de là. C'était un samedi matin, l'heure de pointe dans les allées des produits alimentaires. Je m'engageai sur le parking, glissai la voiture sur l'une des rares places disponibles et attrapai la planche à repasser, le scotch et un écriteau de campagne qui commençait à avoir mauvaise mine à force d'être trimballé, attaché ici et là et rebalancé sur la banquette arrière.

Si vous vous représentez les campagnes électorales comme quelque chose de glamour, arrêtez-vous un instant pour m'imaginer sur ce parking avec ma planche à repasser et ma pancarte sous le bras. Je me souviens encore de petits enfants qui me regardaient d'un air intrigué en me montrant du doigt, et de mamans qui leur faisaient presser le pas pour s'éloigner. Je ne pouvais pas leur en vouloir. Je devais faire tache – et même avoir l'air totalement zinzin.

Mais une planche à repasser, c'est un pupitre mobile idéal. Je l'installai juste à côté de l'entrée du supermarché, près des chariots, et y scotchai mon écriteau qui proclamait : KAMALA HARRIS, UNE VOIX POUR LA JUSTICE. Au tout début de la campagne, avec l'aide de mon amie Andrea Dew Steele, j'avais couché sur le papier mon premier prospectus de candidate : une simple biographie d'une page, en noir et blanc, qui présentait ma personne et un résumé de mes positions. Andrea devait plus tard fonder Emerge America, une organisation qui recrute et forme des femmes du Parti démocrate à se porter candidates à des fonctions électives dans l'ensemble du pays. Sur la planche à repasser, je posai plusieurs piles de mon tract, et, à côté, une fiche d'inscription sur une écritoire à pince. Puis je me mis au travail.

En sortant du supermarché, les clients s'immobilisaient un instant après les portes automatiques, légèrement aveuglés par le soleil, pour essayer de se rappeler où ils avaient laissé leur voiture. Et là, sur leur gauche :

« Bonjour ! Je m'appelle Kamala Harris. Je me présente comme procureure de district et j'espère que vous m'apporterez votre soutien. »

En vérité, j'aurais déjà été satisfaite qu'ils se souviennent de mon nom. Au début de la campagne, nous avions commandé un sondage pour savoir combien d'habitants du comté de San Francisco avaient jamais entendu parler de moi. Le résultat avait été un fracassant 6 %. Oui, cela voulait bien dire que six personnes sur cent seulement connaissaient mon nom. Je n'avais pas pu m'empêcher de m'interroger : ma mère avait-elle fait partie des personnes appelées au hasard par les sondeurs ?

Mais je ne m'étais pas lancée dans cette aventure en pensant que ce serait facile. Je savais qu'il me faudrait travailler dur pour me présenter, et défendre mes idées devant un tas de gens qui ignoraient complètement qui j'étais.

Pour certains candidats inexpérimentés, communiquer avec des inconnus peut être malaisé. Et cela se comprend bien. Il est difficile d'engager la conversation avec quelqu'un qui passe devant vous dans la rue, ou d'essayer d'aborder une personne qui attend le bus après sa journée de travail, ou d'entrer dans une boutique pour tenter de discuter avec le commerçant. Comme un télévendeur qui appelle à l'heure du dîner, j'ai eu ma part de rebuffades polies – et parfois désagréables. Le plus souvent, cependant, j'ai eu la chance de bavarder avec des gens accueillants, ouverts, disposés à évoquer les problèmes qu'ils rencontraient dans leur quotidien et les espoirs qu'ils nourrissaient pour leurs familles et leurs communautés – qu'il s'agisse de sévir contre la violence domestique ou d'offrir de meilleures chances aux enfants à risque. Des années plus tard, je tombe parfois sur des gens qui se souviennent de nos échanges à ces arrêts de bus.

Cela peut paraître étrange, mais cette démarche consistant à aller à la rencontre des gens m'a toujours paru similaire au processus de sélection des jurés. Lorsque je travaillais comme procureure, j'ai passé beaucoup de temps, au prétoire, à m'entretenir avec des personnes de toutes les couches de la société qui avaient été convoquées pour accomplir leur devoir civique. Ma tâche consistait à leur poser des questions pendant quelques minutes, et à tenter de comprendre leurs priorités et leur vision du monde. Mener une campagne électorale, pour moi, c'était un peu la même chose (mais sans l'avocat de la partie adverse qui essayait de me couper l'herbe sous le pied). J'aimais beaucoup avoir cette possibilité d'aller au-devant des gens. Parfois, il arrivait qu'une maman sorte du supermarché avec un bambin sur le siège du chariot, et nous nous surprenions à passer une bonne vingtaine de minutes à parler de sa vie, de ses difficultés et du costume d'Halloween de sa fille. Au moment de se dire au revoir, je la regardais dans les yeux pour dire : « J'espère que je peux compter sur votre soutien. » C'est stupéfiant le nombre de gens qui m'ont répondu que personne ne leur avait jamais parlé aussi directement.

Malgré quoi ces échanges n'étaient pas pour autant *naturels* pour moi. J'étais toujours plus que partante pour évoquer le travail à accomplir. Mais les électeurs ne voulaient pas uniquement entendre parler de programmes à mettre en œuvre. Ils voulaient me connaître en tant que personne – savoir qui j'étais, quelle vie je menais, où j'avais grandi, les expériences qui m'avaient définie. Ils voulaient comprendre qui j'étais vraiment. Problème, j'avais été élevée à ne pas parler de moi. J'avais grandi dans l'idée qu'il y avait quelque chose de narcissique, de vaniteux, à évoquer sa petite personne. Par conséquent, même si je comprenais bien ce qui motivait leurs questions, il me fallut quelque temps pour m'y habituer.

J'avais de nombreux rivaux, dans cette première course au poste de procureur de district, et un second tour était inévitable. Mais nos sondages – dont les résultats s'étaient notablement améliorés en ma faveur au fil du temps – indiquaient que si nous étions encore en lice après le premier tour, nous avions des chances de l'emporter cinq semaines plus tard.

Je passai le jour du scrutin dans la rue, du petit matin jusqu'à la fermeture des bureaux de vote, à serrer des mains. Chrisette, l'une de mes plus proches amies, avait pris l'avion pour venir soutenir notre campagne dans sa dernière ligne droite. J'avais l'impression de courir les dernières centaines de mètres d'un marathon. Un moment exaltant, à sa façon. Avec ma famille, quelques amis et les principaux membres de mon équipe de campagne, j'allai dîner pendant que les résultats commençaient à tomber. Mon directeur de campagne, Jim Stearns, resta au bureau des élections pour suivre le dépouillement et nous communiquer les résultats. Pendant le repas, mon excellent ami Mark Leno, qui était alors membre de l'Assemblée de l'État de Californie, garda l'œil sur les décomptes avec Maya, mon consultant en stratégie Jim Rivaldo et mon ami Matthew Rothschild. Chaque fois qu'un bureau de vote livrait un résultat, entre deux fourchetées de pâtes, ils complétaient leurs additions sur la nappe en papier.

Les campagnes modernes ont besoin de big data, d'analyses statistiques, de modèles sophistiqués de participation électorale. Mais dans l'expérience que j'en ai, un ami, un stylo et un bol de spaghettis font tout aussi bien l'affaire.

Nous nous apprêtions à partir lorsque Maya m'agrippa le bras. De nouveaux chiffres venaient de tomber.

« Oh mon Dieu, tu as réussi ! s'exclama-t-elle. Tu es au deuxième tour ! »

Je refis moi-même les calculs pour être sûre du résultat. Je me souviens que Maya et moi nous sommes alors regardées et avons crié en même temps : « Pas possible ! On l'a fait ! »

Le second tour se déroulait cinq semaines plus tard. Il pleuvait et je passai la journée à me faire tremper et à serrer les mains des électeurs à des arrêts de bus. Ce soir-là, comme je l'avais espéré, nous remportâmes une victoire décisive.

Nous fêtâmes l'événement, bien sûr, à notre QG de campagne, et lorsque je montai sur l'estrade pour parler au micro, les haut-parleurs faisaient retentir « We Are the Champions » à travers la salle. En regardant la foule massée devant moi – amis, famille, mentors, volontaires et supporters de la campagne –, je vis une seule communauté. Il y avait des gens des quartiers les plus pauvres comme des plus riches ; des policiers aux côtés de militants qui se battaient pour réformer la police ; des jeunes poussant des cris de joie avec des retraités. C'était une illustration de ce en quoi j'avais toujours cru : pour ce qui touche à l'essentiel, nous avons beaucoup plus de choses qui nous rassemblent que de divergences.

Au moment où j'écris ces lignes, près de quinze ans ont passé depuis mon investiture de procureure de district. Chaque jour, depuis lors, j'ai travaillé d'une façon ou d'une autre à faire évoluer notre justice pénale. J'ai consacré deux mandats de procureure de district, puis près de deux mandats de procureure générale de Californie, à cet objectif, et j'ai présenté une loi de réforme de la justice pénale moins de six semaines après être entrée au Sénat des États-Unis. Si je savais très bien, ce matin d'investiture de 2004, à quel point ces questions étaient importantes pour moi, jamais cependant je n'aurais pu imaginer qu'elles me conduiraient de San Francisco à Sacramento, puis à Washington.

Ma cérémonie d'investiture de procureure de district eut lieu au Herbst Theatre, l'une des salles du San Francisco War Memorial and Performing Arts Center, sur la scène où la Charte des Nations unies fut signée en 1945. Nous écrivions ce jour-là une histoire d'un genre différent, mais avec le même message d'unité. Ma mère se tenait entre moi et Ronald George, le président républicain de la Cour suprême de Californie, que j'avais choisi pour me faire prêter serment. Mon souvenir le plus fort de cette journée est celui de la fierté immense qui se lisait sur le visage de maman.

La salle était comble – il y avait des centaines de personnes venues de tous les quartiers de la ville. Des joueurs de tambour tambourinèrent. Un chœur d'enfants chanta. L'un de mes pasteurs prononça une magnifique oraison. Des dragons chinois dansèrent entre les rangées de sièges. Le San Francisco Gay Men's Chorus nous donna la sérénade. Ce fut une fête multiculturelle, multiraciale et un peu folle de la plus belle façon possible.

Le maire d'Oakland de l'époque, Jerry Brown, un démocrate, était assis au premier rang. Il me dit que son père avait prêté serment pour ce même poste de procureur de district soixante ans plus tôt jour pour jour. Et avec Gavin Newsom, un autre démocrate, qui prêtait serment comme maire de San Francisco le même jour que moi, il était clair qu'un nouveau chapitre politique s'ouvrait pour la ville – et que beaucoup de choses étaient possibles pour nous tous.

Je progressai à travers la foule en serrant des mains, en étreignant et en me laissant étreindre, et savourai la joie profonde que me procurait ce moment. Comme les festivités touchaient à leur fin, un homme noir s'approcha de moi avec ses deux fillettes.

« Je les ai amenées, dit-il, parce que je voulais qu'elles voient ce que quelqu'un qui leur ressemble peut devenir. »

Après l'inauguration, je m'éclipsai pour découvrir mon nouveau bureau. Maintenant que j'étais procureure du district de San Francisco, je voulais savoir ce que cela faisait de s'asseoir entre ces quatre murs. Accompagnée de ma directrice de la communication, Debbie Mesloh, je pris une voiture pour gagner le palais de justice. Bordé par une autoroute, le « 850 », comme on l'appelait (parce qu'il était au 850, Bryant Street) était un bâtiment gris, imposant et sérieux. Je disais souvent pour rire que c'était un endroit « affreusement merveilleux » où travailler. Outre le bureau du procureur de district, le complexe abritait le siège de la police de San Francisco, les tribunaux pénaux, la fourrière, la prison de comté et le bureau du coroner. Il était indéniable que c'était un endroit qui avait le pouvoir de changer la vie des gens, parfois pour toujours.

« Oh, waouh », fis-je en embrassant mon bureau du regard. Ou pour être plus précise, en découvrant la pièce vide qui m'attendait. En vue de la passation des pouvoirs, elle avait été presque complètement débarrassée. Il restait un meuble métallique, contre un mur, sur lequel était posé un ordinateur des années 1980. (Et nous étions en janvier 2004…) Je comprenais mieux pourquoi le procureur de district n'avait pas encore d'adresse e-mail. Dans un angle il y avait une corbeille à papier en plastique. Quelques câbles sortaient du sol. Par la fenêtre, je voyais la rue et une rangée de boutiques de prêteurs de caution – un rappel, que j'allais avoir sous les yeux tous les jours, que le système judiciaire est plus punitif pour les pauvres que pour les gens aisés. La table avait disparu et une simple chaise trônait à l'endroit où le bureau de mon prédécesseur s'était trouvé. Mais cela n'avait pas d'importance. J'étais venue voir ce que cela faisait d'être assise entre ces quatre murs, n'est-ce pas ? Alors je fermai la porte et m'assis sur la chaise.

Pour la première fois depuis le début de la journée, j'étais au calme, seule avec mes pensées, pour réfléchir, pour examiner cette situation nouvelle et encore un peu irréelle.

Je m'étais présentée parce que je savais que je pouvais faire du bon travail en tant que procureure de district – et j'estimais aussi que je pouvais faire mieux que ce qui avait été effectué auparavant. En même temps, je savais que je représentais quelque chose de beaucoup plus vaste que ma propre expérience. À l'époque, on ne trouvait pas beaucoup de procureurs de district qui avaient ma couleur de peau ou mes origines sociales. La situation n'a toujours pas beaucoup évolué. Dans un rapport de 2015, on pouvait encore lire que 95 % des procureurs élus de notre pays étaient blancs, et 79 % étaient des hommes blancs.

La décennie que j'avais passée sur la ligne de front du système pénal en tant que procureure du rang informait fondamentalement ma vision des choses. Je connaissais ce monde sous toutes ses facettes. Pour ce qu'il était, pour ce qu'il n'était pas, pour ce qu'il pouvait être. Le tribunal était censé être le haut lieu de la justice, mais il était souvent un très haut lieu de l'injustice. Et je savais que les deux propositions étaient vraies.

J'avais fréquenté assez longtemps le prétoire pour voir des victimes de violence y reparaître, des années plus tard, en tant qu'auteurs de crimes violents. J'avais travaillé avec des enfants qui grandissaient dans des quartiers où la criminalité était telle qu'on relevait parmi eux des incidences de trouble de stress post-traumatique aussi élevées que chez les enfants des zones de guerre. Je m'étais occupée de jeunes gens, pris en charge par les services sociaux, qui avaient changé de famille d'accueil six fois avant l'âge de dix-huit ans. Je les avais vus fuguer, et passer de circonstances malheureuses en circonstances malheureuses, pour se faire finalement attraper dans les rouages du système sans aucune chance de pouvoir en réchapper. J'avais vu des enfants promis à un avenir sinistre pour la seule raison qu'ils étaient nés dans certaines conditions et vivaient dans certains quartiers. En tant que procureure, j'avais eu pour tâche d'obliger ceux qui violaient la loi à rendre des comptes. Mais le système n'avait-il pas aussi à leur rendre certains comptes, à eux et à leurs communautés ?

La réponse du système, à vrai dire, avait été d'ouvrir une période d'incarcérations de masse qui ravageaient des communautés déjà très défavorisées. Les États-Unis mettent aujourd'hui davantage de gens en prison que n'importe quel autre pays au monde. En 2018, nous avions plus de 2,1 millions de détenus dans les prisons d'État et fédérales. Mettons ce nombre en perspective : les populations de quinze des cinquante États américains sont inférieures à notre population carcérale. La guerre contre la drogue a jeté quantité de gens dans les griffes du système ; elle a transformé nos tribunaux pénaux en usines à prisonniers. J'ai vu cela de près.

Au début de ma carrière, au bureau du procureur de district du comté d'Alameda, j'ai été affectée à une unité que l'on appelait le « pont », où des juristes installés dans de petits bureaux enquillaient les affaires de drogue par centaines. Il se trouvait de vilains personnages, c'est indiscutable, dans ces piles de dossiers – de nombreux dealers qui vendaient leur marchandise à des gamins, ou forçaient des gamins à vendre à leur place. Mais trop d'affaires racontaient une histoire bien différente : un homme incarcéré pour simple possession de quelques cailloux de crack ; une femme arrêtée parce qu'elle fumait un joint alors qu'elle était assise sur son perron.

Les accusations étaient aussi faciles à prouver qu'elles étaient tragiques à porter. Dans notre empressement à nettoyer les rues de nos villes, nous avions criminalisé une crise de santé publique. Et sans concertation sur le traitement et la prévention de cette crise, l'épidémie de crack s'était répandue comme un virus mortel, ravageant ville après ville jusqu'à ce qu'elle ait anéanti une génération entière.

Assise là dans mon nouveau bureau encore vide, je me remémorai un jour où, jeune procureure, j'avais entendu des collègues parler dans le couloir.

« On ajoute l'association à un gang ? avait demandé l'un d'eux.

— Peut-on prouver qu'il faisait partie d'un gang ? avait dit l'autre.

— Arrête, t'as bien vu son style de fringues, et tu sais à quel carrefour il a été pincé. Et le mec a aussi la cassette de ce rappeur, là, comment il s'appelle déjà ? »

J'étais sortie dans le couloir pour dire : « Hé, vous deux, juste pour votre gouverne. J'ai de la famille qui habite dans ce quartier-là. J'ai des amis qui s'habillent de la même façon. Et j'ai une cassette de ce rappeur dans ma voiture. »

Je retournai tout cela dans ma tête : les raisons pour lesquelles je m'étais présentée, qui je voulais vraiment aider en tant que procureure de district, et ce fait indéniable que savoir faire condamner un prévenu avec conviction, ce n'était pas la même chose qu'avoir des convictions. Au bout du compte, je savais que j'étais ici pour les victimes. Autant les victimes de crimes que les victimes d'une justice pénale dysfonctionnelle.

Être un procureur progressiste, à mon sens, c'est comprendre cette dichotomie – et en tirer une ligne de conduite. C'est comprendre que lorsqu'un individu prend la vie d'un autre, ou quand un enfant est maltraité, ou une femme violée, les conséquences de ces crimes doivent être sévères pour leurs auteurs, car c'est un impératif de justice. Mais c'est aussi comprendre que l'équité fait souvent défaut dans notre système judiciaire qui est censé en être le garant. La mission du procureur progressiste est de prêter attention à ceux qui sont ignorés, de parler pour ceux dont les voix ne sont pas entendues, de voir et de traiter les causes de la criminalité, pas seulement ses conséquences, et de mettre en lumière l'inégalité et l'arbitraire qui conduisent à l'injustice. Un procureur progressiste doit reconnaître que tout le monde n'a pas besoin d'être puni – que ce dont beaucoup de gens ont besoin, assez simplement, c'est d'être aidés.

On tapota à la porte et le sourire de Debbie apparut dans l'entrebâillement. « Vous êtes prête ? me demanda-t-elle.

— J'arrive dans une minute. » Je profitai du silence encore quelques instants après qu'elle eut refermé la porte. Puis je sortis un stylo et un bloc-notes à feuillets jaunes de ma sacoche, et je commençai à rédiger une liste.

Je venais de m'asseoir à ma table de travail, lorsque mon assistante administrative entra. « *Boss*, dit-elle, il y a encore une maman qui vous demande.

— Merci. Je viens tout de suite. »

Je sortis de mon bureau et m'engageai dans le couloir. Il n'y avait que quelques semaines que j'étais procureure de district, mais ce n'était pas la première fois que je me dirigeais ainsi vers le hall. Car ce n'était pas la première fois qu'une femme se présentait à l'accueil et disait : « Je voudrais parler à Kamala. Personne d'autre. Il faut que je parle avec Kamala. » Je savais exactement pourquoi elle était venue. Elle avait perdu un enfant – un enfant assassiné.

La femme s'effondra presque dans mes bras. Sa détresse était si profonde. Elle était en deuil. Elle était épuisée. Et pourtant, sa présence ici témoignait de son courage. Elle était venue pour son bébé, le bébé qu'elle avait perdu, un jeune homme pris dans une fusillade de rue. L'événement datait de plusieurs mois, mais le meurtrier était encore en liberté. L'affaire faisait partie des plus de soixante-dix homicides irrésolus dont les dossiers s'entassaient à la police de San Francisco au moment où j'avais pris mes fonctions.

Je connaissais certaines de ces mères pour les avoir rencontrées, avec d'autres, pendant ma campagne. Noires ou latinos pour la plupart, elles vivaient dans des quartiers à la criminalité galopante, et toutes aimaient profondément leurs enfants. Ensemble, elles avaient fondé une association, les Mères de victimes d'homicide, qui était à la fois un groupe d'entraide et un groupe de défense d'intérêts. Tout en se soutenant les unes les autres dans leur chagrin, elles s'organisaient pour obtenir justice pour leurs fils.

Elles n'étaient pas certaines que je puisse les aider, mais elles savaient que j'acceptais au moins de les voir. Et j'insiste sur ce mot : les *voir*. Voir leur souffrance, voir leur anxiété, voir leurs âmes qui saignaient. Elles savaient que je les considérais avant tout comme des mères aimantes et accablées de chagrin.

C'est l'un des aspects de cette tragédie. Lorsque les gens apprennent qu'une mère a perdu un enfant à cause d'un cancer, d'un accident de voiture ou à la guerre, ils font naturellement preuve de solidarité et de sollicitude. Mais quand une femme perd son fils à cause de la violence urbaine, la réaction est souvent différente. On assiste presque à une sorte de haussement d'épaules collectif, comme s'il s'agissait d'une issue prévisible – pas la tragédie épouvantable de la perte d'un enfant, mais une simple unité de plus pour les statistiques. Comme si les circonstances de la mort de ce fils déterminaient la valeur de sa vie. Comme si la perte que cette mère subissait était moins valable, moins douloureuse, moins digne de compassion.

Je l'invitai à me suivre jusqu'à mon bureau pour que nous puissions bavarder au calme. Elle m'expliqua que son fils avait été tué par balle, que personne n'avait été arrêté, que personne ne semblait se préoccuper de l'affaire. Elle me raconta le moment où elle avait dû se rendre chez le coroner pour identifier le corps : une image qu'elle n'arrivait pas, depuis, à se sortir de la tête, son enfant sans vie dans cet endroit tellement froid. Elle avait laissé des messages à l'enquêteur de la brigade criminelle, précisa-t-elle, avec quelques idées de pistes, mais n'avait obtenu aucune réponse. Il ne s'était absolument rien passé, apparemment rien n'avançait plus, elle ne comprenait pas pourquoi. Elle me saisit la main en soutenant mon regard : « Il comptait, vous savez. Pour moi il compte encore.

— Il compte pour moi aussi, je vous assure », répondis-je. La vie de ce jeune homme aurait dû compter pour tout le monde. Je demandai à mon équipe d'organiser une réunion avec tous les inspecteurs de la criminelle, le plus tôt possible, dans la salle de conférence. Je voulais comprendre pourquoi toutes ces affaires restaient au point mort.

Les inspecteurs se présentèrent sans savoir à quoi s'attendre. À ce moment-là, j'ignorais qu'il était inhabituel que le procureur de district en exercice les convoque de cette façon. Je leur demandai de m'expliquer, l'un après l'autre, où en étaient leurs enquêtes pour homicide non résolues – et de préciser clairement ce qu'ils comptaient faire pour nous aider à obtenir justice pour ces familles. Mes questions précises interdisaient aux inspecteurs de se dérober. Je me montrai exigeante. Plus exigeante, apprendrais-je plus tard, qu'ils ne s'y attendaient. Cela créa quelques remous. Mais c'était une question de justice, et il fallait le faire – tant pis si cela n'avait jamais été fait auparavant.

Ils prirent mon appel à agir au sérieux. Moins d'un mois après la réunion, la police de San Francisco lança une campagne d'information encourageant les témoins de crimes violents à se faire connaître. Finalement, nous réussîmes à réduire de 25 % le nombre de dossiers en souffrance. Tous ne purent être traités, mais nous y travaillâmes, en faisant notre maximum pour avoir la certitude de résoudre chaque affaire qui pouvait l'être.

Certains observateurs furent surpris que je me montre aussi ferme et résolue. Et je sais que d'autres se demandèrent à voix haute comment moi, une femme noire, je pouvais accepter de faire partie de la « machine » pour mettre toujours plus de jeunes hommes de couleur derrière les barreaux. Il ne fait aucun doute que notre système judiciaire présente de graves défauts. Qu'il est fondamentalement défaillant. Et nous devons régler ce problème. Mais nous ne pouvons pas négliger, ou ignorer, la douleur d'une mère, la mort de son enfant, et le fait que le meurtrier reste en liberté. Il doit y avoir de graves conséquences pour ceux qui commettent de graves crimes.

J'ai vu passer dans ma carrière tous les crimes et les criminels imaginables – y compris un homme qui avait littéralement scalpé sa petite amie lors d'une dispute. J'ai poursuivi des sadiques qui s'étaient livrés aux actes les plus atroces, les plus barbares qui puissent se concevoir, sur leurs victimes. Je me suis rendue sur des scènes de crime où des personnes avaient été assassinées, et j'ai obtenu des verdicts de culpabilité contre ceux qui avaient commis ces assassinats. J'ai regardé droit dans les yeux des tueurs de sang-froid, en salle d'audience, au moment où le juge annonçait leur peine d'emprisonnement à vie. Et je n'ai pas craint de demander des sentences plus sévères que celles prévues par la loi dans certains cas. En 2004, par exemple, j'ai fait voter une loi en Californie pour allonger les peines de prétendus « clients » qui payaient pour avoir des relations sexuelles avec des mineures. J'estimais que ces actes devaient être considérés comme des agressions sexuelles.

Mais soyons clairs : la situation n'est pas la même – elle ne devrait pas être vue comme telle – quand il s'agit de crimes moins graves. Je me souviens de ma première visite à la prison du comté[1]. Il y avait tant de jeunes hommes – et pour l'essentiel de couleur ou pauvres. Trop d'entre eux étaient là pour cause de toxicomanie, de désespoir et de dénuement. Beaucoup étaient des pères à qui leurs enfants manquaient. La plupart étaient de jeunes adultes attirés dans des gangs parce qu'ils n'avaient pas vraiment d'autre

1. Dans les prisons de comté sont enfermées les personnes qui attendent leur procès ou ont été condamnées à des peines courtes (en général de moins d'un an).

solution. La majorité d'entre eux n'étaient pas emprisonnés pour des infractions violentes, et pourtant ils comptaient parmi tant et tant d'autres, une multitude, qui avaient été emportés par cette vague d'incarcérations de masse. Des gens dont les vies étaient désormais détruites, comme les vies de leurs familles et de leurs communautés. Ils constituaient une sorte de monument vivant aux possibilités perdues, et je voulais abattre ce monument-là.

En 1977, quelque part dans le quartier franciscanais de Western Addition, mon amie Lateefah Simon vint au monde. Pendant qu'elle grandissait dans ce qui était jadis un quartier de la classe moyenne, l'épidémie de crack commença à se répandre. Elle vit, sans filtre, ce que ce fléau faisait à sa communauté – l'addiction autodestructrice qu'il alimentait, le fardeau qu'il représentait pour des familles qui vivaient sans filet de sécurité et avaient déjà du mal à s'en sortir, la façon qu'il avait d'éliminer les pères du tableau et de parasiter l'instinct de protection le plus élémentaire d'une mère pour son enfant. Lorsque Lateefah était petite, elle avait le désir d'aider les gens. Mais à l'adolescence, elle rejoignit la multitude de ceux qui avaient besoin d'aide. Elle se retrouva un jour en liberté surveillée pour vol à l'étalage, et elle abandonna le lycée.

C'est alors que quelqu'un intervint dans sa vie. Lateefah travaillait huit heures par jour dans un Taco Bell, lorsqu'un travailleur social lui parla d'un centre de services sociaux, le Center for Young Women's Development, à San Francisco, qui apportait assistance et aide à l'autonomisation, notamment en matière de formation professionnelle, aux filles et aux jeunes femmes qui vivaient dans la rue ou connaissaient des difficultés. Et il recrutait du personnel. Lateefah y vit une planche de salut et ne laissa pas passer cette occasion.

Elle commença à travailler au centre alors qu'elle était elle-même encore adolescente et mère célibataire d'une petite fille. Bientôt, plus rien ne put l'arrêter. Elle était partout : à des réunions de la municipalité réclamant des réformes pour aider les filles victimes d'exploitation sexuelle ; dans les rues de quartiers pauvres pour distribuer des préservatifs et des confiseries tout en expliquant aux gens comment se faire aider ; et au centre même, à travailler avec les filles vulnérables de son quartier. « Je voyais de la résilience chez ces jeunes femmes, se souviendrait-elle. Il y avait des gens qui n'avaient absolument rien mais qui se débrouillaient malgré tout pour arriver au bout de la journée. Et de celle d'après. Et de celle encore d'après. »

Les dirigeants du centre étaient tellement impressionnés par la ténacité, les compétences et le leadership naturel de Lateefah, qu'ils lui demandèrent d'en devenir la directrice générale alors qu'elle n'avait que dix-neuf ans. Elle accepta – et c'est à ce moment-là que je fis sa connaissance.

Au bureau de la directrice des affaires juridiques de la municipalité, je travaillais avec la même communauté de femmes que Lateefah. J'organisais des séances « Connaissez vos droits », aux quatre coins de la ville, pour les femmes vulnérables, et je proposais parfois à Lateefah de se joindre à nos efforts. Je voyais bien que cette femme était un génie, et il s'avérerait bientôt que je n'étais pas la seule à penser cela. En 2003, elle allait devenir la plus jeune femme de l'histoire à remporter la prestigieuse bourse MacArthur « du génie » (avec pour tout diplôme un équivalent du bac).

Devenue procureure de district, je me posai souvent cette question : « Et si Lateefah avait été arrêtée avec un sachet d'herbe et non pour simple vol à l'étalage ? Et si elle avait été jetée en prison au lieu de se voir accorder une mise à l'épreuve ? » Je savais ce qu'aurait signifié une telle condamnation. Il ne s'agit pas que de la peine de prison. Il faut regarder ce qui arrive ensuite. Notre pays s'est fait une spécialité de libérer ses détenus pour les renvoyer à des situations abjectes et désespérées. Nous leur donnons un peu d'argent, un ticket de bus, et nous les remettons à la rue avec une condamnation sérieuse dans leur casier judiciaire – c'est-à-dire pas avec le genre d'expérience que la plupart des employeurs recherchent sur un CV. Dans d'innombrables cas, se voyant rejetés à l'embauche, ils n'ont aucun moyen de gagner leur vie. Dès l'instant où ils sortent de prison, en somme, ils courent le risque d'y retourner. Ils aboutissent dans le seul quartier qu'ils connaissent, où ils retrouvent les mêmes gens, au même coin de rue. La seule différence c'est que maintenant ils ont l'expérience de la prison. Et la prison a sa propre force d'attraction, souvent aussi irrésistible que la gravitation. Sur les centaines de milliers de détenus que nous relâchons chaque année dans le pays, près de 70 % commettent un crime dans les trente-six mois qui suivent leur libération. Le statu quo ne fonctionne pas.

Un jour, je rassemblai autour de moi un groupe de conseillers de confiance – parmi eux, mon courageux et brillant chef de la planification politique, Tim Silard – et je leur posai cette question : un programme de réinsertion qui fonctionnerait, cela demanderait quoi ? En d'autres termes, si la meilleure façon d'améliorer la sécurité publique, c'est d'empêcher d'abord que des crimes soient commis, que pouvons-nous faire pour éviter les récidives chez les anciens condamnés ?

Et si nous arrivions à les remettre réellement sur la bonne voie ?

Cette question nous inspira, à Tim et à moi, le nom du programme que nous décidâmes de créer ensemble : Back on Track (de retour sur la bonne voie). L'idée maîtresse de ce programme est que je crois à la rédemption. La rédemption est une idée vieille comme le monde, inscrite dans de nombreuses religions, qui présuppose que nous faisons tous, parfois, des erreurs – et que pour certains, l'erreur peut atteindre le niveau du crime. Oui, il faut en payer les conséquences. Les criminels doivent bien sûr rendre des comptes. Mais après que la dette envers la société a été payée, une société bienveillante ne doit-elle pas donner la possibilité à ceux qui l'ont offensée d'y regagner leur place ?

Notre projet se heurta pour commencer à une énorme résistance. La tendance dominante des politiques de justice pénale favorisait encore le durcissement des peines ou la militarisation de la police. Beaucoup de gens étaient convaincus que le système judiciaire ne se montrait pas assez punitif. Plus d'une décennie plus tard, notre société a évolué, Dieu merci, ouvrant la voie à une approche plus nuancée du problème. Les programmes de réinsertion tels que Back on Track font désormais partie du débat. Mais à l'époque, je me suis heurtée à une réaction brutale, y compris de la part de personnes avec lesquelles je travaillais régulièrement. À leurs yeux, le boulot d'un procureur était de mettre les criminels en prison, pas de se préoccuper de ce qu'ils pouvaient devenir à leur libération. Ça, c'était le problème de quelqu'un d'autre. On me reprocha de perdre mon temps et de gaspiller de précieuses ressources. Des gens me disaient : « Vous devriez les enfermer au lieu de les remettre dehors. »

Mais nous persévérâmes. C'était un aspect de mon mandat de procureure de district important à mes yeux. Au bout du compte, c'était à moi de décider s'il fallait donner suite ou non à cette initiative. J'écoutais les critiques, mais je refusais qu'elles entravent mes décisions. Je voulais changer les choses. Je voulais prouver que c'était possible.

Alors Tim et moi nous sommes mis au travail. Nous voulions proposer de nouvelles opportunités aux futurs participants de Back on Track en les soumettant à un programme rigoureux que je comparais souvent à celui d'un camp d'entraînement. Il comprenait une formation professionnelle, des cours de rattrapage scolaire, des heures de travail d'intérêt général, des cours d'éducation parentale et d'éducation financière, ainsi qu'un dépistage de drogue et une thérapie si nécessaire. Le bureau de la procureure de district était le moteur du projet, mais nous recrutâmes un vaste éventail de partenaires décisifs : l'organisation à but non lucratif Goodwill Industries, par exemple, qui devait superviser les travaux d'intérêt général et la formation à l'emploi, ou la Chambre de commerce de San Francisco et ses entreprises, pour aider les participants à trouver des emplois, ou encore les syndicats qui pouvaient apporter de précieuses solutions d'apprentissage.

Si le programme Back on Track était motivé par des préoccupations humanistes, il n'en était pas moins intense et exigeant.

Il n'émanait pas d'une organisation d'aide sociale, mais de l'institution judiciaire. Tous les premiers participants furent des primodélinquants non violents qui avaient entamé leur voyage vers le palais de justice à l'arrière d'une voiture de police. Ces jeunes gens devaient commencer par plaider coupable et accepter la responsabilité des actes qui les avaient conduits devant un juge. Nous leur promettions alors que s'ils réussissaient le programme, nous effacerions leurs casiers judiciaires – c'était bien sûr pour eux une motivation supplémentaire. Notre programme n'était pas conçu que pour apporter des améliorations mineures, périphériques, dans leur existence. Il s'agissait de transformation. Nous savions qu'ils avaient la capacité de s'en sortir, de réussir, et nous espérions qu'ils croiraient en eux-mêmes. Nous voulions que chacun d'eux vise le plus haut possible.

Lorsque vint le moment de trouver la bonne personne à qui confier la direction du programme, un nom me vint immédiatement à l'esprit. J'appelai Lateefah.

Elle se montra d'abord réticente. Jamais elle ne s'était imaginé collaborer avec le bureau d'un procureur de district. « Travailler pour Mister Police, ce n'est pas ma tasse de thé, me dit-elle.

— Alors vous n'avez pas à vous inquiéter, dis-je en riant. Ce n'est pas pour Mister Police que vous travaillerez, c'est pour moi. »

Lateefah se donna à fond sur le projet – elle fut incroyable. Et les participants de Back on Track en firent autant. Enfin, lors d'une magnifique soirée que je n'oublierai jamais, nous pûmes savourer les fruits de cet effort collectif.

Tim, Lateefah et de nombreux autres collaborateurs de mon bureau se joignirent à moi, après la fermeture du tribunal en fin d'après-midi, pour gagner la salle de rassemblement des jurés. Quand nous y entrâmes, elle était déjà pleine de gens qui avaient des fleurs et des ballons gonflables entre les mains. L'animation joyeuse qui régnait n'était pas ordinaire, c'est le moins que l'on puisse dire, pour une salle où les jurés convoqués au tribunal étaient réunis pour patienter et se voir informés de la mission qui serait la leur, s'ils étaient sélectionnés, lors d'un procès. Mais cette soirée-là n'avait rien d'ordinaire. Je pris place au pupitre pour déclarer ouverte la première cérémonie de remise de diplômes de Back on Track !

Entrèrent alors, par la porte principale, dix-huit hommes et femmes qui vinrent s'asseoir à leurs places réservées aux premiers rangs. Pour la grande majorité d'entre eux, c'était la première fois de leur vie qu'ils portaient une toge de diplôme. Et ils n'étaient qu'une poignée à avoir jamais eu l'occasion d'inviter leurs proches à une cérémonie de ce genre – et de les voir pleurer de joie pour eux. Cette fête, ils l'avaient âprement gagnée et ils en méritaient chaque instant.

Depuis un an qu'ils s'étaient engagés dans le programme, chacun d'eux avait, au minimum, décroché une équivalence de diplôme de fin d'études secondaires et trouvé un travail stable. Ils avaient tous accompli des tâches d'intérêt général – plus de deux cents heures par tête. Chez les hommes, ceux qui étaient pères avaient payé tous leurs arriérés de pension alimentaire. Et toutes et tous étaient sortis pour de bon de la drogue. Ils avaient prouvé qu'ils en étaient capables – et que c'était faisable.

En échange de ces efforts et de cette réussite, nous étions là pour tenir nos promesses. En plus de recevoir son diplôme Back on Track, chaque participant allait voir son casier judiciaire blanchi par un juge qui assistait à la cérémonie.

Au fil des ans, un certain nombre de juges de cour supérieure se sont portés volontaires pour présider les cérémonies de remise de diplômes Back on Track, comme par exemple mon ami John Dearman, un ancien travailleur social qui eut la plus longue carrière de juge de l'histoire de San Francisco. Parmi eux je veux aussi citer le juge Thelton Henderson, une icône du mouvement des droits civiques qui, en 1963, prêta sa voiture de fonction à Martin Luther King, dont la propre voiture était en panne, pour un voyage – et fut viré, pour sa peine, de son poste de juriste au département de la Justice.

Back on Track ne tarda pas à faire ses preuves. Au bout de deux ans, 10 % seulement de ses diplômés avaient récidivé, contre 50 %

chez les autres anciens détenus condamnés pour des motifs similaires. Le programme utilisait aussi intelligemment et efficacement l'argent des contribuables : il coûtait 5 000 dollars par participant. En comparaison, le coût des poursuites pour un crime s'élevait à 10 000 dollars, et il fallait encore 40 000 dollars supplémentaires, minimum, pour loger et nourrir un détenu une année dans une prison de comté.

Les responsables locaux ne sont pas habilités à définir les politiques nationales. Ils n'ont d'autorité que dans leurs propres juridictions. Mais quand ils tombent sur de bonnes idées, même à une échelle modeste, ils peuvent servir d'exemple à d'autres qui reprennent leurs initiatives. C'était l'un de nos principaux objectifs lorsque nous avons créé Back on Track. Nous voulions montrer aux responsables politiques du pays tout entier, à chaque strate de gouvernement de chaque État, qu'un programme de réinsertion pouvait fonctionner et valait la peine d'être tenté. Aussi, nous fûmes très heureux le jour où le département de la Justice du président Obama décida d'adopter Back on Track comme programme modèle.

Lorsque je me suis portée candidate, par la suite, au poste de procureure générale de Californie, j'ai fait cela en grande partie avec l'intention de développer le programme à l'échelle de l'État. Et c'est exactement ce que nous avons fait en créant un partenariat avec les services de police du comté de Los Angeles, pour créer Back on Track-Los Angeles (BOT-LA) dans ce qui est le plus vaste ensemble pénitentiaire de comté de la Californie.

Un jour, je me souviens, je suis allée rencontrer un groupe de participants au programme avec deux de mes adjoints spéciaux à la procureure générale, Jeff Tsai et Daniel Suvor. À notre arrivée, nous apprîmes que les hommes avaient créé un groupe de musique et souhaitaient interpréter une chanson qu'ils avaient composée pour moi. « C'est super ! dis-je. Et quel est le nom du groupe ? » La réponse me fit sourire : ils s'appelaient ContraBand. Et ils faisaient plaisir à voir. Il y avait un monsieur âgé avec une kippa, un type maigrichon qui livra sa meilleure imitation de Michael

Jackson, un guitariste clairement influencé par Santana et un claviériste qui était l'esprit même des Eagles. Leur chanson était intitulée « Back on Track ». Le refrain disait « I'm back on track and I'm not going back » (Je suis de nouveau sur la bonne voie et je ne retournerai pas là-bas [en prison]). Ils se donnèrent à fond, en s'amusant beaucoup, et avec beaucoup de fierté.

Nous les avons applaudis et acclamés. Je riais avec tout le monde, mais je dois dire que j'avais aussi les larmes aux yeux. Leur sincérité me touchait tellement. J'espérais qu'elle frapperait aussi beaucoup d'autres gens. Il y avait tant de beauté dans ce moment censément inconcevable.

Durant toute la période où j'ai été procureure de district, à chaque cérémonie de remise de diplômes Back on Track, nous avons pris soin d'inviter les participants au programme qui étaient en cours de formation pour qu'ils voient de leurs propres yeux ce que l'avenir pouvait leur réserver de bon. Et toutes les fois où j'ai pris la parole lors de ces événements, j'ai dit aux diplômés ce que je savais être vrai : que le programme dépendait bien davantage d'eux que de nous. Cette réussite, c'était la leur, et je tenais à ce qu'ils l'entendent. En même temps, je voulais qu'ils se rendent compte que leur réussite était aussi plus grande qu'eux.

« Les gens vous regardent, ajoutai-je. Ils vous observent. Et quand ils vous voient réussir, ils se disent “Hé, peut-être qu'on pourrait en faire autant. Essayer ça chez nous.” Vous devriez puiser de l'inspiration dans l'idée que votre réussite personnelle ici créera un jour une opportunité pour quelqu'un que vous ne connaissez pas, ailleurs dans le pays. »

Le jour où, après ma prestation de serment comme procureure de district, je pris mon bloc-notes à feuillets jaunes pour dresser une liste de choses à faire, il y avait de nombreux problèmes, grands et petits, auxquels je voulais m'attaquer – de nombreux problèmes qu'il fallait à mon avis régler. Et je voulais être sûre de n'en négliger aucun. J'écrivis même « peindre les murs » sur ma liste. Sérieusement. J'ai toujours pensé qu'il n'y a pas de problème trop petit pour être pris en compte. Je sais que cela peut paraître trivial, mais le personnel du bureau dont j'étais désormais la dirigeante travaillait dans des locaux qui n'avaient pas été repeints depuis des années. Cela n'était pas seulement emblématique de l'apathie qui s'était répandue dans le service au fil du temps : c'était tout simplement déprimant. Mes collaborateurs étaient démoralisés. Ils se sentaient déconsidérés, démunis, vaincus. Peindre les murs, c'était une façon tangible de signaler que j'avais pris note du problème. Et que l'ambiance allait changer.

Pour commencer, je leur adressai à tous un questionnaire pour demander de quoi ils avaient le plus besoin pour mieux travailler. L'une des réponses qui revint le plus souvent fut : de nouvelles photocopieuses. Il s'avérait que tout le monde perdait un temps fou, chaque jour, à tenter de cajoler une machine antique pour qu'elle veuille bien fonctionner – et à se battre avec les bourrages papier. J'ai commandé sur-le-champ des photocopieuses. Quand elles sont arrivées, nous avons fêté l'événement.

C'étaient là des choses simples. Mais l'objectif, bien sûr, était de réinstaurer le professionnalisme comme vertu cardinale. Je savais qu'il y avait un lien direct entre la professionnalisation de nos opérations et notre capacité à servir correctement la justice. Il fallait que chaque employé donne le meilleur de lui-même. J'avais pris la tête d'un bureau dont la culture, jusqu'alors, avait dressé les gens les uns contre les autres. Je voulais renverser la vapeur et veiller à ce que nous formions tous ensemble une vraie équipe. Alors chaque lundi après-midi, par exemple, je réunissais les procureurs à la bibliothèque, et chacun devait présenter ses affaires en cours et les verdicts de la semaine précédente devant ses collègues. Quand votre tour venait, vous vous leviez pour exposer les problèmes juridiques mis en relief par tel ou tel dossier, la stratégie de la défense, la réaction du juge, les pépins que vous aviez eus avec les témoins, et ainsi de suite. Quand vous aviez terminé, j'engageais toujours la salle à vous applaudir – indépendamment de l'issue de l'affaire. La question n'était pas ici de perdre ou de gagner, mais d'apprécier le professionnalisme de votre prestation.

À mon sens, le professionnalisme se manifeste, en partie bien sûr, entre les murs du bureau. Mais l'attitude en dehors du bureau importe aussi. Lorsque je formais de jeunes juristes, je leur disais : « Soyons bien clairs. Vous représentez le peuple. Les gens de cet État. Donc je compte sur vous pour apprendre à très bien les connaître, tous ces gens. » J'ai toujours incité mes collaborateurs à se renseigner sur les quartiers où ils ne vivaient pas, à consulter les sources d'information des différentes communautés, à assister à des petits festivals locaux et à des forums communautaires. « Pour le peuple », ce n'était pas qu'une belle formule de salle d'audience. Cela voulait bien dire *pour le peuple* – pour *les gens*. Tous les gens.

Avant ma prise de fonction, le bureau du procureur de district de San Francisco n'était certainement pas la seule entité administrative du pays à mal fonctionner. Et je n'étais sûrement pas la première à prendre les rênes d'une organisation défaillante avec l'idée de la remettre d'aplomb. Mais l'enjeu, dans un bureau comme le mien, ne consistait pas seulement à faire partir les trains à l'heure (ou les tramways, puisque nous étions à San Francisco), ou à remonter le moral des troupes pour les rendre plus dynamiques, ou à améliorer les budgets, le traitement des dossiers en retard et les chiffres des condamnations. Ce qui était en jeu, c'était la justice elle-même. Dans un bureau de procureur de district, les dysfonctionnements fabriquent nécessairement de l'injustice. Les procureurs sont des êtres humains. Quand ils ne sont pas en forme, ils ne donnent pas le meilleur d'eux-mêmes. Cela peut signifier que des criminels qui devraient être incarcérés sont libérés, tandis que des gens qui ne méritent pas la prison finissent derrière les barreaux. Voilà les conséquences du pouvoir dont est investi chaque procureur.

J'avais divisé ma liste de choses à faire en trois catégories : court, moyen et long terme. Court terme, cela voulait dire « d'ici quinze jours », moyen terme « d'ici deux ans », et long terme…

« le temps qu'il faudra ». C'était dans cette colonne un peu à part que je plaçais les problèmes les plus difficiles, insolubles, auxquels nous étions confrontés – ceux que l'on ne peut pas s'attendre à résoudre seul en un mandat, ni peut-être même en toute une carrière. C'est là qu'est le travail le plus important. C'est là qu'il faut voir les choses en prenant du recul – pas en fonction des préoccupations politiques du moment, mais dans une perspective historique d'ensemble. Les problèmes de fond de notre justice pénale ne sont pas nouveaux. Des intellectuels, des militants et des leaders se battent depuis des générations pour réformer le système. J'ai pu rencontrer beaucoup d'entre eux quand j'étais enfant. Nous n'ajoutons pas les problèmes complexes ou insolubles à la liste parce qu'ils sont nouveaux, mais parce qu'ils sont importants. Parce que des gens s'y attaquent depuis des dizaines, peut-être même des centaines d'années, et c'est désormais à nous que ce devoir incombe. L'essentiel est d'essayer de bien courir la partie du relais qui est la nôtre.

C'est ma mère qui m'a inculqué cela. J'ai grandi entourée de gens qui se battaient pour les droits civiques et réclamaient une justice équitable. Mais j'ai aussi vu cela dans son travail : ma mère était chercheuse dans le domaine du cancer du sein. Comme ses collègues, elle rêvait d'un jour où le problème serait résolu – le cancer guéri. Mais elle n'était pas obsédée par ce rêve lointain. Elle se concentrait sur la tâche qu'elle avait devant elle. Sur le travail qui devait nous rapprocher de l'objectif, jour après jour, année après année, jusqu'à ce que la ligne d'arrivée puisse être franchie. « Concentre-toi sur ce qui est devant toi et le reste suivra », disait-elle.

Voilà l'état esprit qu'il nous faut avoir pour bâtir une union plus parfaite encore : nous devons reconnaître que nous faisons partie d'une histoire plus longue que la nôtre, et que nous avons la responsabilité de l'écriture de notre propre chapitre. Pour le combat consistant à bâtir un système judiciaire plus intelligent, plus juste, plus efficace, il y a énormément de travail à accomplir. Nous savons quels sont les problèmes. Alors remontons nos manches et commençons à les régler.

Lors de ma première année en tant que sénatrice des États-Unis, l'une des grandes questions sur lesquelles je me suis penchée a été celle du système de libération sous caution de notre pays – le processus qui vous permet d'éviter la prison, ou d'en sortir, contre une somme d'argent, pendant que vous attendez votre procès. C'est un problème qui commence seulement à attirer l'attention qu'il mérite, malgré l'ampleur de l'injustice qu'il fait subir à tant de personnes.

Dans notre pays, vous êtes innocent tant que votre culpabilité n'est pas prouvée. Par conséquent, à moins que vous ne présentiez un danger pour autrui ou une forte probabilité de prendre la fuite, vous ne devriez pas être obligé de rester en prison en attendant votre procès. C'est un principe de base de la procédure légale régulière : vous avez le droit de garder la liberté à moins que, et jusqu'à ce que, un jury vous ait condamné et qu'un juge ait prononcé la sentence. Voilà pourquoi la Déclaration des droits (Bill of Rights) adoptée en 1789 interdit explicitement que soit exigée une « caution disproportionnée ». Voilà à quoi est censée ressembler la justice.

Ce à quoi elle n'est pas censée ressembler, c'est au système qui s'applique aujourd'hui aux États-Unis. La caution moyenne, à travers le pays, est de 10 000 dollars. Mais dans les foyers américains dont le revenu annuel est de 45 000 dollars, l'épargne médiane est de 2 530 dollars. Il découle de cet énorme écart qu'à tout moment, sur l'ensemble des personnes détenues, environ neuf sur dix ne peuvent pas payer leur caution pour sortir de prison.

Par son principe même, le système de libération sous caution contre une somme sonnante et trébuchante favorise les riches et pénalise les pauvres. Si vous pouvez mettre l'argent sur la table, vous sortez – et une fois votre procès achevé, vous récupérerez tout votre argent. Si vous n'avez pas les moyens, soit vous vous morfondez en prison, soit vous devez vous tourner vers un garant de caution judiciaire – à qui vous payez des frais élevés[1] que vous ne récupérerez jamais.

Lorsque j'étais procureure de district, je savais que chaque jour des familles sortaient du tribunal pour se rendre dans l'une des agences de caution alignées de l'autre côté de la rue, après avoir fait ce qu'il fallait, quoi qu'il dût leur en coûter, pour trouver de quoi payer ces garants – c'est-à-dire après avoir mis leurs biens précieux au mont-de-piété, ou pris un prêt sur salaire à un taux exorbitant, ou demandé de l'aide à leurs amis ou à leur église. Je savais aussi que des prévenus dont les chefs d'accusation étaient contestables préféraient plaider coupable rien que pour pouvoir sortir de prison et retourner à leur travail, à leur foyer, à leurs enfants.

Le *New York Times Magazine* a raconté l'histoire d'une mère célibataire en difficulté qui passa deux semaines à la sinistre prison de Rikers Island, à New York, après avoir été arrêtée et accusée d'avoir mis en danger le bien-être d'un enfant. En réalité, elle avait confié son bébé à une amie vivant dans un foyer d'accueil pendant qu'elle allait acheter des couches chez Target. Cette jeune femme ne put se permettre de payer les 1 500 dollars de caution qui lui étaient réclamés, et, le temps qu'elle sorte de prison, son enfant avait été placé dans une famille par les services sociaux. Dans une autre affaire, un adolescent de seize ans, Kalief Browder, fut arrêté à New York et accusé d'avoir volé un sac à dos. Sa famille ne réussissant pas à rassembler les 3 000 dollars de sa caution, Kalief fut emprisonné dans l'attente de son procès. Trois longues années, il attendit, et attendit encore, la plupart du temps à l'isolement, alors qu'il n'avait même pas été jugé ou reconnu coupable de quoi que ce soit. Son histoire est tragique de bout en bout : en 2015, peu après avoir enfin été libéré de Rikers Island, Kalief se donna la mort.

Le système judiciaire américain punit les gens pour leur pauvreté. Où est la justice là-dedans ? Et à quoi cela rime-t-il ? En

1. En général 10 à 15 % du montant de la caution.

quoi cela favorise-t-il la sécurité publique ? Entre 2000 et 2014, les détenus en attente de procès ont représenté 95 % de la croissance de la population carcérale. Il s'agit d'un groupe de prévenus majoritairement non violents qui n'ont pas été déclarés coupables – et le pays dépense trente-huit millions de dollars par jour pour les garder en prison en attendant leur procès. La possibilité, pour un prévenu, d'être libéré sous caution ne devrait pas dépendre de son compte en banque. Ni de la couleur de sa peau : à chef d'accusation égal, les hommes noirs paient des cautions 35 % plus élevées que les hommes blancs. Les Latinos paient près de 20 % de plus. Il ne s'agit pas de coïncidences. C'est systémique. Et nous devons changer cela.

En 2017, j'ai déposé une proposition de loi, au Sénat, dans le but d'encourager les États à réformer leurs systèmes de libération provisoire. Comment ? En s'éloignant de l'injonction de payer telle ou telle somme pour favoriser des procédures d'évaluation du danger réel et du risque de fuite que présentent les prévenus. Si un prévenu menace la sécurité publique, nous devons l'incarcérer. Si un prévenu risque fortement de s'enfuir, nous devons l'incarcérer. Sinon, notre métier ne devrait pas être de réclamer de l'argent en échange de la liberté des gens. Pour ce projet de loi, mon principal corédacteur fut Rand Paul, un sénateur républicain du Kentucky avec lequel je suis en total désaccord sur la plupart des choses. Mais voilà une question sur laquelle lui et moi sommes du même avis. Sur laquelle nous devrions tous être du même avis. C'est une question qui peut transcender, qui transcende de fait les clivages politiques, et d'une façon ou d'une autre nous parviendrons à la résoudre.

Autre problème qu'il est grand temps que nous réglions, il faut en finir avec cet échec qu'est la guerre contre la drogue. En commençant par légaliser le cannabis. En 2016, d'après le FBI, il a été arrêté davantage de personnes pour détention de cannabis que pour tous les crimes violents commis cette année-là. Entre 2001 et 2010, plus de sept millions de personnes ont été arrêtées pour simple détention de cannabis. Et un pourcentage disproportionné d'entre elles étaient de couleur. Un exemple effrayant : durant le premier trimestre de l'année 2018, 93 % des personnes arrêtées pour détention de cannabis étaient des personnes de couleur. Ces disparités raciales sont stupéfiantes et insensées. Nous devons légaliser le cannabis et le réguler. Et nous devons effacer les délits non violents liés au cannabis dans les casiers judiciaires des millions de personnes qui ont été arrêtées et incarcérées, afin de leur permettre de vivre normalement, sans stigmate.

Faisons cela les yeux grands ouverts, cependant, en comprenant bien qu'il reste des questions en suspens dans le dossier de la légalisation. Pour le cannabis, il n'existe pas d'équivalent courant à l'éthylomètre dont les responsables de la police s'accordent à dire qu'il est toujours fiable. Nous devons investir pour résoudre ce problème. Il nous faut aussi reconnaître que nous ne connaissons pas les effets du cannabis. Du fait que la substance a été classée comme drogue de catégorie 1 – c'est-à-dire présentant un risque élevé d'abus et d'assuétude –, médecins et scientifiques n'ont encore pu mener que des études limitées sur ses effets. Nous avons besoin d'en comprendre tous les dangers potentiels. Cela signifie nous engager à effectuer des recherches, à écouter ce que la science nous dit, et à nous fonder sur ces informations pour agir.

Nous devons aussi cesser de traiter la toxicomanie comme une crise de sécurité publique, et la considérer pour ce qu'elle est : une crise de *santé* publique. Lorsque des personnes souffrant de toxicomanie se retrouvent face à la justice, notre ambition doit être de leur fournir de l'aide. Il est temps que nous acceptions tous que la dépendance à la drogue est une maladie, qu'elle bouleverse la vie des gens et les accable de problèmes qui les perturbent et qu'ils n'avaient pas anticipés. Il est temps que nous reconnaissions que la drogue, pour ce qui est de la dépendance qu'elle induit, ne fait pas de différence entre les gens : nos lois ne devraient pas en faire non plus. Lorsqu'un individu souffre de toxicomanie, sa situation empire – et ne risque pas de s'améliorer – s'il est confronté à la justice pénale. Ce dont il a besoin, c'est d'être soigné. Nous devrions lutter pour que le système lui apporte des solutions de traitement.

Et même pour les toxicomanes ayant commis des forfaits qui nécessitent une peine de prison, nous devrions réfuter l'idée qu'ils sont irrécupérables ou ne méritent pas une seconde chance. Aujourd'hui, nous avons encore des peines minimales obligatoires, qui pour beaucoup affectent de façon disproportionnée certains groupes raciaux. Et nous devons aussi revenir sur les efforts produits pendant des décennies pour rendre les directives en matière de condamnations tellement sévères qu'elles en sont devenues inhumaines.

Heureusement, nous commençons à voir les choses évoluer : dans la décennie qui a suivi la création de Back on Track, quelque trente-trois États ont adopté de nouvelles politiques, en matière de condamnations et de peines, visant à promouvoir des alternatives à l'incarcération et à réduire la récidive. Et depuis 2010, vingt-trois États ont vu leurs populations carcérales diminuer. Mais il reste encore énormément de travail à faire pour que les sanctions soient proportionnelles aux infractions.

Nous devons aussi nous préoccuper de ce qui arrive derrière les portes des prisons. Le segment de notre population carcérale qui connaît la plus forte croissance aujourd'hui est celui des femmes. La plupart d'entre elles sont mères, et dans leur vaste majorité ce sont des rescapées de traumatismes violents qui ne sont en général ni diagnostiqués ni traités. Beaucoup sont emprisonnées dans des établissements qui ignorent l'hygiène la plus élémentaire et la santé reproductive. Pendant que vous lisez ces lignes, des femmes enceintes sont enfermées pieds et mains enchaînés. Dans certains États, elles restent attachées pendant l'accouchement. Je suis allée voir des femmes en prison, je les ai entendues raconter comment elles risquent d'être violées quand elles sont accompagnées par des gardiens de sexe masculin aux toilettes ou dans les douches. En 2017, j'ai été fière de coprésenter un projet de loi pour régler certains de ces problèmes. C'est une conversation que nous avons rarement dans ce pays – changeons cela.

À court terme, l'un des défis les plus pressants que nous devons relever est de nous opposer à ceux qui détruisent les progrès essentiels réalisés ces dernières décennies. La Maison Blanche élue fin 2016 a relancé l'escalade de la guerre contre la drogue, redonné la prépondérance à l'incarcération sur la réhabilitation, et étouffé certaines enquêtes lancées sous l'administration Obama concernant des violations de droits civiques commises dans plusieurs services de police. Elle a même cherché à mettre en pièces des accords passés entre le département de la Justice du président Obama et certaines forces de police pour mettre un terme aux conduites et aux pratiques qui enfreignent les droits constitutionnels des citoyens. Nous ne pouvons pas régresser sur ces questions alors que nous commençons à peine à effleurer la surface du progrès. Il est impérieusement urgent d'agir. C'est une exigence de justice.

L'une de nos missions doit être de nous attaquer, frontalement, aux préjugés raciaux qui imprègnent notre système judiciaire. Et cet effort doit commencer en reconnaissant sans équivoque que les vies des Noirs comptent – *black lives matter* – et en parlant vrai au sujet de ce que cela signifie. Les faits sont parlants : depuis 2014 et les manifestations de Ferguson, Missouri, qui ont été le point de départ du mouvement Black Lives Matter, le procureur général de l'État a rapporté en 2018 que les automobilistes noirs ont 85 % de chances de plus d'être contrôlés par la police de la route que les Blancs. D'un bout à l'autre du pays, quand un policier stoppe un automobiliste noir, il est trois fois plus susceptible de fouiller la voiture que lorsque l'automobiliste est blanc. Les hommes noirs utilisent ni plus ni moins de drogues que les hommes blancs, mais ils sont arrêtés deux fois plus souvent pour cette raison. Et ils paient plus du tiers de plus que les Blancs, en moyenne, pour être libérés sous caution. Les hommes noirs risquent aussi six fois plus que les hommes blancs d'être incarcérés. Et quand ils sont condamnés, ils ont des peines près de 20 % plus longues que celles accordées aux hommes blancs.

Les hommes latinos ne s'en tirent pas beaucoup mieux. C'est vraiment épouvantable.

Dire que les vies des Noirs comptent est une chose. Mais avoir conscience des problèmes et manifester de la solidarité, cela ne suffit pas. Nous devons accepter certaines vérités désagréables sur le racisme systémique qui autorise tous ces écarts. Et nous devons transformer cette compréhension en politiques et en pratiques qui feront réellement évoluer les choses.

Lorsque j'étais procureure générale de Californie, j'ai rassemblé un jour les principaux responsables de nos services d'investigation, dirigés par Larry Wallace, le patron de notre Division des forces de police, et je leur ai dit que je voulais mettre en place, pour tous nos agents, un programme de formation aux préjugés implicites et à l'égalité de traitement. Un préjugé implicite s'exprime en une fraction de seconde. C'est le raccourci inconscient que nos cerveaux utilisent pour nous aider à jauger rapidement un inconnu. Les policiers au contact des populations, plus que quiconque, sont très souvent appelés à faire des jugements ultrarapides où les préjugés implicites peuvent avoir des conséquences mortelles.

La présentation de cette problématique déclencha, et c'est bien compréhensible, une conversation difficile. Ces responsables avaient juré de faire respecter la loi et consacraient leur vie à la police. Il ne leur était pas facile de reconnaître que les hommes et les femmes sous leurs ordres étaient influencés par certains préjugés, que cela avait des conséquences sur la communauté, et qu'ils avaient besoin d'être formés à dépasser ces préjugés. Mais ce fut aussi une conversation sincère, et au bout du compte mes interlocuteurs firent plus que convenir de l'importance de la question : ils acceptèrent de m'aider à créer, à organiser et à diriger le programme de formation que je souhaitais, tout en expliquant la nécessité d'un tel programme à leur personnel.

Larry Wallace travailla avec Suzy Loftus, mon adjointe spéciale à la procureure générale, au développement d'un programme qui pourrait être adopté par les écoles de police et proposé aux différents services de police de l'État. Pour mettre le projet sur pied, nous collaborâmes avec les polices municipales d'Oakland et de Stockton, ainsi qu'avec le California Partnership for Safe Communities (Association californienne pour des communautés sûres), et nous demandâmes au professeur Jennifer Eberhardt, de l'université de Stanford, d'évaluer son efficacité. Il s'agissait du premier programme d'État de formation aux préjugés implicites et à l'égalité de traitement jamais proposé en Amérique.

Nous ne nous racontions pas d'histoires, ni les uns ni les autres, sur ce que cette formation pouvait accomplir. Nous savions que ce genre d'initiative ne suffirait pas à débarrasser le système de ses préjugés. Le racisme est une réalité aux États-Unis, et les forces de police n'y échappent pas. En même temps, nous savions qu'une formation de qualité pouvait améliorer nettement la situation – que pour la plupart des membres des forces de l'ordre, mieux comprendre leurs propres préjugés implicites pouvait être révélateur. Nous savions que les débats difficiles que provoquait la formation étaient de ces moments qui marquent les agents, et dont le souvenir leur revient quand ils sont au travail dans les rues.

Nous avons aussi besoin de dire cette autre vérité : des violences policières se produisent en Amérique et nous devons les extirper partout où nous les rencontrons. Avec l'arrivée du smartphone, ce qui n'était bien connu que de certaines communautés est désormais vu par le monde entier. Personne ne peut plus prétendre que cela n'arrive pas. Impossible de nier les images de la vidéo d'un Walter Scott mortellement touché dans le dos par les balles d'un policier, en 2015, alors qu'il prenait la fuite désarmé. Impossible d'ignorer les cris horrifiés de la compagne de Philando Castile, l'année suivante, assassiné au pistolet par un policier alors qu'il sortait son permis de conduire. La fillette de quatre ans de la jeune femme était sur la banquette arrière de la voiture. Sa petite voix fend le cœur, sur la vidéo, lorsqu'on l'entend essayer de réconforter sa mère : « Ça va, maman… ça va. Je suis avec toi. » Impossible d'oublier les protestations désespérées d'Eric Garner,

« J'étouffe[1] », tandis qu'un policier l'étranglait à mort parce qu'il voulait l'arrêter pour vente illégale de cigarettes.

Nous devons garder à l'esprit que de pareilles tragédies se produisent sans cesse, la plupart sans témoin et sans être filmées. Si la population doit craindre d'être assassinée, tabassée et harcelée par la police en patrouille dans nos rues, pouvons-nous dire que nous vivons dans une société libre ?

Et que penser de notre conception de la justice, lorsque l'on sait que les policiers ont si rarement à répondre de ces incidents ? Le policier du Minnesota qui a tué Philando Castile a été inculpé d'homicide involontaire non prémédité. Mais il a été acquitté. Dans l'Ohio, un policier grimpé sur le capot d'une voiture après une poursuite a tiré quarante-neuf fois sur ses occupants, Timothy Russell et Malissa Williams, qui n'étaient pas armés. Il a été jugé – et acquitté. En Pennsylvanie, un policier a tiré dans le dos d'un conducteur désarmé couché à plat ventre dans la neige. Il a été également acquitté à l'issue de son procès pour meurtre.

Si notre système judiciaire ne réprime pas sérieusement les violences policières, quel genre de message cela envoie-t-il aux hommes et aux femmes susceptibles de les commettre ? Et quel genre de message cela envoie-t-il à la communauté tout entière ? La sécurité publique a besoin de la confiance du public. Elle a besoin que les gens sachent qu'ils seront traités de manière équitable et transparente. Elle a besoin d'une justice mue par les principes de l'objectivité et de l'impartialité. Elle a besoin des convenances élémentaires exigées par notre constitution américaine.

Mais si les Noirs et les personnes de couleur risquent davantage d'être contrôlés, arrêtés et condamnés que les Blancs, si les services de police sont équipés comme des régiments militaires, si l'usage immodéré d'une force potentiellement mortelle reste

1. Le premier des deux drames « I can't breathe » des violences policières américaines, survenu à New York en 2014. George Floyd sera la seconde victime en 2020, à Minneapolis, Minnesota.

sans conséquence, faut-il s'étonner que la crédibilité même de ces institutions publiques soit remise en cause ?

Je dis cela en tant que personne qui a passé l'essentiel de sa carrière à travailler avec les forces de l'ordre. Je dis cela en tant que personne qui a énormément de respect pour la police et les policiers. Je sais que la plupart méritent d'être fiers de leur fonction et félicités pour leur comportement professionnel. Je sais à quel point leur travail est difficile et dangereux, jour après jour, et je sais comme cette vie peut être compliquée pour leurs familles qui doivent se demander constamment si la personne qu'elles aiment rentrera bien à la maison à la fin de son service. J'ai assisté à trop d'obsèques de policiers tués dans l'exercice de leurs fonctions. Mais je sais aussi ceci : laisser entendre qu'il faut soit se placer du côté de la police, soit demander des comptes à la police, c'est énoncer un faux dilemme. Je suis pour la police, et pour mettre la police face à ses responsabilités. Et la plupart des gens que je connais en pensent autant. Parlons vrai à ce sujet aussi.

Ne nous y trompons pas : nous devons nous attaquer, dans notre système judiciaire défaillant, à ce problème et à tous les autres. Nous devons modifier nos lois et nos normes. Et nous devons élire des responsables qui se donneront pour mission d'atteindre ces objectifs.

Alors recrutons davantage de progressistes dans tous les bureaux de procureur de district du pays, car c'est là que se présentent nombre des plus gros problèmes et des meilleures solutions. Les procureurs comptent parmi les acteurs les plus puissants de notre justice pénale. Ils peuvent prioriser les dossiers qu'ils ont à traiter. Ils peuvent choisir d'accorder plus ou moins de temps et d'attention à n'importe quelle question – de la fraude des multinationales ou des consommateurs aux prédateurs sexuels. Ils ont le pouvoir de mettre les criminels derrière les barreaux, mais ils ont aussi toute latitude pour rejeter les dossiers où la police a fait un usage excessif de la force, ou effectué une fouille et une saisie sans motif raisonnable. Nous avons besoin que des gens de toutes les couches de la société, aux origines et aux expériences diverses, prennent part au débat et disposent de ce genre de pouvoir.

Il nous faut aussi maintenir la pression de l'extérieur, grâce à des organisations et des individus susceptibles de faire advenir des changements significatifs. Lorsque j'étais procureure générale de Californie, j'ai voulu que nos forces de police d'État soient parmi les premières du pays à équiper leurs agents de caméras-piétons. J'ai fait cela parce que c'était la chose à faire. Mais j'ai pu le faire parce que la pression était immense grâce au mouvement Black Lives Matter. En obligeant la nation tout entière à regarder ces problèmes en face, le mouvement a créé un environnement, de l'extérieur, qui a contribué à me permettre de faire bouger les choses à l'intérieur. C'est souvent ainsi que le changement survient. Et j'attribue le mérite de ces réformes au mouvement tout autant qu'à n'importe qui dans mon service, moi y compris.

Le combat pour les droits civiques et la justice sociale n'est pas pour les indécis. Il est aussi difficile qu'il est important, et les victoires peuvent ne jamais paraître aussi douces que les défaites sont amères. Mais inscrivez-vous dans la lignée de ceux qui refusent de se laisser fléchir. Et chaque fois que nous sommes déçus et découragés face aux obstacles qui se dressent devant nous, inspirons-nous des mots de Constance Baker Motley, l'un de mes modèles puisqu'elle fut la première femme noire américaine nommée à un poste de responsabilité dans le système judiciaire fédéral : « Le manque d'encouragements ne m'a jamais dissuadée, a-t-elle écrit. En fait, je crois que cela a même eu l'effet inverse. J'étais le genre de personne qui refusait de se laisser abattre. »

3

« Sous l'eau »

Nous avons été locataires la plus grande partie de mon enfance, et ma mère était très fière de notre appartement qui, avec un joli bouquet de fleurs dans un vase, était toujours prêt à recevoir des visiteurs. Les murs étaient ornés de posters d'œuvres de LeRoy Clarke et d'autres artistes noirs du Studio Museum, à Harlem, où travaillait Tonton Freddy. Il y avait aussi des statuettes rapportées d'Inde, d'Afrique et d'ailleurs par ma mère. Elle tenait beaucoup à ce que nous nous sentions bien dans notre appartement, et il m'a toujours donné le sentiment d'un lieu chaleureux auquel il ne manquait rien. Mais je savais qu'elle en voulait davantage. Elle rêvait de devenir propriétaire.

Elle était la première à souligner les avantages concrets de la propriété – et d'abord, que c'était un bon investissement. Mais il s'agissait de tellement plus que cela. Pour maman, devenir propriétaire signifiait avoir gagné toute sa part du rêve américain. Elle eut le désir d'acheter dès notre petite enfance, à Maya et moi, pour nous offrir un lieu où nous grandirions avec un vrai sentiment de permanence. Mais il lui fallut bien des années pour économiser de quoi avoir un apport suffisant pour emprunter à la banque.

J'étais au lycée, à Montréal, lorsqu'elle put réaliser son rêve. Maya et moi venions de rentrer de cours lorsqu'elle tira de son sac les photographies d'une maison de plain-pied, située dans une petite allée, aux murs gris foncé, avec un toit à bardeaux, une magnifique pelouse sur le devant, et une cour sur le côté pour y installer un barbecue. Elle était ravie de nous montrer sa trouvaille et nous fûmes ravies de la découvrir – non seulement parce que cela voulait dire que nous allions nous réinstaller à Oakland, bien sûr, mais surtout parce que nous voyions à quel point notre mère était heureuse. Elle méritait cette maison. Elle avait beaucoup travaillé pour l'avoir.

« C'est notre maison ! » disait-elle aux amis en leur présentant fièrement les photos de notre future petite parcelle de monde.

J'avais ce souvenir à l'esprit lorsque je me rendis à Fresno, Californie, en 2010, au plus fort d'une crise dévastatrice de saisies immobilières qui vit tant et tant de gens perdre leur propre petite parcelle de monde.

Fresno est la plus grande ville de la vallée de San Joaquin, qui est parfois surnommée le « Jardin du soleil », et l'une des régions agricoles les plus fertiles au monde. Elle produit une part importante des fruits et des légumes consommés aux États-Unis. Entre ses champs d'amandiers et ses vignobles vivent quelque quatre millions de personnes, soit une population à peu près équivalente à celle du Connecticut.

Nombre de familles de la classe moyenne ont vu dans la région de Fresno leur meilleure chance de réaliser le rêve américain. C'était un lieu plein de promesses, un lieu où elles pouvaient s'offrir une vraie maison indépendante dans une banlieue plaisante, un lieu qui incarnait toute la vitalité, la mobilité et les espoirs de l'Amérique. Au début des années 2000, la population de la vallée de San Joaquin était jeune, se développait et comptait près de 40 % de Latinos. Pour bien des gens qui s'y installaient, les six heures de trajet aller-retour auxquelles ils devaient consentir chaque jour pour se rendre au travail à San Francisco ou à Sacramento étaient épuisantes, mais en valaient la peine : en échange, ils avaient la dignité, la fierté et la sécurité que procure l'accession à la propriété en Amérique.

De nouveaux projets de lotissements semblaient voir le jour chaque mois, les maisons poussant sur la terre fertile de la vallée comme une culture de rente parmi d'autres. Et cette analogie était assez juste. Le boom de l'immobilier de Fresno était alimenté par des tendances économiques plus larges – mais des tendances qui devaient au bout du compte plonger l'Amérique dans un enfer économique.

Dans le sillage du 11-Septembre, les banques centrales du monde entier baissèrent radicalement leurs taux d'intérêt. L'abondance de capital disponible incita les prêteurs à se montrer de plus en plus offensifs, c'est-à-dire à encourager de plus en plus de particuliers, même les plus modestes ou ceux dont la cote de crédit était faible, à devenir propriétaires. Ils rivalisèrent de propositions de crédit alléchantes dont les mots d'ordre étaient « ne remboursez que les intérêts », « achetez sans apport » et même « à la NINJA[1] » – sans revenus, sans travail et sans avoirs. Les prêts immobiliers risqués, ou *subprimes* (normalement soumis à des taux variables et plus élevés que ceux des prêts *prime*, car offerts aux emprunteurs les moins fiables), inondèrent le marché avec des taux d'appel trop beaux pour être vrais. Mais les prêteurs rassuraient les acquéreurs (et se rassuraient eux-mêmes) en affirmant qu'ils n'auraient qu'à refinancer leur emprunt avant que leurs traites ne grimpent de trop. Le risque en valait la chandelle, pensaient-ils, puisque les prix de l'immobilier ne pouvaient que continuer à croître indéfiniment.

Dans leur quête permanente de meilleurs rendements, pendant ce temps-là, les investisseurs du monde entier étaient poussés à se tourner vers des opportunités de placements toujours plus risquées. Les financiers de Wall Street, trop heureux de satisfaire cet appétit vorace, lancèrent sur le marché des titres d'un genre nouveau adossés à ces subprimes éminemment douteux. Les investisseurs qui achetèrent ces valeurs supposaient que les banques avaient rempli leur devoir de vigilance, c'est-à-dire qu'elles avaient titrisé des emprunts immobiliers dont elles étaient sûres qu'ils pouvaient être, et seraient effectivement, remboursés dans les délais. Peu se rendirent compte qu'ils s'offraient en réalité des bombes à retardement.

1. Acronyme anglais pour *No Income, No Job, No Assets.*

Fait remarquable, environ la moitié de ces titres adossés à des subprimes aboutirent dans les bilans comptables de grandes banques après qu'elles se furent rendu compte que la détention de ces titres, plutôt que celle des prêts immobiliers eux-mêmes, leur permettait de déjouer plus facilement la réglementation traditionnelle. Une fois la machine lancée, elle s'alimenta d'elle-même, tournant de plus en plus vite – jusqu'au moment où elle s'éjecta proprement de ses rails. En 2006 le marché immobilier atteignit un sommet. Une énorme crise se profilait.

Banques et investisseurs essayèrent de se délester de leurs mauvais titres, ce qui ne fit qu'aggraver la situation. Wall Street commença à imploser. La banque d'investissement Bear Stearns s'effondra. Sa consœur Lehman Brothers fit faillite. Le robinet du crédit commença à se fermer. L'économie commença à sombrer. En 2009, les maisons de la région de Fresno avaient perdu plus de la moitié de leur valeur – c'était la plus forte chute du pays. Parallèlement les habitants de Fresno perdaient leur travail en masse : en novembre 2010 le taux de chômage avait grimpé à 17 %.

Entre-temps, les taux d'appel exceptionnels des crédits immobiliers avaient expiré – et tout à coup, les traites des emprunteurs grimpaient jusqu'à être multipliées par deux. Arnaqueurs et fraudeurs en tous genres fondirent comme des vautours sur ces propriétaires endettés et désespérés : ils leur promettaient de les aider, contre rémunération, à éviter la saisie de leur maison, mais disparaissaient après avoir pris leur argent.

Les drames se multiplièrent à travers tout le pays. Prenons l'histoire de Karina et Juan Santillan, qui avaient acheté une maison à une trentaine de kilomètres à l'est de Los Angeles en 1999. Juan travaillait alors depuis vingt ans dans une usine d'encre, tandis que Karina vendait des assurances. Le magazine *The Atlantic* raconte : « Quelques années après qu'ils eurent acheté leur maison, expliquent les Santillan, des gens commencèrent à frapper à leur porte pour leur vendre des produits financiers. C'est de l'argent facile, leur affirma-t-on. Prenez un crédit, pour avoir des liquidités, en hypothéquant votre maison. De toute façon elle ne peut que prendre de la valeur. » Comme des millions d'Américains, les Santillan se laissèrent finalement persuader de souscrire un crédit hypothécaire à taux variable. À l'époque, leurs mensualités étaient de 1 200 dollars. En 2009 elles avaient grimpé à 3 000 dollars – et Karina perdit son emploi. Soudain confrontés au risque de perdre leur maison, ils contactèrent une société qui promettait de protéger les personnes dans leur situation. Après avoir déboursé 6 800 dollars de frais de service, ils se rendirent compte qu'ils avaient été arnaqués. Dix ans après avoir acheté leur maison, ils n'eurent d'autre choix que d'annoncer à leurs quatre enfants qu'ils devaient la quitter.

Le même schéma se répéta avec une violence particulière à Fresno et à Stockton. Les autorités locales implorèrent le gouvernement fédéral de les déclarer zone sinistrée et d'envoyer de l'aide. « Zone sinistrée » était bien l'expression qui convenait : des quartiers entiers abandonnés, et une région avec un des taux de saisies immobilières les plus élevés des États-Unis. Parfois les familles avaient tant de difficultés à payer les traites de leurs emprunts qu'elles finissaient par plier bagage, tout à coup, pour prendre la route. On entendit parler d'animaux de compagnie mis à la rue parce que leurs propriétaires ne pouvaient plus se permettre de les garder – un phénomène que la Humane Society (société de défense des animaux) voyait se produire à travers tout le pays. Lors de ma visite à Fresno, j'appris que des chiens abandonnés rôdaient en meute. J'avais l'impression de découvrir une ville frappée par un désastre naturel. Sauf que ce désastre, nous l'avions nous-mêmes provoqué.

Lorsque la tempête se calma enfin, près de huit millions et demi d'Américains avaient perdu leurs emplois. Quelque cinq millions de propriétaires avaient au moins deux mois de retard sur leurs échéances de crédit immobilier. Et deux millions et demi de procédures de saisie avaient été engagées.

Deux millions et demi de procédures de saisie engagées : il y a quelque chose de froidement statistique dans cette formulation. La tragédie humaine et les traumatismes qui sont derrière en paraissent absents.

Mais une saisie, ce n'est pas une valeur statistique. Une saisie, c'est un mari qui souffre en silence, trop honteux pour parler avec son épouse de ce qu'il ressent comme un échec personnel. Une saisie, c'est une mère au téléphone avec la banque qui supplie de se voir accorder un peu de temps – rien que jusqu'à la fin de l'année scolaire. Une saisie, c'est le shérif qui frappe à votre porte et vous ordonne de vider les lieux sur-le-champ. C'est une grand-mère sur le trottoir, en pleurs devant les affaires de toute une vie débarrassées par des gens qu'elle ne connaît pas et étalées à la vue de tous devant la maison. C'est apprendre par un voisin que votre pavillon vient d'être vendu aux enchères sur le perron de la mairie. Ce sont les clés qui n'ouvrent plus – les serrures ont été changées – et l'anéantissement des rêves. C'est un enfant qui découvre que ses parents peuvent être terrifiés, eux aussi.

D'innombrables propriétaires, durant cette période, me racontèrent les histoires de leurs drames personnels. Et puis, au fil des mois, les médias firent remonter d'étranges récits d'irrégularités dans les procédures de saisie. Nous entendîmes parler de gens dont les banques ne retrouvaient pas les contrats de leurs emprunts. Des propriétaires découvraient qu'ils devaient en réalité des dizaines de milliers de dollars *de moins* que ce que les banques leur avaient affirmé. Un homme, en Floride, vit sa maison saisie et mise en vente – alors qu'il l'avait payée en liquide et n'avait jamais souscrit d'emprunt.

Des témoignages commencèrent à émerger, aussi, au sujet d'une pratique de la finance, le *dual track*, consistant à mener deux opérations contradictoires en parallèle pour avoir la certitude de gagner à tous les coups. Selon un programme mis en place avec le gouvernement fédéral, les banques travaillaient avec les sociétés de crédit pour modifier les termes des emprunts immobiliers problématiques de façon à aider les propriétaires à garder leurs maisons. Mais souvent, les créanciers s'appliquaient en même temps à faire saisir les maisons *de toute façon*, même après avoir révisé les emprunts, même après que les propriétaires avaient payé pendant plusieurs mois leurs nouvelles traites réduites. Et les banques, elles, laissaient les propriétaires dans le brouillard, sans un mot d'explication et sans le moindre recours.

De toute évidence, quelque chose clochait. Mais ce fut seulement à la fin du mois de septembre 2010 que l'un des énormes volets de ce scandale fut révélé. Tout le monde apprit alors que les plus grandes banques du pays – y compris Bank of America, JPMorgan Chase et Wells Fargo – avaient illégalement saisi des propriétés, depuis 2007, en s'appuyant sur une pratique qui devint connue sous le nom de « signature robot ».

Pour accélérer les procédures de saisie, les groupes bancaires et leurs sociétés de crédit recrutaient des employés qui n'avaient aucune formation aux métiers de la finance – des techniciens de surface de Walmart ou des coiffeurs, par exemple – et leur donnaient des postes d'« experts en saisies » où ils avaient une tâche et une seule à accomplir : signer des ordres de saisie par milliers.

En déposition, ces « signataires robots » admirent qu'ils connaissaient mal, ou pas du tout, les documents qu'ils étaient payés pour valider. Leur travail ne consistait pas à comprendre et à évaluer. Ils devaient juste signer de leur nom, ou imiter la signature de quelqu'un. Ils étaient payés pour cela dix dollars de l'heure – et touchaient des primes de volume. Personne n'était responsable. Tout était opaque. Le devoir de vigilance exigé par la loi n'était pas respecté. Du point de vue des banques, plus vite elles libéraient leurs bilans comptables de ces mauvais emprunts, plus vite le cours de leurs actions pourrait rebondir. Et si cela signifiait enfreindre la loi, tant pis. Elles pouvaient se permettre de payer des amendes. J'eus mal au cœur lorsque je me rendis compte que les banques considéraient à vrai dire ces amendes comme un simple coût de fonctionnement. Et il m'apparut clairement qu'elles avaient intégré ce risque à leurs résultats financiers. Cela donnait une image accablante d'une certaine facette de Wall Street qui perdure : celle qui semble peu, ou même pas du tout se préoccuper des dommages collatéraux engendrés par son imprudence et sa cupidité.

Je voyais cela de près, depuis que je travaillais comme procureure, car nous poursuivions des escrocs du crédit immobilier qui arnaquaient des retraités et des vétérans. En 2009, en tant que procureure de district, je décidai de créer une unité spécialisée dans les fraudes aux prêts hypothécaires pour combler les manquements chroniques du gouvernement fédéral en matière de répression dans ce domaine. Mais lorsque la crise des saisies prit de l'ampleur, j'eus envie de m'attaquer à des coupables plus importants – d'affronter carrément les banques qui se comportaient mal. Et il semblait que j'allais peut-être avoir une chance de le faire.

Le 13 octobre 2010, les procureurs généraux des cinquante États de l'union convinrent d'unir leurs forces pour lancer ce que l'on appelle une enquête multi-États. Elle fut présentée comme un effort collectif des forces de l'ordre pour mettre au jour, à l'échelle nationale, les mauvaises actions des banques dans la crise des saisies immobilières.

J'avais très envie de participer à cette bataille, mais il y avait juste un petit problème : je n'étais pas encore procureure générale de Californie.

J'étais en pleine campagne lorsque l'enquête multi-États fut annoncée, et il restait trois semaines avant les élections. Les sondages annonçaient une course très serrée.

Le soir des élections de 2010, je perdis la course au poste de procureur général.

Trois semaines plus tard, je l'emporterais.

Après nous être offert ce qui était devenu un rituel – un dîner en famille et avec quelques amis –, nous prîmes le chemin de notre soirée électorale, organisée au bord de la baie de San Francisco au siège de la fondation Delancey Street de ma chère amie Mimi Silbert. Delancey Street est une très importante organisation de résidences d'accueil et d'entraide pour les victimes d'addiction, les toxicomanes, les anciens détenus et d'autres personnes qui essaient d'ouvrir un nouveau chapitre de leur vie. Nous arrivâmes au moment où les chiffres commençaient à tomber, au compte-gouttes, des différentes circonscriptions de l'État. Dans la salle principale, mes supporters attendaient avec nervosité le résultat. Derrière eux, tournés face à la scène, les caméras de télévision et les journalistes étaient juchés sur des podiums. Entrant par-derrière, nous gagnâmes une grande pièce où se trouvaient la plupart des membres de mon équipe. Ils avaient réuni quatre tables pour en former une grande, carrée, et ils étaient assis là, les yeux rivés sur leurs ordinateurs, cliquant et recliquant pour rafraîchir les pages des sites web qui présentaient les dépouillements. Je les saluai tous avec enthousiasme et les remerciai de leur immense travail.

Ace Smith, mon responsable de la stratégie, me prit alors à part.

« Ça se présente comment ? demandai-je.

— La soirée va être longue », répondit-il.

Mon adversaire était en tête.

Je savais depuis le début que rien n'était joué d'avance. De nombreux collègues démocrates estimaient même que j'avais peu de chances de l'emporter – et certains ne s'étaient pas privés de le dire. Un vieux routier de la stratégie politique avait annoncé devant un auditoire de l'université de Californie à Irvine qu'il était impossible que je gagne, parce que j'empilais les handicaps : « une femme candidate au poste de procureur général, une femme d'une minorité, une femme d'une minorité et qui est opposée à la peine de mort, une femme d'une minorité, opposée à la peine de mort, qui est procureure de district de cette ville excentrique qu'est San Francisco ». Les stéréotypes ont la vie dure. J'étais convaincue que mes idées et mon expérience faisaient de moi la meilleure candidate de ce scrutin, mais j'ignorais si les électeurs seraient de cet avis. Au cours des dernières semaines, j'avais frappé à tellement de portes que j'en avais mal aux doigts.

Vers vingt-deux heures, nous n'étions toujours pas beaucoup plus avancés pour ce qui était de connaître l'issue de la course. J'étais à la traîne, mais nous savions qu'il restait de très nombreuses circonscriptions qui n'avaient pas encore envoyé leurs résultats. Ace me suggéra d'aller parler au public rassemblé à côté. « Les caméras ne vont pas rester beaucoup plus longtemps, dit-il. Si vous avez un message à adresser ce soir à vos soutiens, c'est le moment. » L'idée me parut excellente.

Je sortis de la pièce, passai quelques instants au calme dans le couloir pour réfléchir à ce que j'allais dire, puis j'ajustai ma veste de tailleur, pénétrai dans la grande salle et m'avançai sur la scène. Au micro, je dis à mes supporters que la soirée risquait d'être vraiment longue, mais que ce serait aussi une bonne soirée. Mon adversaire perdait du terrain de minute en minute, affirmai-je. Je rappelai aussi l'importance de notre campagne et des idées que nous défendions. « Ce qui se joue ce soir est tellement plus grand que moi, dis-je. Tellement plus grand que quiconque. »

À un moment, pendant que je parlais, je pris conscience que l'atmosphère changeait dans la salle. Les gens semblaient s'émouvoir. Derrière, du côté de mon équipe, apprendrais-je plus tard, deux de mes meilleures amies, Chrisette et Vanessa, étaient assises sur le canapé, un verre de vin à la main, pour écouter mon discours. Chrisette regarda Vanessa :

« J'ai l'impression qu'elle ne sait pas encore.

— Pareil. Je crois qu'elle ne sait pas.

— Tu vas lui dire ?

— Nan. Et toi ?

— Nan. »

Je bouclai mon topo lorsque j'aperçus Debbie Mesloh, ma fidèle conseillère en communication, approcher sur le côté de la scène. Elle articula : « Stop. Venez derrière. Tout de suite. » Ce n'était pas rassurant. Je saluai le public, puis me dirigeai vers Debbie. C'est alors qu'une journaliste et son cameraman m'interceptèrent.

« Alors qu'est-ce qui s'est passé, à votre avis ? demanda-t-elle en me brandissant son micro sous le nez.

— À mon avis, nous avons fait une campagne formidable et la soirée va être longue », dis-je.

La journaliste paraissait confuse. Je l'étais aussi. Plus elle me questionnait, plus il était clair que nous n'étions pas du tout sur la même longueur d'onde. Il était arrivé quelque chose, manifestement, et j'étais hors du coup. Enfin je pus rejoindre mon équipe – et apprendre quoi. Pendant que j'étais sur scène, parlant du travail à accomplir, le *San Francisco Chronicle* avait annoncé la victoire de mon adversaire. Maintenant je comprenais pourquoi j'avais vu des gens les larmes aux yeux ! J'étais la seule, depuis un moment, à y croire encore.

Que le journal de notre propre ville ait proclamé notre défaite, c'était très douloureux. L'humeur était devenue morose autour de la grande table carrée. Après de longs mois de travail acharné, l'excitation cédait d'un coup à l'épuisement. Partout dans la pièce, je ne voyais que dos voûtés et mines dépitées. Je ne pouvais pas supporter l'idée de renvoyer tous nos volontaires chez eux dans cet état d'esprit.

Ace me fit signe d'approcher. « Hé, je continue de suivre les remontées de résultats, et il y a des tas de nos circonscriptions les plus fortes qui n'ont toujours rien envoyé. Le journal a parlé trop tôt. Nous sommes encore dans la course. »

Je savais qu'Ace n'était pas devin. Mais en même temps, il n'était pas du genre à baratiner. Il connaissait la Californie par cœur, circonscription par circonscription, peut-être mieux que n'importe qui dans l'État. S'il pensait que nous étions encore en lice, je le croyais. Je dis à tout le monde que nous ne baissions pas les bras.

Mon adversaire avait une autre vision des choses. Vers vingt-trois heures, il prononça un discours devant les caméras, à Los Angeles, pour se déclarer vainqueur. Mais nous patientâmes. Et patientâmes encore en guettant les résultats et en nous encourageant les uns les autres à garder le moral.

Vers une heure du matin, je me penchai vers Derreck, un ami d'enfance qui était pour moi comme un cousin. Il possédait un restaurant de gaufres et de poulet frit à Oakland. « Ta cuisine est encore ouverte ?

— Pas de problème, assura-t-il. Je m'en occupe. »

Promesse tenue : un moment plus tard, des odeurs appétissantes de poulet frit, de pains de maïs, de légumes et de patates douces confites emplissaient les locaux de la fondation. Nous nous rassemblâmes autour des barquettes en aluminium pour manger. Une heure plus tard, environ, 89 % des circonscriptions avaient livré leurs résultats : mon adversaire et moi étions ex aequo.

Je me tournai finalement vers Maya. « Je suis claquée. Tu crois que ça va ennuyer quelqu'un si je m'en vais ?

— Ça ne va ennuyer personne, tu veux dire ! Tout le monde attend que tu partes pour en faire autant. »

Je rentrai chez moi, où je dormis peut-être une heure ou deux avant d'être réveillée en sursaut par des hélicoptères des médias qui tournaient dans le ciel de San Francisco. Les Giants fêtaient leur première victoire aux World Series depuis plus de cinquante ans par un défilé dans Market Street. Presque tout le monde en ville était habillé en orange et noir.

Mais la victoire des Giants n'était pas la seule bonne nouvelle de la journée. D'autres résultats étaient tombés, et j'étais désormais en tête de la course, même si ce n'était que de quelques milliers de voix. Après avoir été mise à terre, voilà que notre campagne semblait partie pour atteindre les sommets – un jour où les rues étaient emplies de musique et où des confettis pleuvaient du ciel.

Avec deux millions de bulletins qui n'avaient pas encore été comptabilisés, il était possible que l'issue de l'élection ne soit pas connue avant plusieurs semaines. Les comtés avaient environ un mois pour achever le dépouillement et certifier leurs résultats.

Mon téléphone sonna. C'était John Keker, un ami cher qui est aussi un avocat de renom dans la région de San Francisco. Il me dit qu'il était en train de constituer une équipe d'avocats de premier plan. « Kamala, nous serons prêts à travailler ensemble pour vous défendre en cas de recomptage. » Pour un éventuel recomptage, cependant, il faudrait aussi patienter. Ce serait le 30 novembre au plus tôt que mon adversaire ou moi pourrions en demander un.

En attendant, plusieurs membres de mon équipe pilotés par Brian Brokaw, mon directeur de campagne, activèrent des dizaines de volontaires qui voulurent bien reporter leurs projets de vacances pour se remettre au travail. Ils se répartirent dans tous les comtés de l'État où il était nécessaire de surveiller le comptage des voix en temps réel, afin de signaler la moindre irrégularité. Les jours passèrent, puis les semaines. Thanksgiving, qui tombait le 25 cette année-là, approchait très vite. Pendant tout ce temps les résultats continuèrent de jouer aux montagnes russes, rendant le suspense passablement éprouvant. Cela me rappelait, à l'époque où j'étais procureure et participais à des procès, le moment où les jurés partaient délibérer et où il n'y avait plus rien d'autre à faire qu'attendre. Résignée à l'idée qu'il ne se passerait sans doute rien du côté du décompte pendant le long week-end de Thanksgiving, je libérai toute l'équipe et nos supporters pour que chacun puisse aller retrouver sa famille.

Le mercredi matin de bonne heure, je pris la direction de l'aéroport. Je devais fêter Thanksgiving à New York avec Maya, mon beau-frère Tony et ma nièce, Meena.

Alors que nous quittions l'autoroute, je reçus un texto d'un procureur de district qui avait soutenu mon adversaire. « Au plaisir de travailler bientôt avec vous », écrivait-il.

J'appelai aussitôt l'équipe. « Il est arrivé quelque chose ? Vous avez des nouvelles ?

— Nous avons appris que l'autre camp organise une conférence de presse, mais rien de plus pour le moment. On se renseigne et on vous prévient dès qu'on a du neuf. » À l'aéroport, je passai les contrôles de sécurité et embarquai dans l'avion sans avoir eu la moindre information supplémentaire. J'avais un siège près du couloir. Des passagers vêtus du maillot et de la casquette des Giants passaient près de moi en demandant : « Ça y est, Kamala, vous avez gagné ? Vous avez une idée de ce qui se passe ? » Je ne pouvais que sourire et répondre : « Je ne sais pas. Je ne sais pas. »

Puis, consultant mon téléphone, je découvris que j'avais manqué un appel pendant que je traversais l'aéroport. Mon adversaire avait laissé un message sur ma boîte vocale pour me demander de le rappeler. Je fis cela alors que l'équipage fermait la porte de l'avion et rappelait aux passagers d'éteindre leurs appareils électroniques.

« Je voulais vous prévenir que je vais reconnaître ma défaite, dit-il.

— Vous avez fait une superbe campagne, dis-je.

— J'espère que vous vous rendez compte de la taille du poste, ajouta-t-il.

— Passez un bon Thanksgiving avec votre famille », répondis-je.

Et voilà. Sur les près de neuf millions de bulletins déposés dans les urnes à travers toute la Californie, j'avais gagné avec l'équivalent de trois votes par circonscription. J'étais tellement soulagée, tellement enthousiaste et tellement prête à me lancer ! Je voulais appeler tout le monde, mais une minute plus tard l'avion s'élança sur la piste pour décoller – et pas de WiFi à bord. Ma soirée électorale longue de vingt et un jours était enfin terminée et j'étais coincée dans ce fauteuil. Seule avec mes pensées. Pendant cinq heures.

Comme le décompte des voix avait été très long, je n'eus qu'un mois pour digérer ma victoire avant la prestation de serment. Et au-delà de cette élection, je n'avais pas encore achevé le deuil de ma mère. Elle était partie l'année précédente, en février 2009, au moment où notre longue et difficile campagne commençait à décoller. J'en parlerai davantage dans un prochain chapitre, mais il va sans dire que sa disparition avait été une épreuve terrible. Je savais ce que mon élection au poste de procureure générale de Californie aurait signifié pour elle. J'aurais tant aimé qu'elle voie cela.

Le 3 janvier 2011, je descendis l'escalier du California Museum, à Sacramento, pour saluer la salle comble qui m'attendait. Nous avions imaginé une merveilleuse cérémonie d'inauguration dont l'oraison d'ouverture devait être prononcée par l'évêque T. Larry Kirkland Sr., de l'Église épiscopale méthodiste africaine, et qui serait conclue par un chanteur de gospel. De nombreuses personnalités étaient présentes, quantité de gens agitaient des fanions, les journalistes observaient la scène depuis le balcon. Maya tenait la bible de Mme Shelton pendant que je prêtais serment. Le souvenir le plus intense que je garde de cette journée, je dois avouer, c'est l'inquiétude qui me tenaillait à l'idée de me décomposer lorsque je citerais le nom de ma mère pendant mon discours. Je m'étais entraînée, à de nombreuses reprises, et ma voix s'étranglait à chaque fois. Mais il était important pour moi que son nom soit prononcé dans cette salle, car rien de ce que j'avais réussi n'aurait été possible sans elle.

« Aujourd'hui, par ce serment, dis-je à mon auditoire, nous affirmons ce principe que chaque personne compte en Californie. »

C'était un principe qui serait mis à l'épreuve dès les semaines grisantes qui suivraient. Plus tard le même mois, 37 000 propriétaires emprunteurs firent la queue à Los Angeles pour implorer les banques de réviser leurs échéances afin de les aider à conserver leurs logements. En Floride, la crise fit naître des files d'attente qui s'étirèrent littéralement pendant plusieurs jours. « Dans les années 1930 nous avons vu des files de gens affamés aux soupes populaires, dit Scott Pelley, alors présentateur de *60 Minutes*, dans un reportage sur les saisies immobilières. Sortez avant l'aube dans l'Amérique d'aujourd'hui, et vous tomberez sur des files d'emprunteurs désespérés. »

Dès le jour où je pris mes fonctions, je rassemblai mes principaux collaborateurs pour leur dire que nous devions immédiatement nous impliquer dans l'enquête multi-États sur les banques. Je nommai Michael Troncoso, un collègue de longue date, directeur juridique du bureau de la procureure générale, et Brian Nelson adjoint spécial à la procureure générale. Je leur demandai de foncer et de nous rendre opérationnels au plus vite.

À mon bureau, nous nous préparions à nous battre. Et dehors, face au public, nous ne risquions pas d'oublier pour qui nous devions nous battre. À chaque événement que nous organisions, il y avait des personnes – parfois cinq, ou dix, ou vingt – qui étaient venues dans l'espoir de me rencontrer et de me demander de l'aide. Directement. La plupart apportaient leurs documents. Des dossiers épais, des enveloppes kraft remplies de leurs contrats de prêt, d'avis de saisie et de notes manuscrites. Certaines avaient roulé des centaines de kilomètres pour me trouver.

Je n'oublierai jamais la femme qui interrompit une petite réunion sur les soins de santé à laquelle je participais à Stanford. Elle se leva tout à coup au milieu du public, les larmes aux yeux, la voix tremblante de désespoir. « J'ai besoin d'aide. Il faut que vous m'aidiez. J'ai besoin que vous m'aidiez à appeler la banque et à leur faire comprendre de me laisser rester chez moi. S'il vous plaît. Je vous en supplie. » C'était déchirant.

Je savais aussi qu'il y avait des dizaines de milliers de Californiens qui se battaient pour survivre, comme cette femme, mais qui n'avaient pas la possibilité d'apostropher la procureure générale. Alors nous avons décidé d'aller directement à eux en organisant des tables rondes dans des centres communautaires, des foyers, aux quatre coins de l'État. Je voulais qu'ils nous voient. Je voulais aussi que mon équipe les voie, les connaisse, afin que nous sachions bien qui nous représentions lorsque nous étions assis en face des dirigeants des banques en salle de conférence. Lors de l'une de ces rencontres, j'étais en train de discuter avec un monsieur des problèmes qu'il rencontrait avec sa banque, et il m'expliquait qu'il avait vraiment très peur parce qu'il était *underwater* – sous l'eau –, un terme du jargon financier signifiant que sa maison valait désormais moins que le capital qu'il avait encore à rembourser, lorsque son petit garçon, qui jouait tranquillement à côté de lui, se redressa tout à coup et demanda d'une voix tremblante : « Papa, ça veut dire quoi "sous l'eau" ? » La frayeur se lisait dans les yeux de cet enfant. Il croyait que son père risquait littéralement de se noyer.

C'était une perspective épouvantable. Mais la métaphore était juste. Quantité de gens étaient dans cette situation : ils avaient coulé. Encore plus nombreux étaient ceux qui se débattaient de toutes leurs forces pour ne pas sombrer. Mais chaque jour qui passait, de plus en plus de ces désespérés lâchaient prise et étaient emportés.

Tout au long de cette bataille contre les banques, nous avons entendu de très nombreuses histoires soulignant à quel point les problèmes que rencontraient les gens n'avaient rien de théorique ou d'abstrait : il s'agissait, très concrètement, de leur vie. Lors d'une table ronde avec des propriétaires endettés, une femme décrivit fièrement la maison qu'elle avait acquise en 1997 après avoir longtemps économisé pour se constituer un apport – son premier achat important d'adulte. Mais voilà : ayant pris un mois de retard dans le remboursement de ses traites, à cause de difficultés financières au début de l'année 2009, elle avait appelé son organisme de crédit pour demander conseil. On lui avait promis de l'aider, mais, après des mois durant lesquels l'organisme avait insisté pour qu'elle leur fournisse une interminable liste de paperasse, lui avait envoyé sans explication des documents dont il exigeait la signature, et n'avait jamais répondu à ses questions, elle avait tout à coup été privée de sa maison par une saisie.

Luttant contre les larmes pendant qu'elle me racontait son histoire, elle dit enfin : « Je m'excuse. Je sais que c'est juste une maison… » Mais elle savait, comme nous le savons tous, que notre maison n'est jamais « juste une maison ».

Ce fut au début du mois de mars que j'eus pour la première fois l'occasion de m'impliquer personnellement dans les discussions multi-États. L'Association nationale des procureurs généraux organisait sa convention annuelle à l'hôtel Fairmont de Washington. Je m'y rendis avec mon équipe. Les cinquante procureurs généraux du pays étaient présents, assis par ordre alphabétique d'États. Je pris ma place entre l'Arkansas et le Colorado.

Lorsque, les questions générales étant évacuées, nous commençâmes à parler de l'enquête multi-États, je me rendis compte avec surprise que celle-ci n'était absolument pas achevée – il restait de nombreuses questions sans réponse –, mais que certains de mes collègues parlaient déjà de règlement négocié. Un chiffre fut même annoncé et j'eus l'impression que l'affaire était pour ainsi dire entendue. Il ne restait plus, apparemment, qu'à répartir la somme entre les États… Et c'était exactement ce que certains commençaient à faire !

J'étais abasourdie. Sur quoi se basait ce chiffre ? Comment l'avaient-ils calculé ? Comment pouvions-nous négocier un règlement alors que nous n'avions pas terminé l'enquête ?

Mais ce qui me choquait le plus, c'était l'annonce d'un montant arbitraire. C'était le fait qu'en échange d'un règlement négocié, les banques allaient se voir accorder une exemption globale contre tout risque de nouvelles poursuites – une garantie d'immunité pour tous les crimes qu'elles pouvaient avoir commis. Cela signifiait qu'en acceptant une compensation sur la question des signataires robots, par exemple, nous pouvions avoir l'interdiction de porter plainte contre elles, à l'avenir, au sujet des titres adossés aux subprimes qui avaient provoqué le krach.

Je rassemblai mon équipe autour de moi pendant une pause dans les débats. La question du règlement négocié devait être rediscutée dans l'après-midi.

« J'arrête ici, dis-je. C'est joué d'avance. » Je savais que si je retournais à la réunion, la conversation reprendrait exactement au point où elle avait été laissée. Mes collègues procureurs généraux ne reviendraient pas sur ce qu'ils avaient déjà décidé pour la seule raison que la nouvelle élue de Californie exprimait des doutes sur la question. En revanche, s'ils apprenaient que je me retirais des discussions parce que j'estimais ne pas avoir le choix, cela en ferait peut-être réfléchir certains. La Californie enregistrant davantage de saisies immobilières que n'importe quel autre État, c'était elle qui risquait le plus d'exposer la responsabilité des banques. Et si les banques ne parvenaient pas à obtenir de règlement avec moi, elles ne signeraient de règlement avec personne. C'était une chose de savoir que j'avais ce moyen de pression à ma disposition, mais c'en était une tout autre de convaincre que j'étais prête à m'en servir. Si je ne me présentais pas aux débats de l'après-midi, mon siège vide ferait mieux passer le message que je ne le pourrais moi-même.

Mon équipe et moi quittâmes le Fairmont pour nous rendre en taxi au département de la Justice. En chemin j'appelai Tom Perrelli pour le prévenir de notre arrivée. Perrelli était le procureur général associé des États-Unis. Au troisième rang du département de la Justice, il avait pour mission, entre autres choses, de superviser l'enquête multi-États au nom du gouvernement fédéral. Je lui dis que sur les dix villes du pays les plus durement touchées par la crise des saisies au moment où nous parlions, sept se trouvaient en Californie. Je lui dis que c'était mon devoir d'aller au fond des choses. Je lui dis que je ne pouvais pas signer un document qui exclurait que je mène ma propre enquête.

Perrelli fit remarquer que mon enquête ne livrerait pas les résultats que j'escomptais. Quant à attaquer les grandes banques, aucun État, même le plus grand de tous, n'était en mesure de faire cela individuellement. En outre, ajouta-t-il, des poursuites judiciaires de cette nature prendraient nécessairement des années. Le temps que j'obtienne ce que la Californie méritait, les gens qui avaient besoin d'aide auraient depuis belle lurette perdu leur maison. Voilà pourquoi l'enquête multi-États n'avait pas été aussi poussée qu'elle l'aurait dû : on n'avait tout simplement pas le temps.

Plus tard dans l'après-midi, je rencontrai Elizabeth Warren[1] qui travaillait à ce moment-là, pour le département du Trésor, à la création du Bureau de protection financière des consommateurs. Je lui fis part de mes inquiétudes, comme à Perrelli, et je sentis que j'avais sa sympathie et son soutien. En tant que représentante du gouvernement fédéral, elle ne pouvait pas me dire explicitement que nous devions agir comme nous estimions devoir le faire, mais j'eus l'impression très nette qu'elle me comprendrait si je m'obstinais.

Nous reprîmes l'avion de Sacramento ce soir-là. Et nous retroussâmes nos manches. En l'état actuel des négociations, m'avait-on dit, la Californie était appelée à toucher entre deux et quatre milliards de dollars de la somme globale du règlement négocié. Certains juristes de mon bureau trouvaient que c'était déjà un joli montant – suffisant pour être accepté. Je leur objectai : comparé

1. Célèbre femme politique, qui sera élue sénatrice en 2012. Elle se présentera aux primaires démocrates en 2020, pour être vaincue par Joe Biden.

à quoi ? S'il s'avérait que les manipulations illégales des banques avaient provoqué pour beaucoup plus que deux à quatre milliards de dégâts, le joli montant paraîtrait vite bien modeste.

La difficulté, pour commencer, c'était que notre bureau n'était pas équipé pour répondre à cette devinette. Il s'agissait d'un problème qui exigeait l'expertise d'économistes et de scientifiques des données, pas de juristes. Consciente de nos faiblesses, je décidai donc d'engager certains spécialistes et de les mettre au travail sur les chiffres. Je voulais savoir, pour chaque comté de l'État, combien de propriétaires endettés étaient « sous l'eau », incapables de rembourser la banque même si leurs biens étaient saisis ou vendus, de façon à ce que nous puissions cibler les aides sur les zones les plus douloureuses. Je voulais aussi comprendre à quoi nous étions confrontés du point de vue simplement humain : combien de personnes l'argent pourrait-il aider ? combien seraient abandonnées à elles-mêmes ? combien d'enfants seraient touchés par la crise des saisies ?

Les résultats de nos calculs se révélèrent aussi inacceptables que je le craignais. En regard de la catastrophe qu'elles avaient provoquée, les banques proposaient des miettes – une compensation très, très loin du compte.

« Nous devons nous préparer à dire non à ce règlement, annonçai-je à mon équipe. Pour moi il n'est pas question d'accepter pareille offre. » Je pensais qu'il était temps que nous lancions notre propre enquête indépendante. « Vous voyez, dis-je, nous sommes invités à une fête mais nous n'avons pas de voiture. Il nous faut notre propre véhicule pour pouvoir nous en aller quand nous le déciderons. »

Avant même de prendre mes fonctions, j'avais envisagé avec mon équipe d'évaluer l'ampleur de la fraude à travers tout l'État. Le moment était venu de concrétiser la chose. Au mois de mai, nous annonçâmes la création du Service de lutte contre la fraude des acteurs de l'immobilier de la procureure générale de Californie : une unité composée des plus brillants juristes de nos services de la fraude à la consommation, de la fraude d'entreprise, et d'investigation criminelle, ainsi que d'enquêteurs assermentés.

Le règlement négocié relatif aux signataires robots était un volet essentiel de l'enquête, mais nous portions notre regard plus loin encore. Je voulais attaquer Fannie Mae et Freddie Mac[1], qui possédaient 62 % des nouveaux emprunts immobiliers dans l'ensemble du pays. Je voulais enquêter sur les titres toxiques, adossés aux emprunts immobiliers, que JPMorgan Chase avait vendus comme investissement à la caisse de retraite des fonctionnaires californiens. Et je voulais attaquer les prédateurs qui avaient exploité des communautés vulnérables en promettant aux propriétaires, contre rémunération, de leur éviter la saisie – mais pour leur voler purement et simplement, en réalité, le peu qu'il leur restait.

Notre décision de mener une enquête indépendante en Californie agaça les négociateurs de l'enquête multi-États. Les banques étaient furieuses que je leur crée des difficultés. Le règlement négocié n'était désormais plus si sûr. Mais justement, c'était mon objectif. Au lieu de se contenter de prendre note de mes inquiétudes, les procureurs généraux des autres États et les banques étaient à présent dans l'obligation d'y répondre.

Au cours de l'été, nous concentrâmes nos efforts sur deux pistes parallèles : l'enquête d'un côté, les discussions sur un éventuel règlement de l'autre. Pour mon équipe, cela voulait dire travailler à toute heure du jour et de la nuit – en circulant du nord au sud de l'État et en accumulant les allers-retours à Washington. Malgré quoi les négociations n'avançaient pas. Les banques regimbaient devant nos exigences. Et dans le même temps, le rythme des saisies augmentait significativement en Californie.

En août, le procureur général de New York se retira des négociations multi-États. Puis tous les regards semblèrent converger sur moi. Allais-je aussi renoncer aux négociations ?

---

1. Deux sociétés sœurs, créées par le gouvernement fédéral (respectivement en 1938 et 1970) mais aujourd'hui privées, spécialisées dans l'achat de crédits hypothécaires qu'elles assemblent et titrisent pour les revendre aux investisseurs. Elles n'accordent pas directement de crédits aux particuliers, mais facilitent l'accès au crédit, et le développement du marché immobilier, en le soutenant par leurs investissements. Elles ont été bien sûr lourdement impliquées dans la crise des subprimes.

Je n'étais pas prête à une telle décision. Je voulais épuiser toutes les possibilités raisonnables de contraindre les banques à accéder à nos exigences. Dans notre négociation, il y avait d'importantes réformes que je voulais voir adoptées et mises en œuvre. On nous présentait un choix qui n'en était pas un : soit les réformes, soit l'argent. Je voulais les deux.

Et je savais aussi que le temps pressait. Dans un procès pour homicide, le cadavre est froid. On parle de sanction et de réparation après les faits. Dans la situation à laquelle nous étions confrontés, le drame continuait de se dérouler. Depuis que les négociateurs négociaient, des centaines de milliers de propriétaires supplémentaires avaient reçu des avis de saisie. Nous voyions cela tous les jours, en temps réel. Il y avait des zones entières, des villes entières, où des gens étaient « sous l'eau » pour plusieurs centaines de milliers de dollars. Mon équipe et moi examinions les chiffres chaque semaine : un véritable tableau de bord du désespoir où s'alignaient les propriétaires endettés qui étaient à trente, à soixante, à quatre-vingt-dix jours de perdre leur maison.

Avant de claquer la porte, je voulais tenter une dernière fois d'obtenir un accord équitable et de quoi soulager réellement mon État.

Jusqu'alors, les discussions régulières avec les banques avaient été menées par Michael et une équipe de gens chevronnés du département de la Justice de Californie. La prochaine rencontre avait lieu en septembre et les directeurs juridiques des grandes banques souhaitaient que j'y participe. J'étais certaine qu'ils me voulaient là, de l'autre côté de la table, pour me jauger – qui donc était cette nouvelle procureure générale sortie de nulle part ?

Parfait. Moi aussi je voulais les jauger.

Lorsque nous arrivâmes chez Debevoise & Plimpton, le cabinet d'avocats de Washington qui accueillait la rencontre, nous fûmes conduits dans une salle de conférence où se trouvaient déjà plus d'une douzaine de personnes.

Après les salutations d'usage, nous prîmes place autour d'une longue et imposante table. Je m'assis à l'une de ses extrémités. Les directeurs juridiques des grandes banques étaient là avec une équipe des meilleurs avocats de Wall Street – dont un homme qui était surnommé le « traumatologue de Wall Street ».

La discussion fut tendue d'entrée de jeu. La directrice juridique de Bank of America commença par se tourner vers mes négociateurs pour se plaindre de la terrible souffrance que nous infligions aux banques. Je ne plaisante pas. Elle affirma que tout ce qu'il se passait était très contrariant, que sa banque avait subi un énorme traumatisme, que ses employés s'appliquaient à répondre à toutes les enquêtes et à tous les changements réglementaires depuis le krach. Tout le monde était épuisé, nous dit-elle. Et elle voulait des réponses de la Californie. Pourquoi n'avancions-nous pas ?

Je répliquai les dents serrées : « Vous voulez parler de souffrance ? Avez-vous la plus petite idée des souffrances dont vous êtes responsables ? » J'avais la colère au ventre. J'étais tellement furieuse que les malheurs subis par tous ces propriétaires lésés soient minimisés, sinon ignorés. « En Californie il y a des millions d'enfants qui ne peuvent plus aller à l'école comme avant parce que leurs parents ont perdu leur maison. Vous voulez parler de souffrance ? Je vais vous en parler, faites-moi confiance. »

Les représentants des banques étaient calmes, mais sur la défensive. Leur position, globalement, était que les propriétaires avaient eu le tort de prendre des emprunts qu'ils n'avaient pas les moyens de rembourser. Je refusais d'entendre ce genre de chose. Je savais comment se passait l'achat d'un bien immobilier dans la vraie vie.

Pour l'immense majorité des gens, l'acquisition de leur logement est la plus grosse transaction financière qu'ils feront de toute leur existence. C'est l'un des moments d'affirmation de soi les plus importants dans l'existence d'un adulte – une confirmation de tout le travail que l'on a accompli. Quand une banque vous dit que vous avez droit à un prêt, vous supposez qu'elle a étudié votre dossier et ne vous laisse pas vous mettre sur le dos une charge insurmontable. Quand l'offre est acceptée, la conseillère bancaire ou le courtier immobilier ont l'air tellement contents pour vous que vous diriez presque qu'ils prévoient aussi d'emménager dans la maison. Et quand vient le moment de signer le contrat, c'est la fête. Ne manque que le champagne. Votre courtier ou votre conseillère vous présentent les documents à parapher et à signer avec de grands sourires, vous pensez qu'ils défendent de tout cœur vos intérêts, vous avez confiance et vous maniez le stylo sans crainte. Une page, une autre, et ainsi de suite jusqu'à la dernière.

J'avais devant moi une pleine salle d'avocats, et j'étais certaine qu'aucun d'eux n'avait étudié la totalité des termes du contrat qu'il avait signé pour l'achat de sa première maison. Moi-même, quand j'avais acheté mon appartement, je n'avais pas tout lu.

Les banquiers parlaient de prêts immobiliers sans avoir la moindre notion, semblait-il, de ce que cela signifiait pour les gens qui les souscrivaient – et sans savoir non plus qui ces gens étaient. Ils me donnaient l'impression de faire de très vilaines hypothèses sur le caractère et le système de valeurs de ces propriétaires qui étaient dans l'embarras. Moi, j'en avais rencontré beaucoup. Acheter une maison, pour eux, ce n'était pas un investissement financier. C'était un moyen de se réaliser, de s'épanouir. Je songeai à Mme Shelton, que je voyais toujours le matin, dans son jardin, tailler ses roses, arroser, tondre, arranger ceci et cela. À un moment je demandai aux avocats : « Vous n'avez donc jamais connu personne qui était fier de sa pelouse ? »

L'échange se poursuivit. Ils se fourvoyaient manifestement dans l'idée qu'il était possible de m'intimider et de me contraindre à me soumettre. Mais je ne bougeais pas d'un pouce. Vers la fin de la rencontre, le directeur juridique de JPMorgan y alla d'un petit couplet dont il pensait sans doute que ce serait une bonne tactique : il me dit que ses parents, qui vivaient en Californie, avaient voté pour moi et m'appréciaient. Et il savait aussi que quantité d'électeurs de l'État seraient vraiment contents si j'acceptais enfin un règlement. Politiquement ce serait top – il en était convaincu.

Je le regardai droit dans les yeux : « Dois-je vous rappeler que nous parlons ici d'une action judiciaire ? » Le silence tomba sur la pièce. La réunion durait depuis déjà quarante-cinq minutes, et cela suffisait.

« Écoutez, votre offre est loin d'équivaloir à une vraie reconnaissance des dégâts que vous avez causés, leur dis-je à tous. Et sachez bien que je suis très sérieuse. Je vais enquêter sur tout. Absolument tout. »

Le directeur juridique de Wells Fargo se tourna vers moi. « Eh bien, si vous comptez de toute façon continuer votre enquête, pourquoi devrions-nous chercher un règlement avec vous ?

— C'est une question qui vous regarde », répondis-je.

En quittant la réunion, je décidai de me retirer des négociations.

J'écrivis une lettre annonçant ma décision, mais j'attendis jusqu'au vendredi soir, après la fermeture des marchés, pour la rendre publique. Je savais que mes propos pouvaient influencer les marchés, ce qui n'était pas mon intention. Il n'était question ni de faire de l'esbroufe, ni de sortir de mes gonds, ni de plomber le cours des banques. Il s'agissait seulement d'essayer d'obtenir justice pour des millions de gens qui en avaient besoin et méritaient d'être aidés.

« La semaine dernière, je me suis rendue à Washington dans l'espoir de faire progresser nos discussions, écrivis-je. Mais il m'est apparu qu'on demandait à la Californie de renoncer à ses exigences dans une mesure que nous ne pouvons pas accepter, et d'excuser une conduite qui n'a pas encore été l'objet d'une enquête suffisamment approfondie. Après une longue réflexion, je suis arrivée à la conclusion que ce n'est pas le genre d'accord que les propriétaires emprunteurs de Californie attendent. »

Le téléphone ne tarda pas à sonner. Des amis craignaient que je ne me sois fait un ennemi trop puissant. Des conseillers politiques me prévinrent de me préparer au pire, parce que les banques allaient investir des dizaines de millions de dollars pour me faire perdre mon poste. Le gouverneur de Californie me dit : « J'espère que vous savez ce que vous faites. » De hauts responsables de la Maison Blanche et quelques secrétaires de cabinet tentèrent de me convaincre de reprendre les négociations. La pression fut intense, sans relâche, et vint de tous côtés : d'alliés de longue date, d'adversaires de longue date et de quantité d'autres gens au milieu.

Mais j'avais aussi conscience d'une pression d'un genre différent. Celle des millions de propriétaires emprunteurs qui s'étaient fait entendre, et des militants et des organisations de soutien qui se mobilisaient sur la base de notre stratégie. Nous savions que nous n'étions pas seuls.

N'empêche, ce fut un moment difficile. Lorsque je me couchais, je disais une petite prière : « Seigneur, aide-moi s'il te plaît à faire ce qu'il faut. » Je priais pour être sur la bonne route – et pour avoir le courage de tenir le cap. Par-dessus tout, je priais pour que les familles qui comptaient sur moi restent en sécurité. Je savais combien l'enjeu était important.

Je me surprenais souvent à penser à ma mère, en me demandant ce qu'elle aurait fait à ma place. Je sais qu'elle m'aurait dit de ne pas renoncer à mes convictions. Et d'écouter mon instinct. Les décisions difficiles sont difficiles précisément parce que l'issue n'est pas évidente. Mais votre instinct vous dit si vous êtes sur la bonne voie. Et vous savez alors quelle décision prendre.

Pendant cette période, Beau Biden[1], le procureur général du Delaware, devint pour moi un merveilleux ami et collègue. Le Delaware était un havre pour les banques et la crise des saisies immobilières ne l'avait pas frappé aussi durement que d'autres États. À certains égards, Beau avait toutes les raisons de garder la tête baissée et de suivre le mouvement. Mais il n'était pas de ce moule-là. Beau était un homme de principes et de courage.

Depuis le début de la crise, à vrai dire, il n'avait cessé de s'opposer au règlement négocié. Il soutenait mordicus les mêmes points que moi : pas assez d'argent et pas d'enquête assez poussée sur l'ampleur de la fraude. Lui aussi, il voulait des témoignages et des documents. Il voulait avoir la preuve, pour chaque dossier, que les banques étaient réellement propriétaires des emprunts immobiliers sur lesquels elles réclamaient des saisies. Et il ne changea jamais

1. Le fils de Joe Biden, décédé en 2015.

Mes parents.
Ils se sont rencontrés
à Berkeley, Californie, et se
sont mariés peu après.

En 1963, ma mère et sa grande amie, Tante Lenore, étaient aux manifestations contre les violences commises à Birmingham, Alabama, à l'encontre de militants des droits civiques.

À vingt-cinq ans, maman avait une licence universitaire, un doctorat, et moi.

Avril 1965. Un fier papa prêt à boucler son doctorat d'économie à Berkeley.

Me voici à dix mois avec ma mère, en visite chez mon grand-père paternel, Oscar Joseph, à Spanish Town à la Jamaïque.

Avec mon arrière-grand-mère, Iris Finegan, à la Jamaïque.

En visite chez Tonton Freddy à Harlem, en septembre 1966.
Harlem a toujours été un lieu magique pour moi.

Mars 1967. Je n'aurais pu être plus heureuse d'accueillir ma petite sœur, Maya.

Avec grand-papa lors d'un séjour chez mes grands-parents maternels à Lusaka, en Zambie. L'Inde l'y avait envoyé en mission diplomatique pour soutenir le pays dans son virage vers l'indépendance. Grand-papa était une des personnes que je préférais au monde, et il a eu une influence aussi précoce que durable sur ma vie.

Noël 1968. Deux sœurs attendent le père Noël.

Maman, Maya et moi devant notre appartement de Milvia Street en janvier 1970, après la séparation de mes parents. Nous devînmes alors pour tout le monde « Shyamala et les filles. »

À l'été 1970, fière de ma coupe afro.

Le CP de Mme Wilson à l'école primaire Thousand Oaks.
Ma classe ne fut que la deuxième de Berkeley à brasser des enfants blancs et noirs. Au centre, avec le pull blanc, c'est moi.

La fête d'anniversaire de mes six ans avec Stacey Johnson, ma meilleure copine depuis la maternelle, et toujours l'une de mes plus proches amies.

Avec Maya au cours de danse classique de Madame Bovie. J'adorais danser, enfant – et j'adore toujours.

Décembre 1971. À sept ans, vêtue de ma veste en similicuir préférée.

Avec les enfants de ma famille jamaïcaine. Maya est à droite.

Mes grands-parents maternels sont venus nous rendre visite en 1972. À gauche, la Dodge Dart jaune de maman. Nous habitions en haut des escaliers, au-dessus de la crèche.

Bien avant l'invention de la journée « Amenez vos enfants au boulot », ma mère nous emmenait souvent à son labo de Berkeley. Elle avait deux buts dans la vie : élever ses filles et éradiquer le cancer du sein.

Maya et moi devant chez nous. On aperçoit l'écriteau *Bancroft Nursery* (« Crèche Bancroft »). Nous habitions à l'étage.

Ma mère m'a toujours dit : « Tu seras peut-être la première à faire beaucoup de choses. Fais aussi en sorte de ne pas être la dernière. »

Été 1978, devant la maison de Mme Shelton. Je tiens sa petite-fille Saniyyah dans mes bras. Dans cette maison, il y avait toujours plein d'enfants, de la bonne cuisine et beaucoup d'amour.

Novembre 1982, première année à l'université Howard, à Washington. Je manifestais presque tous les week-ends sur le National Mall contre l'apartheid et pour le désinvestissement des États-Unis en Afrique du Sud. Ici, je suis avec Gwen Whitfield.

Avec ma grand-mère paternelle, Beryl, à la Jamaïque.

Mai 1989, enfin diplômée de l'école de droit Hastings de l'université de Californie ! Ma professeure de CP, Mme Wilson, est venue m'applaudir à la cérémonie. Ma mère n'était pas peu fière non plus.

Jeune procureure du comté d'Alameda, Californie, je revenais encore dans la cuisine de Mme Shelton, certaine d'y trouver toujours de la tendresse et un plat délicieux.

Lancement de ma campagne de procureure de district au centre communautaire Women's Building de San Francisco. On voit ici ma mère s'adresser au public. Elle a tout fait : organisé les bénévoles, collé des enveloppes… On voit aussi Sophie Maxwell et Fiona Ma, du Conseil des superviseurs de San Francisco, ainsi que Mark Leno, membre de l'Assemblée de l'État de Californie.

J'ai la chance d'avoir une famille incroyable. Je ne remercierai jamais assez Tante Chris, Tonton Freddy et Tante Mary pour leurs encouragements et leur soutien. Ils ont toujours répondu présent, comme ici lors d'un événement organisé dans un club de jazz pendant ma campagne de procureure de district.

Soirée électorale, novembre 2003. Nous dînions quand les résultats des dépouillements ont commencé à tomber. Mon beau-frère, Tony West, mes excellents amis Matthew Rothschild et Mark Leno, et mon consultant en stratégie Jim Rivaldo ont additionné les premiers chiffres sur la nappe en papier. Que nous avons ensuite découpée et que j'ai toujours, sous verre, dans mon bureau.

Victoire au deuxième tour cinq semaines plus tard – je deviens la première procureure de district de l'histoire de San Francisco. Ici, à notre QG de la campagne, devant le mot *Justice* taggé sur le mur par des graffeurs. Derrière moi, on aperçoit ma mère et, derrière elle, le directeur des Affaires juridiques de San Francisco, Dennis Herrera, et Chris Cunnie qui prendra plus tard la tête de mon service des enquêtes.

Après l'investiture, je suis allée découvrir mon nouveau bureau. Il était vide, à l'exception de cette chaise abandonnée au milieu de la pièce. Tant pis, j'étais heureuse de prendre mon poste de procureure de district.

J'adorais avoir la compagnie de ma mère aux événements communautaires. Nous voilà au défilé du Nouvel An chinois de 2007.

de position. Il avait lancé sa propre enquête et nous partagions activement les découvertes que nous faisions chacun de notre côté. Il y eut des moments, lorsque je fus attaquée de toutes parts, où Beau et moi échangions tous les jours, et parfois plusieurs fois par jour. Nous étions toujours là l'un pour l'autre.

J'avais aussi d'autres superbes alliées pour ce combat. Martha Coakley, alors procureure générale du Massachusetts, était tenace, astucieuse et très rigoureuse dans son travail. Catherine Cortez-Masto, qui est aujourd'hui ma collègue au Sénat, était alors procureure générale du Nevada, et elle devint elle aussi une formidable partenaire. Comme la Californie, le Nevada avait été laminé par la crise. Catherine, qui était à son poste depuis 2007, avait créé son propre Service de lutte contre la fraude des acteurs de l'immobilier en 2008. Comme moi, elle était déterminée à se battre contre les banques, et en décembre 2011 nous décidâmes d'unir nos forces pour étudier les fraudes et les mauvaises conduites dans le domaine des saisies immobilières. Je n'aurais pu souhaiter coéquipières plus douées et plus résolues.

Au plus fort de cette période, je voyageai constamment à travers le pays avec mon équipe. Je n'oublierai jamais la fois où nous nous envolâmes pour Washington avec nos vêtements d'hiver… pour découvrir que nous devions nous rendre en Floride le lendemain. Brian et moi n'eûmes d'autre possibilité que de faire une rapide incursion dans une boutique de vêtements du quartier de Georgetown pour acheter des tenues appropriées aux climats du Sud. Nous passâmes un moment de légèreté un peu étrange à nous donner mutuellement notre avis sur les articles que nous choisissions.

En janvier les banques étaient exaspérées. Michael entra dans mon bureau en disant : « Je viens d'avoir le directeur juridique de JPMorgan au téléphone. Je lui ai répété à quoi il devait s'en tenir, à savoir que nous ne bougerions pas d'un pouce.

— Et il a dit quoi ? demandai-je.

— Il est parti en pétard. Il s'est mis à hurler que c'était terminé. Que nous poussions le bouchon trop loin. C'était raide. Et puis il m'a raccroché au nez. »

Je rassemblai toute l'équipe dans mon bureau pour essayer de réfléchir à notre prochain coup – si nous avions encore un coup à jouer. Avions-nous torpillé toute éventualité de parvenir à un accord ? Restait-il une chance ? Je voulais des réponses. Nous ruminions chacun de notre côté depuis un moment, lorsqu'une idée me vint tout à coup. J'appuyai sur le bouton de l'interphone (un appareil qui ressemblait à ceux que nous avions déjà dans mon enfance) pour ordonner à mon assistante : « Appelez Jamie Dimon. Je veux lui parler. Tout de suite. » Dimon était – et reste au moment où j'écris ces lignes – le président-directeur général de JPMorgan Chase.

Mon entourage paniqua. « Vous ne pouvez pas l'appeler comme ça au téléphone. Il a un avocat pour le représenter !

— Ça m'est égal. Je veux lui parler. »

J'étais fatiguée d'avoir l'impression d'être prise au piège, de palabrer par l'entremise d'avocats et d'autres intermédiaires qui jouaient sans cesse à cache-cache. Je voulais aller droit au but et j'estimais que la situation l'exigeait.

Une dizaine de secondes plus tard, mon assistante passa la tête par l'entrebâillement de la porte. « Monsieur Dimon est en ligne. » Je retirai mes boucles d'oreilles (c'est un truc de fille d'Oakland) et décrochai le combiné.

« Vous essayez de voler mes actionnaires ! » s'écria-t-il presque aussitôt qu'il entendit ma voix.

Je répondis du tac au tac : « *Vos* actionnaires ? *Vos* actionnaires ? *Mes* actionnaires sont des gens qui ont pris un crédit pour acheter leur maison en Californie ! Venez donc les rencontrer. Parlez-leur un peu de qui a volé qui. » La conversation se poursuivit un moment sur ce ton. Une vraie bagarre de chiens enragés. Un membre de mon équipe se souviendrait plus tard d'avoir pensé : *Ce coup de fil, c'est une idée soit hyper-bonne, soit colossalement nulle.*

J'expliquai à Dimon de quelle façon ses avocats présentaient sa position, et en quoi elle était inacceptable pour moi. L'atmosphère devenant plus cordiale entre nous, je pus entrer dans les détails de mes exigences pour qu'il comprenne bien ce dont j'avais besoin

– pas par le prisme de son directeur juridique, mais directement par ma voix. Pour finir, il me dit qu'il allait parler avec son conseil d'administration et voir ce qu'ils pouvaient faire.

Je ne saurai jamais ce qui s'est passé du côté de Dimon. Ce que je sais, en revanche, c'est que deux semaines plus tard les banques cédèrent. Au bout du compte, au lieu des deux à quatre milliards qui étaient au départ sur la table, nous décrochâmes un accord à dix-huit milliards de dollars, qui se transforma pour finir en vingt milliards d'aide aux propriétaires endettés. C'était une victoire immense pour la population californienne.

Selon les termes du règlement négocié, le gouvernement fédéral devait désigner un observateur qui veillerait à ce que les banques tiennent leurs engagements. Mais la Californie avait tellement à perdre dans cette affaire que cela ne me paraissait pas suffisant. Je décidai donc de nommer notre propre observateur – observatrice, en l'occurrence – et de lui donner autorité pour surveiller la mise en œuvre de l'accord dans notre État.

On m'avait sollicitée à Washington pour participer à l'annonce officielle de l'accord, qui devait être concrétisée par une grande conférence de presse et deux fêtes organisées au département de la Justice et à la Maison Blanche. Mais je préférai rester chez moi avec mon équipe. C'était une victoire qui nous appartenait, à partager tous ensemble. Et puis nous devions aussi nous préparer pour la prochaine bataille.

Le règlement financier n'était qu'un début. Selon l'accord, en plus de l'argent qu'elles déboursaient, les banques devaient proposer un certain nombre de réformes pour que les propriétaires en mauvaise posture puissent s'opposer plus facilement aux saisies. D'un autre côté, toujours selon l'accord, ces mesures ne resteraient en place que trois années. Si nous voulions protéger les propriétaires californiens contre les abus sur le long terme, nous devions légiférer pour pérenniser les acquis du règlement négocié. Je voulais que les banques soient définitivement mises dans l'incapacité de se livrer à leurs pratiques notoirement prédatrices. Et je voulais que chaque propriétaire emprunteur ait le droit de leur intenter un procès quand elles enfreignaient les règles. En coordination avec nos alliés du parlement de Californie, nous réunîmes ces idées dans un ensemble de lois auquel nous donnâmes le nom de Déclaration des droits du propriétaire emprunteur en Californie.

Mais faire voter une nouvelle loi affectant les banques par la législature d'État n'était pas chose aisée. Car les banques avaient une influence considérable à Sacramento. Des législateurs californiens avaient déjà essayé en deux occasions, au moins, de proposer des régulations du même genre – et avaient été vaincus par la résistance des banques. Il nous faudrait mener une attaque très efficace.

Au début, notre projet de loi fut fraîchement accueilli. Des gens m'affirmèrent qu'il était mort-né. Certains estimaient que le lobby bancaire était trop puissant, et même invincible. La pertinence du projet semblait n'avoir aucun poids dans leur jugement.

Je rencontrai John Pérez, qui était à l'époque président de l'Assemblée de l'État, afin que nous réfléchissions ensemble à une stratégie pour faire voter la loi. John est un homme exceptionnel, aussi fin politique que plein de bon sens en matière de politiques publiques. Lui et moi étions complètement d'accord sur l'importance de la Déclaration des droits du propriétaire emprunteur, et il était prêt à user de son pouvoir pour s'attaquer aux banques.

Je me souviens que, dans le cadre de notre collaboration sur cette loi, le président Pérez m'invita à la retraite des démocrates de l'Assemblée de l'État organisée à la Leland Stanford Mansion à Sacramento. Pérez, qui s'était attribué la répartition des participants, me plaça stratégiquement à une table où se trouvaient deux alliés de poids et quelques législateurs qui avaient besoin de persuasion. Je passai une bonne partie du dîner à parler de la loi. À ce moment-là, j'en savais davantage que je n'aurais jamais pu imaginer en apprendre sur le comportement des banques, et surtout sur les nombreuses méthodes qu'elles avaient utilisées pour maltraiter les propriétaires endettés. Ma capacité à raconter en détail les expériences de certains d'entre eux sembla avoir un effet positif sur mes interlocuteurs. À la fin du dîner, je sentais que j'avais fait changer d'avis sur la question un ou deux d'entre eux.

Aucun élu de l'Assemblée ne disait explicitement qu'il prenait parti pour les banques. Conversation après conversation, cependant, ceux qui le faisaient évoquaient toutes les raisons techniques possibles pour ne pas soutenir le projet de loi. *Si seulement vous aviez fait ceci. Si seulement vous aviez fait cela. Si seulement ce point-virgule n'y était pas.*

Je n'oublierai jamais un certain démocrate qui me déclara un jour : « De fait, Kamala, je ne vois pas ce que ces saisies ont de si grave. Elles sont bonnes pour l'économie de notre État. Parce que quand une maison est saisie et abandonnée, cela veut dire que des peintres et des jardiniers seront engagés pour la remettre en état. » Sérieux ? *Sérieux ?* Ce monsieur était-il aussi favorable aux incendies criminels, alors, puisque cela permettait aux fabricants d'extincteurs de faire des affaires ? Les excuses que certaines personnes trouvaient pour justifier d'être du côté des banques étaient parfois sidérantes.

Pendant que le président Pérez se concentrait sur ses collègues à l'Assemblée de l'État, je pris la route et m'appuyai sur ma stature de procureure générale pour porter la bonne parole en faveur d'un système plus équitable, plus juste pour les propriétaires emprunteurs californiens. Je fus accompagnée dans cet effort par divers groupes qui se battaient pour les droits des propriétaires et organisaient de leur côté une campagne de lobbying afin que la loi soit votée. Les syndicats jouèrent aussi un rôle décisif dans notre action. Leur capacité à mobiliser des soutiens fut extraordinaire. Il y eut tellement de gens qui appelèrent leurs élus à l'Assemblée que les standards téléphoniques sautèrent.

Si la mobilisation et les capacités d'organisation des syndicats furent importantes, ce fut cependant leur présence qui compta le plus. À Sacramento, un certain cynisme imprégnait les esprits de trop d'élus : si une maison est saisie, semblaient-ils penser, ses habitants quitteront ma circonscription. Et cesseront donc d'être mes électeurs. Leur colère n'est par conséquent qu'un problème temporaire. Les banques, en revanche, ne risquent pas de partir. Leur présence se fait partout sentir dans la capitale de l'État et leur colère pourrait se traduire par des représailles. Ce que les syndicats montrèrent sans ambiguïté, c'était qu'il y avait une autre présence permanente, en ville, qui était prête à se battre avec passion pour les travailleurs – non seulement pour que leurs salaires augmentent, mais aussi pour qu'ils puissent être dignement traités dans tous les aspects de leurs vies, y compris lorsqu'ils accédaient à la propriété. Le message était très clair : si vous prenez le parti des banques, vous aurez affaire aux travailleurs.

À l'approche du vote, j'arpentai les couloirs du capitole de l'État en frappant à l'improviste à la porte de certains élus. Beaucoup refusaient tout simplement de me recevoir. Je chargeai des membres clés de mon équipe de se livrer au même exercice. Brian Nelson, l'un de mes adjoints spéciaux à la procureure générale à l'époque, se souvient que je l'appelais parfois à son bureau – et que s'il répondait, il passait un mauvais quart d'heure. « Qu'est-ce que vous fichez dans votre fauteuil ? Pourquoi vous n'êtes pas au Capitole ? Je sais que vous avez du travail, mais tout de suite il n'y a qu'une seule priorité. Il faut aller frapper à ces portes ! Aucun de ces élus ne doit pouvoir éviter une vraie conversation avec l'un de nous. »

Quand le projet de loi fut porté au vote, nous n'avions toujours pas de majorité assurée. De nombreux membres de l'Assemblée prévoyaient de ne pas voter pour s'épargner d'avoir à prendre position dans un sens ou dans l'autre. Mais nous avions besoin que la moitié d'entre eux plus un, soit quarante et un élus, votent oui. L'abstention équivalait à un non.

Le président Pérez avait un plan. Il avait décidé de garder le vote ouvert pendant que nous ferions pression sur les membres de notre camp. S'ils refusaient de voter, laissait-il entendre, le vote resterait ouvert indéfiniment. Au début de la procédure, il chargea un élu complice de poser une question de procédure parlementaire bien précise :

« Combien de temps a duré l'appel des votants le plus long de l'histoire de notre Assemblée ?

— À ma connaissance, répondit alors Pérez, le plus long vote jamais enregistré a duré une heure quarante-cinq. Et vous savez que j'aime les défis. Je suis prêt à tenir beaucoup plus longtemps que cela ! » À ce moment-là, tout le monde comprit qu'il ne plaisantait pas. Les voyants verts des membres qui répondaient à l'appel commencèrent à se multiplier.

J'étais dans le bureau de Darrell Steinberg, le président *pro tempore*[1] du Sénat de Californie, qui avait aussi joué un rôle décisif pour cette loi, et je suivais ce qui se passait à la chambre de l'Assemblée sur la télévision en circuit fermé du capitole. Je scrutais la salle pour voir qui ne s'y trouvait pas encore, qui traînassait au fond – et j'envoyais des textos : « Je vois que vous n'avez pas encore voté, écrivais-je. Allez voter. Il est temps. » Nous allâmes ainsi de personne en personne tandis que John, au perchoir, répétait inlassablement : « Tous les membres ont-ils voté qui souhaitaient voter ? Tous les membres ont-ils voté qui souhaitaient voter ? » On aurait dit un commissaire-priseur à une vente aux enchères.

J'eus l'impression que la séance durait une éternité. En réalité, il ne fallut qu'environ cinq minutes de ces efforts pour que le quarante et unième oui soit comptabilisé. John mit alors un terme au vote : nous avions gagné ! Dans la foulée, la loi serait également adoptée par le Sénat, puis ratifiée par le gouverneur. On nous avait dit que c'était impossible, mais nous avions réussi. C'est à ce jour l'un des moments les plus gratifiants de ma carrière, et un rappel que même dans cette « fabrique de saucisses » qu'est la politique, pour paraphraser Bismarck, des choses exaltantes peuvent se produire, du bon travail peut être accompli.

Pendant ce temps-là, notre Service de lutte contre la fraude des acteurs de l'immobilier travaillait sans relâche. Ses investigations conduiraient à de nombreuses poursuites judiciaires pour de graves

1. Le sénateur de plus haut rang du Sénat, qui préside celui-ci en l'absence du président *ex officio*, qui est le gouverneur de Californie.

escroqueries aux prêts hypothécaires. Le responsable de l'une des plus importantes fraudes fut condamné à vingt-quatre ans de réclusion dans une prison d'État. Grâce aux efforts d'une équipe absolument remarquable, en outre, nous fûmes en mesure de récupérer – en plus des dix-huit milliards – 300 millions chez JPMorgan pour dédommager la caisse de retraite de l'État des pertes qu'elle avait subies en investissant dans les titres adossés aux subprimes. Nous obtînmes aussi 550 millions de la banque immobilière SunTrust Mortgage, 200 millions de Citigroup, et 500 millions supplémentaires de Bank of America – tout cela pour leur rôle dans la crise des saisies immobilières.

Ces victoires étaient importantes, bien sûr. Mais ce n'étaient pas des victoires que nous voulions fêter, car si nos actions permettaient d'aider un grand nombre de gens, des millions d'Américains souffraient encore à travers le pays. Et malgré les milliards que nous avions récupérés, beaucoup de propriétaires endettés continuaient de perdre leur maison. Les dégâts structurels infligés à l'économie étaient si profonds que, même en recevant de l'aide, beaucoup de gens ne pouvaient toujours pas payer leurs emprunts et joindre les deux bouts. Les emplois manquaient. Et donc les revenus.

D'innombrables Américains voyant leur cote de solvabilité auprès des banques plonger, ils n'avaient plus accès au crédit. Le rêve des parents de financer les études de leurs enfants devint irréalisable. Les familles subissaient de multiples revers en même temps – de la perte d'un emploi à la perte de leur logement en passant par l'obligation de changer soudainement de district scolaire. Une analyse publiée dans *The Lancet* révéla que « l'augmentation du chômage aux États-Unis pendant la récession [était] corrélée à une augmentation de 3,8 % du taux de suicides, ce qui représente environ 1 330 suicides. »

De bien des façons, les conséquences du krach se font encore sentir plus d'une décennie plus tard. À Fresno, en 2017, la valeur de l'immense majorité des biens immobiliers restait inférieure à ce qu'elle était avant la récession. Au niveau national, le patrimoine de la classe moyenne a été presque entièrement anéanti par la crise, et l'essentiel n'en est toujours pas reconstitué.

Des études indiquent que la crise a accablé les familles noires de façon disproportionnée. Un rapport établi à la demande de l'association American Civil Liberties Union a relevé que, si les familles blanches comme les familles noires ont été très durement affectées par la crise de 2007-2009, en 2011 « les pertes de la famille blanche type avaient ralenti pour être proches de zéro, tandis que la famille noire type avait perdu 13 % supplémentaires de son patrimoine ». La conséquence : « Dans la famille noire type, en 2031, le patrimoine médian sera près de 98 000 dollars inférieur à ce qu'il aurait été sans la Grande récession. »

En d'autres termes, les générations futures vont souffrir à cause de la sottise et de la cupidité d'hier. Nous ne pouvons pas effacer ce qui est arrivé. Mais nous pouvons faire le nécessaire pour que cela ne se reproduise jamais.

La culture de Wall Street ne s'est pas transformée. Quelques-unes de ses règles seulement ont changé. Et les banques bataillent contre les réformes imposées au monde de la finance pendant la présidence Obama, et qui contribuent à leur tenir la bride. Constatant qu'elles ne parviennent pas à les faire abroger, elles font tout ce qui est en leur pouvoir pour les contourner. Entre 2010 et 2017, d'après une analyse du *Wall Street Journal*, les principales banques ont encore investi 345 milliards de dollars dans les prêts à risque (les subprimes) – en faisant passer l'argent par des institutions financières non bancaires que l'on appelle des banques parallèles, ou « de l'ombre ».

« Selon les banques, leur nouvelle approche consistant à prêter à des prêteurs non bancaires est plus sûre que celle consistant à traiter directement avec des consommateurs à la cote de crédit douteuse et avec des entreprises fragiles, souligne le *WSJ*. Néanmoins, ces échanges signifient que les banques ont encore des liens complexes et profonds avec les prêts immobiliers très risqués auxquels elles juraient avoir renoncé depuis la crise financière. »

Pendant ce temps-là, la Maison Blanche élue en novembre 2016 a nommé à la tête du Bureau de protection financière des consommateurs, fin 2017, un homme qui avait qualifié ce bureau de « plaisanterie » – et qui s'est mis en devoir de le démanteler de l'intérieur. En 2018, au lieu de durcir les règles pour Wall Street, le Congrès américain à majorité républicaine est revenu sur certains verrous essentiels, libérant notamment les banques moyennes des régulations conçues pour leur tenir la bride. C'est plus qu'inadmissible. C'est scandaleux.

Il y a encore beaucoup à faire. Si nous convenons que nous en avons assez de l'impunité des banques aux comportements irresponsables, si nous convenons que nous ne devons pas laisser les banques nous entraîner dans une nouvelle récession, si nous convenons que les propriétaires emprunteurs méritent d'être traités dignement, avec respect, et non comme de simples actifs à titriser et à vendre, alors nous n'avons qu'une seule façon d'obtenir les changements que nous souhaitons : nous devons nous faire entendre et voter.

4

Que sonnent les cloches du mariage

Quand je me rends dans un pays pour la première fois, j'essaie toujours d'en visiter la plus haute juridiction judiciaire. Ces lieux sont des sortes de monuments : en plus d'abriter une cour de justice, par leur conception même ils font passer un certain message. À New Delhi, par exemple, le plan du bâtiment de la Cour suprême de l'Inde représente l'équilibre des forces de la justice. À Jérusalem, le célèbre édifice de la Cour suprême d'Israël combine des lignes droites, qui symbolisent l'immutabilité de la loi, avec des murs courbes et du verre qui expriment la fluidité essentielle de la justice. Ce sont des lieux qui disent quelque chose.

Il en va de même avec le bâtiment de la Cour suprême des États-Unis qui, à mes yeux, est le plus beau de tous. Son architecture nous renvoie aux origines de la démocratie en nous donnant le sentiment de nous tenir devant un Parthénon moderne. Il est majestueux et imposant, mais en même temps digne et sobre. Quand vous gravissez les marches de son perron vers son extraordinaire portique de colonnes corinthiennes, vous comprenez toutes les aspirations fondatrices de la nation américaine. Au fronton, les mots EQUAL JUSTICE UNDER LAW[1] sont gravés dans la pierre. Et c'est cette promesse qui m'amena ici, à la Cour suprême des États-Unis, le 26 mars 2013.

1. Justice égale selon la loi.

Ce jour-là, il faut l'admettre, la splendeur du bâtiment n'était pas des plus évidentes, car il était couvert par un échafaudage pour un travail de rénovation en souffrance depuis longtemps – un gros morceau de marbre s'était détaché du péristyle au-dessus de l'entrée. Pour masquer l'échafaudage disgracieux, on avait tendu devant lui une toile imprimée d'une photographie haute résolution, grandeur nature, de la façade. L'ensemble faisait un peu penser à ces immenses tee-shirts de plage imprimés d'un corps vêtu d'un bikini, mais la majesté du bâtiment continuait tout de même de s'imposer.

À l'intérieur, je fus accompagnée jusqu'à ma place dans la salle d'audience. Comme les juges de la Cour suprême n'y autorisent aucune prise de vue, elle est à peu près inconnue de la plupart des gens. Moi, en tout cas, c'était la première fois que je la voyais. Regardant autour de moi, j'admirai ses superbes colonnes en marbre rose, ses tentures écarlates, son plafond sculpté – et son banc, tellement impressionnant, avec ses neuf fauteuils vides. Je songeai à toute l'histoire qui s'était écrite entre ces murs. Contrairement à un musée ou à un site comme Gettysburg, où l'histoire est préservée pour la postérité, la Cour suprême est un lieu où l'histoire est active et vivante, où elle s'écrit avec chaque avis rendu par les juges.

Peu après dix heures, nous fûmes invités à nous lever tandis que les neuf juges entraient dans la salle d'audience et s'asseyaient à leurs places.

« Nous entendrons ce matin les arguments de l'affaire 12-144, *Hollingsworth v. Perry* », dit le président John Roberts.

Il s'agissait de la procédure engagée contre la Proposition 8, une initiative citoyenne votée en Californie en 2008 pour interdire le mariage homosexuel dans l'État. Cette audience s'était fait attendre longtemps.

La Californie a peut-être une réputation de bastion du libéralisme social, mais en l'an 2000, déjà, les électeurs y ont approuvé une première initiative citoyenne, la Proposition 22 (également connue sous le nom d'Initiative Knight, d'après le nom de son auteur, William « Pete » Knight, un élu du Sénat de Californie), qui demandait à l'État de définir le mariage comme l'union de deux personnes de sexe opposé. Pendant des années nous nous sommes battus contre cette disposition – dans les rues, dans les urnes et au tribunal. Même ma nièce Meena, lorsqu'elle était adolescente, a participé à cette lutte. Je me souviens d'être allée la chercher à son lycée, un jour, pour apprendre qu'elle se trouvait à un débat sur le mariage homosexuel. Lorsque je suis entrée dans la classe où se tenait l'événement, la jeune Meena était sur l'estrade, devant le tableau, criant à ses camarades : « Contre l'initiative Knight, à nous de prendre l'initiative ! »

Pendant la semaine de la Saint-Valentin 2004, un mois après que j'avais pris mes fonctions de procureure du district de San Francisco, le maire de la ville de l'époque, Gavin Newsom, décida d'autoriser le mariage des couples homosexuels contre la législation en vigueur dans l'État.

Alors que je devais partir à l'aéroport où j'avais un avion à prendre pour Los Angeles, je décidai de faire un crochet par l'hôtel de ville. Une immense file d'attente de couples homosexuels s'étirait sur le trottoir autour du bâtiment. Tous comptaient les minutes jusqu'au moment où une administration allait enfin reconnaître leur droit à épouser qui bon leur semblait. Leur joie et leur hâte étaient manifestes. Certains attendaient ce mariage pour tous depuis des décennies.

En montant les marches de l'hôtel de ville, je rencontrai une responsable de la municipalité que je connaissais. « Kamala, venez nous aider, dit-elle avec un sourire radieux. Nous avons besoin de gens pour célébrer les mariages. » J'acceptai tout de suite, enchantée de participer à cet événement.

On me fit rapidement prêter serment, en même temps qu'à plusieurs fonctionnaires de la municipalité, puis nous nous répartîmes, pour célébrer les mariages, dans le grand hall et dans tous les recoins disponibles de l'hôtel de ville. Tout le monde était extraordinairement enthousiaste d'accueillir ces innombrables couples d'amoureux, l'un après l'autre, pour les marier sur-le-champ.

Ce fut un moment comme je n'en avais jamais connu. Absolument magnifique.

Mais peu après, les mariages furent invalidés. Tous ces couples qui avaient été si heureux et pleins d'espoir reçurent des courriers les informant que leurs certificats de mariage n'avaient aucune valeur légale. Pour chacun d'eux, ce fut un revers épouvantable.

En mai 2008, la Cour suprême de Californie vint à leur rescousse. En statuant sur le fait que l'interdiction du mariage homosexuel était inconstitutionnelle, elle ouvrit la voie aux couples LGBTQ vers l'égalité de dignité qu'ils méritaient depuis toujours. Son président, Ronald George, qui m'avait fait prêter serment comme procureure de district, rédigea l'opinion majoritaire. Au cours des six mois qui suivirent, 18 000 couples homosexuels échangèrent leurs vœux de mariage en Californie.

Mais aux élections de novembre 2008, le jour même où Barack Obama fut élu président, les Californiens votèrent à une courte majorité la Proposition 8, un amendement à la Constitution de l'État qui retirait aux couples homosexuels le droit de se marier. Comme il s'agissait d'un amendement constitutionnel, il ne pouvait pas être renversé par le parlement ou par le système judiciaire de l'État. Aucun mariage homosexuel ne pouvait plus être célébré, et les couples déjà mariés se retrouvaient dans un cruel vide juridique.

Il restait une solution pour obtenir justice : les cours fédérales. L'organisation American Foundation for Equal Rights, alors dirigée par Chad Griffin, décida que le meilleur moyen de répliquer était d'intenter un procès à l'État de Californie, au motif que la Proposition 8 enfreignait les droits garantis à tout citoyen par le XIVe amendement à la Constitution des États-Unis : l'égale protection des lois et l'assurance d'une procédure légale régulière. C'était donc une question de droits civiques et de justice civile, et Griffin et son équipe se préparaient déjà à porter l'affaire, si nécessaire, jusqu'à la Cour suprême des États-Unis. L'organisation recruta les avocats qui s'étaient opposés dans *Bush v. Gore*, le règlement de la Cour suprême qui avait mis un terme aux contestations concernant l'élection présidentielle de 2000 et installé George W. Bush à la Maison Blanche, puis engagea des poursuites contre la Californie au nom d'un couple de femmes, Kris Perry et Sandy Stier, et d'un couple d'hommes, Paul Katami et Jeff Zarrillo, qui représenteraient au tribunal les millions de personnes dans leur situation – des personnes qui voulaient simplement se voir accorder la dignité humaine d'épouser celui ou celle qu'elles aimaient.

Il faudrait attendre huit mois pour que l'affaire soit entendue par la cour fédérale de district, première étape de ce combat. Dans cette salle d'audience, un juge devait écouter les témoins, étudier les pièces du dossier, puis décider, en se fondant sur les éléments dont il disposait, si la Proposition 8 bafouait les droits civiques de Kris, Sandy, Jeff et Paul. Le 4 août 2010, enfin, le juge Vaughn Walker se prononça en leur faveur, affirmant que la Proposition 8 était bel et bien inconstitutionnelle et que les couples homosexuels avaient le droit de se marier. C'était une nouvelle fantastique et importante. Toutefois, comme le veut une pratique courante, le juge décida qu'il attendrait, pour faire exécuter sa décision, que celle-ci ait fait l'objet, éventuellement, d'un appel devant une juridiction supérieure – il appliquait là un concept juridique qui porte le nom de « suspension ».

Au moment où ce jugement tomba, j'étais en pleine campagne pour devenir procureure générale. Et l'affaire devint rapidement une question centrale du débat politique. Le procureur général de Californie avait le droit de faire appel de la décision : Jerry Brown, le démocrate à la succession de qui je me présentais, avait refusé de défendre la Proposition 8 au tribunal. De mon côté, j'avais clairement dit que je n'avais aucune intention, si j'étais élue, de dépenser le moindre dollar de mon budget pour soutenir cette mesure. Mon adversaire républicain voyait les choses autrement – c'était l'un des sujets qui nous opposaient clairement. Je voyais bien, en outre, qu'il ne s'agissait pas que d'une question de principe. Il fallait penser en termes pratiques. Si la Californie refusait de faire appel du jugement, le juge Walker lèverait sa suspension et l'État pourrait aussitôt commencer à célébrer des mariages homosexuels.

Si la Californie faisait appel, en revanche, il faudrait des années avant que ces mariages puissent avoir lieu.

Lorsque j'ai gagné l'élection, mon refus annoncé de faire appel du jugement aurait dû mettre un terme à l'affaire. Mais les partisans de la Proposition 8 refusaient de s'avouer vaincus. Démarche inhabituelle dans ce genre de dossier, ils unirent leurs forces pour faire appel du jugement par leurs propres moyens. Dans mon esprit, ils n'avaient aucun motif valable pour faire cela. Le droit à la liberté d'expression ne donne pas le droit d'intervenir dans une procédure judiciaire. On ne devient pas partie prenante d'un procès pour la simple raison que l'on a certaines convictions sur ceci ou cela. Pour porter une affaire devant un tribunal, il faut avoir un « intérêt à agir » – c'est-à-dire, notamment, avoir subi ou risquer de subir un préjudice réel. (Comme pourrait le dire en termes plus familiers mon mari qui a grandi dans le New Jersey, l'État où l'on cause sévère, il faut être en mesure d'apporter une vraie réponse à la question : « Ça t'regarde, toi ? »)

Kris Perry avait intérêt à agir contre la Californie, lorsque la Proposition 8 fut votée, parce que cette décision l'affectait en la privant d'un droit civique. Nous avions une loi, dans notre État, qui faisait qu'un groupe d'Américains n'était pas traité comme les autres Américains, et c'était fondamentalement injuste. Avec l'invalidation de la Proposition 8 en cour fédérale de district, ce groupe se voyait protégé sans que rien ne soit retiré à personne d'autre. Le principe constitutionnel était clair. Les personnes qui voulaient refuser aux couples homosexuels l'égale protection des lois et l'assurance d'une procédure légale régulière garanties par la Constitution américaine ne pouvaient pas faire cela pour la simple raison que l'idée du mariage homosexuel leur déplaisait. Elles conservaient toute leur liberté d'expression. Mais elles n'avaient pas le pouvoir de refuser à d'autres Américains leurs droits fondamentaux.

Pourtant la procédure d'appel fut engagée. Et Walker ne leva donc pas sa suspension de jugement. Il faudrait plus d'un an pour que la cour d'appel du Neuvième circuit[1] rende sa décision. Chaque jour d'attente constituait un déni de justice – et beaucoup plus encore. Chaque jour d'attente était un jour où deux êtres qui s'aimaient ne pouvaient consacrer leur engagement l'un envers l'autre. Chaque jour d'attente était un jour où une grand-mère quittait cette vie avant le mariage auquel elle avait tant souhaité assister. Chaque jour d'attente était un jour où un enfant devait encore se demander : « Pourquoi mes parents n'ont-ils pas le droit de se marier, eux aussi ? »

La décision du Neuvième circuit, quand elle arriva, fut très louable. Un panel de trois juges confirma la décision de la cour inférieure : la Proposition 8 avait privé les couples homosexuels de leurs droits civiques en Californie. Mais en même temps, le panel ne contesta pas le droit des défenseurs de la Proposition 8 à faire appel. Et il suspendit lui aussi son jugement pour leur permettre de faire de nouveau appel s'ils le souhaitaient – cette fois devant la plus haute instance du pays, la Cour suprême des États-Unis.

Ce 26 mars 2013, dans la salle d'audience aux colonnes de marbre rose, j'écoutai donc attentivement les juges se pencher sur la question de l'intérêt à agir des appelants. Le juge Stephen Breyer se demanda si les partisans de la Proposition 8 n'étaient pas « juste un groupe de cinq personnes aux opinions très arrêtées ». La juge Sonia Sotomayor voulut savoir en quoi le jugement de la cour inférieure leur avait causé un préjudice « distinct de celui que peut subir tout contribuable lorsqu'une loi est appliquée ». Quand le débat prit fin, toutefois, il était vraiment impossible de savoir quelle décision les neuf juges prendraient.

Quand je sortis de la Cour suprême, des centaines de militants étaient rassemblés sur le parvis avec des pancartes et des drapeaux arc-en-ciel, attendant anxieusement d'obtenir justice. Cette vision me fit plaisir. C'était pour ce genre de personnes que j'avais décidé

1. Les cours d'appel fédérales sont divisées en treize « circuits » de taille variable (en géographie et en population). Le Neuvième circuit comprend toute la côte Ouest (dont la Californie, l'Alaska, le Nevada, le Montana, Hawaï...) et le cinquième de la population des États-Unis.

d'étudier le droit. Car c'était en salle d'audience, estimais-je, que l'on pouvait transformer cette passion en actions concrètes, en précédents et en lois.

Scrutant les visages des manifestants, je songeai à tous les citoyens américains qui les avaient précédés ici pour des raisons similaires : des parents noirs avec leurs enfants, engagés dans la lutte contre la ségrégation à l'école, des femmes combatives, brandissant des pancartes qui disaient L'AVORTEMENT DOIT RESTER UN DROIT, des défenseurs des droits civiques protestant contre les taxes électorales, les tests d'alphabétisation et les lois interdisant les mariages interraciaux[1].

Dans la vie quotidienne, ces gens pouvaient donner l'impression de n'avoir rien en commun. Mais sur ce parvis de la Cour suprême, ils partageaient quelque chose de profond : pour une raison ou une autre ils avaient été confrontés à un traitement, selon les mots d'Earl Warren, un ancien président de la Cour suprême, « directement antithétique au principe d'égalité ». Et ils croyaient que la Constitution américaine avait le pouvoir de les libérer. Ils adoraient la Constitution, pour reprendre les mots de Franklin Roosevelt, « non parce qu'elle est ancienne, mais parce qu'elle est toujours jeune, non dans le seul culte de son passé, mais avec la foi des vivants qui lui conservent sa jeunesse, aujourd'hui et dans les années à venir ». Donc ils manifestaient. Et ils se battaient. Et ils attendaient.

Je savais que rien n'était sûr. Il était arrivé, par le passé, que la Cour suprême prenne de terribles décisions. En 1889, elle avait validé une loi – qui n'a toujours pas été abrogée dans son intégralité – interdisant spécifiquement aux Chinois d'immigrer aux États-Unis. En 1896, elle avait jugé que la ségrégation raciale

1. Les taxes électorales (l'obligation de payer une taxe, dans de nombreux États, pour s'inscrire sur les listes électorales) furent interdites par le XXIVe amendement à la Constitution (1964). Les tests d'alphabétisation, eux aussi préalables au droit de vote dans certains États (en particulier dans le Sud), furent interdits par le Civil Rights Act (loi sur les droits civiques) de 1964. Les mariages interraciaux furent définitivement légalisés par la Cour suprême en 1967.

ne violait pas la Constitution. En 1944, elle avait estimé qu'il n'y avait rien d'inconstitutionnel à l'internement forcé des Nippo-Américains. En 1986, elle avait jugé que les relations homosexuelles pouvaient être criminalisées. En 2010, avec son arrêt *Citizens United* sur les dépenses de campagne électorale, elle avait ouvert les portes à l'argent sale en politique. Et la veille même du jour où nous allions apprendre sa décision pour notre affaire, ses juges conservateurs invalideraient – supprimeraient – une section essentielle du Voting Rights Act de 1965 interdisant les discriminations raciales dans l'exercice du droit de vote. Vraiment, l'incertitude était totale.

Mais au matin du 26 juin 2013, nous apprîmes une merveilleuse nouvelle. La Cour suprême convenait que les partisans de la Proposition 8 n'avaient pas d'intérêt à agir, et les déboutait de leur demande par une décision de cinq juges contre quatre. Cela voulait dire que le jugement de la cour inférieure était validé. Le droit égalitaire de chacun et de chacune à se marier avait de nouveau – enfin – force de loi en Californie.

J'étais dans mon bureau, à Los Angeles, lorsque l'information tomba. Elle déclencha une véritable explosion de joie. Les exclamations ravies et les applaudissements retentissaient à travers les couloirs. Après tant et tant d'années de combat et de revers, l'amour avait fini par prévaloir.

Je rassemblai aussitôt mon équipe pour discuter d'un plan d'action. Je voulais que les mariages puissent reprendre sans délai. Mais c'était impossible tant que la cour d'appel du Neuvième circuit n'aurait pas levé sa suspension – or, nous entendions dire que la procédure pouvait prendre des semaines. Cela me paraissait inacceptable.

Pendant que je me préparais à donner une conférence de presse au sujet de cette victoire, mon entourage me déconseilla de provoquer la cour d'appel en l'exhortant à agir tout de suite. Il y avait des convenances à respecter dans ce genre de dossier, et ma prise de position publique risquait de froisser. Peut-être, mais nous n'avions pas le loisir de nous préoccuper de ces convenances.

Nos concitoyens américains attendaient depuis trop longtemps. Au micro, j'appelai donc le Neuvième circuit à lever sa suspension le plus vite possible.

Deux jours plus tard, j'étais avec mon équipe dans mon bureau de San Francisco pour notre réunion stratégique du vendredi après-midi. Nous travaillions sur les organisations criminelles transnationales impliquées dans le trafic de drogues, d'êtres humains ou d'armes, et nous étions plongés dans une discussion intense sur une enquête qui venait d'être ouverte, lorsque mon assistante Cortney Bright entra dans la pièce et me tendit un mot qui disait : « Le Neuvième circuit a pris une décision. » Je fis part de la nouvelle à tout le monde – et nous ne fûmes plus capables de rester concentrés sur notre sujet. Nous étions trop impatients de connaître cette décision.

Un petit moment plus tard, Cortney revint. Le Neuvième circuit avait levé la suspension. L'État pouvait commencer dès à présent à célébrer des mariages homosexuels. Nous explosâmes de joie.

Mon téléphone sonna. C'était Chad Griffin. Il était avec Kris Perry et Sandy Stier. « Kamala, dit-il, nous venons à San Francisco. Le premier mariage, ce sera celui de Sandy et Kris, et nous voulons que ce soit vous qui assuriez la cérémonie.

— Bien sûr ! J'en serai ravie ! Rien ne pourrait me rendre plus fière. »

Normalement j'aurais dû prendre une voiture officielle, mais cette fois j'insistai pour que nous allions à pied. Pendant ce trajet jusqu'à l'hôtel de ville, je repensai à la célèbre photographie de Thurgood Marshall avançant d'un pas résolu en compagnie d'Autherine Lucy, qui avait été expulsée de l'université de l'Alabama, en 1956, lors de ce qui fut l'un des premiers tests de déségrégation raciale dans l'enseignement supérieur. Même s'il n'y avait que mon équipe et moi dans la rue ce jour-là, j'avais le sentiment que nous menions notre petite partie d'un grand défilé qui s'étirait sur des générations. Marchant dans les pas de géants, nous élargissions la voie pour notre époque.

À l'hôtel de ville, nous gagnâmes le secrétariat où le couloir était déjà plein de monde. Kris et Sandy arrivèrent peu après, radieuses, prêtes à se dire oui.

« Félicitations ! » m'exclamai-je en les étreignant. Elles avaient subi tant de choses, et pendant si longtemps. Nous étions en train de bavarder et de rire ensemble lorsqu'un journaliste s'approcha avec son cameraman. Il avait entendu dire qu'une autre procédure d'appel serait peut-être lancée, et voulait savoir ce que j'en pensais.

Je lui souris pour répondre : « Que sonnent les cloches du mariage ! »

Entre-temps, la nouvelle s'était répandue et des centaines de personnes commençaient à converger vers l'hôtel de ville. Certaines pour fêter l'événement. D'autres pour se marier. D'autres encore pour être témoins. Entendant les voix du Gay Men's Chorus s'élever dans la rotonde, nous nous précipitâmes pour aller les voir. Nous éprouvions une joie immense. C'était tout à fait magique.

Nous nous préparions pour la cérémonie, lorsque quelqu'un me prit à part pour m'informer que le secrétariat de la mairie de Los Angeles refusait de délivrer des certificats de mariage aux couples homosexuels tant qu'il n'en aurait pas reçu l'ordre de l'État. Bon, quelqu'un avait manifestement besoin d'instructions. Et pour cela il suffisait que je prenne le téléphone.

« Kamala Harris à l'appareil, dis-je. Vous devez commencer à marier les gens sur-le-champ.

— Parfait ! répondit le fonctionnaire d'un ton soulagé. Je prends donc cela comme une notification officielle et nous pouvons commencer à délivrer les certificats de mariage sans attendre. »

Je le remerciai, avant d'ajouter : « Et amusez-vous bien ! Ça va être super. »

Un petit moment après, je pris mon poste au balcon et regardai Kris et Sandy, suivies par leurs familles et leurs amis, monter le grand escalier de l'hôtel de ville. Avec leurs tenues beige et blanche, elles formaient un couple élégant. Sandy tenait à la main un bouquet de roses blanches. Deux jours plus tôt, elles étaient devenues des symboles vivants de justice. À présent qu'elles s'avançaient vers moi – dans la ville même où Harvey Milk[1] avait vécu et s'était battu pour la dignité de tous –, j'étais consciente de vivre un moment historique.

« Aujourd'hui nous assistons non seulement à l'union de Kris et de Sandy, dis-je, mais aussi à la concrétisation de leur rêve – le mariage [...]. En se joignant à l'action en justice contre la Proposition 8, elles ont représenté des milliers de couples comme le leur dans la lutte pour l'égalité devant le mariage. Après des hauts et des bas, des défaites et des succès, elles en sont sorties victorieuses. »

Kris et Sandy échangèrent leurs vœux, puis leur fils, Elliott, tendit les alliances. J'eus l'honneur et le privilège de dire : « En vertu des pouvoirs et de l'autorité qui me sont conférés par l'État de Californie, je vous déclare à présent épouses pour la vie. »

On assista ce jour-là à des centaines de mariages à travers tout l'État, dont chacun était un symbole d'amour, de justice et d'espoir. L'hôtel de ville de San Francisco fut illuminé par les couleurs de l'arc-en-ciel – un magnifique hommage à tous les couples qui se disaient ce mot magnifique : « Oui ! »

Rentrée chez moi, ce soir-là, je pus prendre un moment pour revenir sur la journée. Mes pensées se tournèrent vers un homme dont je regrettais qu'il n'ait pas pu assister à ces scènes de liesse : Jim Rivaldo, un stratège politique de San Francisco, cofondateur du journal satirique *National Lampoon*, membre prééminent de la communauté gay qui avait joué un rôle décisif pour faire élire Harvey Milk au Conseil des superviseurs de San Francisco en 1977. Un homme brillant qui avait été l'un de mes plus importants conseillers lors de ma première campagne de procureure de district. Comme moi, ma famille l'adorait – surtout ma mère. Dans les mois qui avaient suivi mon élection, nous l'avions beaucoup

1. Premier membre ouvertement gay du conseil législatif de San Francisco, et militant de la cause homosexuelle, il est assassiné à l'intérieur de l'hôtel de ville, en même temps que le maire George Moscone, le 27 novembre 1978.

fréquenté. L'année précédant son décès, survenu en 2007, il avait passé Thanksgiving avec nous. Ma mère s'était occupée de lui lorsqu'il était alité, essayant de l'aider à vivre du mieux possible ses derniers jours.

Je voulais lui parler. Je voulais partager ce moment avec lui. Mais même en son absence, je savais exactement ce qu'il aurait dit : *Nous n'avons pas terminé.*

Il fallut deux années de plus pour que la Cour suprême reconnaisse l'égalité devant le mariage dans les cinquante États. Et aujourd'hui, il est encore légal pour un employeur, devant la justice fédérale, de licencier un employé LGBTQ. Il arrive encore, dans certains parlements du pays, que les droits des transgenres soient bafoués. Le combat pour ces droits civiques continue.

Tout ce qui s'est passé avec la Proposition 8 constitue un épisode important d'un long voyage, un voyage qui a commencé avant que l'Amérique ne soit sa propre nation, et qui continuera encore pendant des décennies. C'est l'histoire des gens qui se battent pour leur humanité – pour la simple idée que nous devrions tous être égaux et libres. C'est l'histoire des gens qui se battent pour la promesse faite à toutes les générations futures avec la signature de la Déclaration d'indépendance américaine : aucun gouvernement n'a le droit de nous priver de notre vie, de notre liberté ou de notre modeste poursuite du bonheur.

Ce qui importera le plus, dans les années à venir, c'est que chacun de nous se reconnaisse dans les combats d'autrui. Que nous nous battions pour les droits des transgenres ou pour en finir avec les préjugés raciaux, que nous nous battions contre la discrimination au logement ou contre des lois sur l'immigration sournoises, peu importe qui nous sommes, de quoi nous avons l'air, et peu importe si nous donnons parfois l'impression d'avoir très peu en commun les uns avec les autres. La vérité, c'est que dans la lutte pour les droits civiques et la justice économique, nous sommes tous les mêmes. Selon les mots du grand

Bayard Rustin, qui organisa la marche de 1963 sur Washington[1], « Nous sommes tous semblables, et si nous ne le savons pas, la vie nous l'apprendra. »

Quelques mois après le mariage de Kris et Sandy, je me rendis à une rencontre organisée par une fondation à but non lucratif, California Endowment, dirigée par mon ami le philanthrope de la santé Robert K. Ross. Le siège de la fondation occupe un magnifique espace moderne que nous avons fréquemment utilisé, pendant que j'étais procureure générale, pour différents événements. Ce jour-là, le sujet de la rencontre n'était pas de ceux que beaucoup de gens mettraient au programme d'un procureur général. Je venais parler de l'absentéisme à l'école primaire et engager une discussion sur les solutions à envisager pour résoudre ce problème.

En prenant mes fonctions de procureure générale, j'avais déclaré à mon équipe de direction que je voulais faire de la lutte contre l'absentéisme à l'école primaire une priorité de notre mandat. Les personnes qui ne me connaissaient pas bien avaient dû croire que je plaisantais. Quelle raison la première policière de l'État pouvait-elle avoir de s'inquiéter que les enfants de sept ans aillent à l'école ou non ? Mais ceux qui m'accompagnaient depuis quelque temps savaient que j'étais sérieuse. De fait, c'était en partie avec l'idée d'instituer un programme global, à l'échelle de l'État, sur l'absentéisme scolaire, que j'avais décidé de me présenter pour devenir procureure générale.

Lorsque j'étais procureure de district, l'essentiel du travail que je fournissais en matière de prévention de la criminalité concernait des individus bien plus avancés dans la vie. Avec Back on Track, par exemple, il s'agissait d'aider de jeunes adultes à éviter la prison et les conséquences sociales d'une sanction pénale. Mais je

1. La marche pour l'emploi et la liberté, après laquelle Martin Luther King prononça son fameux discours « I have a dream » (J'ai un rêve) devant le Lincoln Memorial.

pensais déjà aussi aux actions à envisager plus tôt – aux mesures que nous pouvions prendre dans notre communauté, et en tant que nation, pour assurer la sécurité des enfants et les maintenir sur la bonne voie. Et je voulais identifier les moments clés de la vie d'un enfant au cours desquels ma fonction et mes attributions pourraient avoir une influence positive.

C'est dans le cadre de cette réflexion que je commençai à faire le lien entre plusieurs problèmes sur lesquels les chercheurs se penchaient. Le premier était le caractère déterminant des aptitudes à la lecture pour les élèves de CE2. Les études montrent que la fin du CE2 annonce un virage capital pour les enfants. Jusqu'à ce moment-là, le programme est focalisé sur la maîtrise de la lecture. En CM1, tout change : les élèves passent de l'apprentissage de la lecture à l'usage de la lecture pour apprendre. S'ils ne savent pas bien lire, ils ne peuvent pas bien apprendre de nouvelles choses. Petit à petit, d'année en année, ils prennent du retard – et se retrouvent poussés sur une voie qui mène presque inéluctablement à la pauvreté. La porte des perspectives d'avenir se referme sur eux alors qu'ils sont encore hauts comme trois pommes. Je crois que l'on peut dire qu'il est criminel de laisser un enfant sans instruction.

En parallèle, je m'intéressai à une flambée d'homicides qui affectait toute la ville et le comté de San Francisco. Comme le problème inquiétait divers responsables de la région, dans la fonction publique comme dans le privé, beaucoup de travaux de réflexion étaient engagés pour trouver des solutions. En étudiant les données disponibles, nous découvrîmes que plus de 80 % des détenus avaient comme point commun d'avoir abandonné le lycée.

Je voulus rencontrer la surintendante des écoles publiques de San Francisco, une merveilleuse femme qui s'appelait Arlene Ackerman, pour parler avec elle du décrochage scolaire. Elle me dit qu'un pourcentage significatif des élèves qui séchaient fréquemment la classe au lycée avaient aussi été des élèves souvent absents à l'école primaire – et ce, pendant des semaines d'affilée, parfois même des mois. Ce fut pour moi un déclencheur.

L'enchaînement était tellement clair. On pouvait suivre sans difficulté le parcours des enfants qui commençaient à être absents de l'école quand ils étaient petits. L'enfant absent devenait un enfant errant... qui devenait une cible pour les recruteurs d'enfants... qui devenait un jeune passeur de drogue... qui se mettait à commettre – ou à subir – des violences. Si nous ne voyions pas cet enfant à l'école primaire, où il devait être, le risque était grand de le retrouver plus tard en prison, à l'hôpital, ou à la morgue.

Certains de mes conseillers s'inquiétaient : ma volonté de m'attaquer au problème de l'absentéisme scolaire risquait de déplaire. Même aujourd'hui, il y a encore des personnes qui se méfient de mes intentions. Elles supposent que mon objectif était de jeter des parents en prison alors qu'il n'a bien sûr jamais été question de cela. Notre projet visait à mettre les parents en relation avec certaines ressources susceptibles de les aider à renvoyer leurs enfants là où ils avaient leur place, c'est-à-dire à l'école. Nous voulions essayer de soutenir les parents, pas de les punir – et dans la vaste majorité des cas nous y sommes parvenus.

Au demeurant, j'étais prête à avoir le mauvais rôle si cela pouvait permettre de braquer les projecteurs sur un problème qui, autrement, aurait continué d'intéresser trop peu de gens. Le capital politique ne rapporte pas d'intérêts. Il faut le dépenser pour changer les choses.

J'étais encore procureure de district, donc, lorsque nous commençâmes à développer un programme de lutte contre l'absentéisme scolaire en partenariat avec la municipalité et les écoles. Et je suis fière de pouvoir rapporter qu'arrivés en 2009, nous avions fait baisser de 23 % l'absentéisme dans les écoles primaires de San Francisco.

En nous plongeant dans l'étude de ce problème, nous avions découvert un paysage assez différent de celui auquel s'attendaient un certain nombre de mes collègues. Selon certains stéréotypes, un enfant devenait un élève à l'absentéisme chronique parce que ses parents ne se préoccupaient pas de son avenir. Mais la vérité est tout autre. La vérité, c'est que l'immense majorité des parents ont un désir naturel de bien éduquer leurs enfants. Ils veulent être de bons pères, de bonnes mères. Mais il se peut, simplement, qu'ils n'aient pas pour cela les aptitudes ou les ressources dont ils avaient besoin.

Imaginez une mère célibataire qui a deux emplois payés au salaire minimum, qui travaille six jours par semaine et reste malgré cela piégée sous le seuil de pauvreté. Elle est rémunérée à l'heure, sans vacances, sans congé maladie. Si sa fille de trois ans a de la fièvre, elle ne peut pas la conduire à la garderie dont les tarifs l'ont obligée à prendre son second emploi. Elle n'a pas d'argent pour une baby-sitter, mais si elle reste chez elle et ne gagne donc rien, elle n'aura pas de quoi acheter des couches jusqu'à la fin du mois. Elle a déjà eu assez de mal à économiser pour payer de nouvelles chaussures à son fils de onze ans, dont les pieds semblent grandir d'une taille tous les trois mois.

Un problème qui n'est qu'un tracas passager pour les parents ayant certains moyens financiers est une source de désespoir pour ceux qui n'ont pas cette chance. Si une mère dans une telle situation demande à son fils aîné de rester à la maison – de ne pas aller à l'école – pendant une journée pour s'occuper de sa petite sœur, nous ne pouvons pas l'accuser de ne pas aimer ses enfants. C'est une question de circonstances et de conditions de vie, pas de caractère. Elle veut être la meilleure mère possible.

L'objectif de notre initiative de prévention de l'absentéisme était d'apporter un soutien aux familles. Nous voulions que les écoles communiquent certaines informations aux parents : en partie pour leur faire prendre conscience du lien qui existe entre l'absentéisme sévère, l'illettrisme et la délinquance, mais, plus important, pour leur présenter des ressources qu'ils pouvaient ne pas connaître – des aides que la ville et leur circonscription scolaire étaient susceptibles de proposer afin de leur faciliter les choses pour que leurs enfants soient sûrs d'aller à l'école.

Lorsque l'initiative commença à prendre forme, je m'aperçus un jour que sur notre premier mémo des directives aux écoles nous recommandions, en cas d'absentéisme d'un enfant, d'informer le parent avec lequel vivait celui-ci. C'est-à-dire en général la mère.

« Attendez un peu, demandai-je. Et le père, là-dedans ?

— Eh ben… Dans plein de cas, répondit quelqu'un dans l'équipe, les gamins ne vivent pas avec le père et le père ne paie pas de pension alimentaire.

— Et alors ? ai-je objecté. Peut-être ne paie-t-il pas la pension alimentaire, mais cela ne veut pas dire qu'il ne veut pas que son enfant aille à l'école tous les jours. »

Et effectivement, dans l'un des cas que nous suivions, un jeune homme découvrit que sa fille n'allait plus à l'école tous les jours et résolut de modifier son emploi du temps pour l'y conduire chaque matin. Il commença même à se porter volontaire dans sa classe pour diverses activités.

Lorsque je fus élue procureure générale, je voulus utiliser le pouvoir de ce nouveau mandat pour lever le voile sur la crise de l'absentéisme à travers tout l'État. Je savais que les médias répondraient présents pour beaucoup de mes initiatives, et je souhaitais attirer l'attention sur ce problème et en appeler à l'intérêt personnel des gens. Que cela nous plaise ou non, la plupart d'entre nous placent leur propre sécurité avant l'éducation des enfants d'autrui. Je voulais montrer que ne pas donner la priorité à l'instruction aujourd'hui, c'était se préparer à des problèmes de sécurité publique pour plus tard.

Notre premier rapport, dont je devais annoncer les résultats ce jour-là au siège de California Endowment, estimait que nous avions approximativement un million d'enfants du primaire absentéistes à travers l'État. Et dans de trop nombreuses écoles, presque tous les élèves entraient dans la catégorie : une école avait même un taux d'absentéisme de plus de 92 %.

C'est ainsi que lorsque je pris la parole, un problème qui avait apparemment peu de rapport avec les fonctions d'une procureure générale fut au cœur d'un discours passionné dans lequel j'appelai éducateurs et législateurs, dans la salle et au-delà, à se mobiliser et à reconnaître la gravité de la crise.

Pendant que je parlais, je vis deux membres de mon équipe murmurer en désignant un homme dans le public. Je ne les entendais pas, mais je savais exactement ce qu'ils se disaient : « C'est qui ce type ? C'est *lui*, alors ? » Et je savais que le type en question, c'était Doug.

Six mois plus tôt, moi non plus je ne savais pas qui était Doug. Je savais seulement que ma meilleure amie, Chrisette, me bombardait d'appels. Mon téléphone n'arrêtait pas de vibrer alors que j'étais en plein milieu d'une réunion. Je l'ignorai les premières fois, mais au bout d'un moment je commençai à m'inquiéter. Je suis marraine des enfants de Chrisette. Était-il arrivé quelque chose ?

Finalement je sortis de la pièce pour la joindre. « Qu'est-ce qui se passe ? Tout va bien ?

— Oui, tout va bien. Tu as un rencard, dit-elle. Avec un type.

— Ah bon ?

— Mais oui, dit-elle avec la plus grande conviction. Je viens de faire connaissance avec lui. Il est mignon, il est associé de son cabinet d'avocats et je crois qu'il va vraiment te plaire. Il est installé à Los Angeles, mais tu vas tout le temps là-bas pour le boulot de toute façon. »

Chrisette est comme une sœur pour moi. Et je savais qu'il était inutile de discuter avec elle.

« Comment s'appelle-t-il ? demandai-je.

— Doug Emhoff, répondit-elle. Mais promets-moi de ne pas le googler ! Ne cogite pas trop. Rencontre-le, c'est tout. Je lui ai déjà donné ton numéro. Il va te contacter. »

Quelque part j'avais envie de rouspéter, mais, en même temps, j'appréciais l'approche volontariste de Chrisette. Elle comptait parmi les rares personnes à qui je pouvais m'ouvrir en toute franchise sur ma vie privée. En tant que femme active dans la quarantaine et très exposée aux médias, il ne m'était pas facile de faire des rencontres. Je savais que si j'apparaissais en public accompagnée par un homme, les spéculations iraient aussitôt bon train. Je savais aussi que les femmes célibataires en politique ne sont pas perçues comme les hommes célibataires. Il ne nous est pas accordé la même latitude pour ce qui est de notre vie sociale. Je n'avais aucune envie d'attirer ce genre d'attention sur moi tant que je ne serais pas à peu près certaine d'avoir trouvé « le bon » – et depuis des années, donc, je compartimentais ma vie privée et ma carrière.

Quelques jours plus tard, j'étais en route pour un événement lorsque je reçus un texto d'un numéro qui m'était inconnu. Doug assistait à un match de basket avec un ami. Il avait rassemblé son courage pour m'envoyer ce message un peu maladroit : « Salut. C'est Doug. Juste pour dire bonjour ! Je suis au match des Lakers. » Je le saluai à mon tour, et nous convînmes de nous parler le lendemain. Puis je conclus notre échange avec une petite maladresse de mon cru : « Allez les Lakers ! » – alors qu'en réalité je suis fan des Warriors.

Le lendemain matin, je venais de terminer ma séance de gym avant le boulot lorsque je découvris que j'avais un appel manqué de Doug. Si j'avais moi-même proposé que nous nous parlions dans la journée, je ne m'étais pas attendue à ce que ce soit de si bonne heure. Mais je trouvais cela assez charmant, je dois dire. Pour écrire ce chapitre, j'ai demandé à Doug ce qu'il avait dans la tête au moment où il avait composé mon numéro. Voici sa réponse :

> « Ce jour-là je m'étais levé très tôt. J'avais un rendez-vous de bonne heure. Et en voiture, en allant au travail, je n'arrêtais pas de penser à toi. Je me disais : « Il est huit heures et demie, c'est carrément trop tôt pour l'appeler. Ce serait ridicule. Ne sois pas ce genre de bonhomme. Mais non. Tu ne l'appelles pas. Fais pas ça. » Et puis… « Oh, bon sang, je viens de faire son numéro. » Et ensuite, « Oh non, maintenant ça sonne… »

Le message qu'il laissa sur ma boîte vocale – et que j'ai conservé jusqu'à aujourd'hui – était long et un peu décousu. Doug avait l'air sympa, n'empêche, et j'étais curieuse d'en apprendre davantage à son sujet. De son côté, en revanche, il était à peu près convaincu d'avoir tout gâché. Dans le souvenir qu'il en garde, il pensait que son message était catastrophique et qu'il n'allait sans doute plus jamais avoir de mes nouvelles. Il dut s'interdire de me rappeler et de me laisser un autre message alambiqué pour essayer d'expliciter et de faire oublier le premier.

Mais le sort nous souriait. Il se trouve que je possède un appartement à San Francisco, que j'économisais depuis longtemps pour refaire la cuisine, et que les travaux étaient justement sur le point de commencer. Ce jour-là, je devais y accueillir l'entrepreneur pour finaliser quelques détails et lui laisser une clé. En arrivant sur place, cependant, j'appris qu'il était en retard et que j'allais devoir patienter.

Autrement dit j'avais une heure de libre pour déjeuner, chose qui ne m'arrivait presque jamais. Alors je décidai d'appeler Doug – pour voir. Peut-être était-il en pause déjeuner lui aussi.

Il a décroché, et nous avons passé l'heure entière au téléphone. Cela fait cliché, je sais bien, mais la conversation a été tout de suite tellement facile. Et même si nous avons dû bien nous décarcasser, j'en suis sûre, chacun de notre côté, pour paraître pleins d'esprit et intéressants, ce dont je me souviens le plus c'est que nous nous sommes fait rire sans arrêt, en échangeant des plaisanteries et en nous moquant de nous-mêmes ou de l'autre, exactement comme nous le faisons aujourd'hui. Quand l'entrepreneur est enfin arrivé, j'étais enthousiaste à l'idée de rencontrer ce type, Doug, en personne. Nous avons convenu de dîner ensemble le samedi soir à Los Angeles. J'avais même hâte de prendre l'avion.

Doug a proposé que nous nous retrouvions d'abord chez lui. J'ai proposé qu'il passe plutôt me prendre en voiture. « D'accord, mais il faut que tu saches que je ne suis pas très bon conducteur, a-t-il dit.

— Merci de me prévenir », ai-je répondu en pouffant de rire. Chez Doug, il n'y a pas de faux-semblant, de prétention ou de vantardise. Il est complètement à l'aise avec lui-même. C'est en partie pour cela que je l'ai tout de suite apprécié.

Dès le lendemain matin de notre premier dîner, Doug m'envoya par mail toutes ses dates de disponibilité pour les deux mois suivants. « Je suis trop vieux pour jouer aux devinettes et tergiverser, écrivait-il. Tu me plais beaucoup et j'ai envie de voir si ça peut marcher entre nous. » En fait, il avait même envie de me revoir dès le samedi suivant. Mais j'avais un week-end entre filles prévu de longue date.

« Pas de souci, dit-il. Je peux venir, si tu veux, et toi et moi on se prendra un petit moment tranquille de notre côté. » Son enthousiasme était plaisant, mais je dus lui expliquer que non, ce n'est pas ainsi que fonctionne un week-end entre filles. Nous décidâmes que notre deuxième rencontre aurait lieu quelques jours plus tard.

Pour notre troisième rendez-vous, Doug décida qu'un grand geste s'imposait. Il monta en avion à Sacramento pour dîner avec moi. Après cela, nous comprîmes qu'il se passait vraiment quelque chose entre nous. Nous convînmes de nous engager l'un vis-à-vis de l'autre pendant six mois, et de voir à ce moment-là où en serait notre relation. Assister à un discours sur les méfaits de l'absentéisme scolaire, ce n'est sûrement pas l'idée que se font la plupart des gens d'un rendez-vous amoureux, mais c'est lors de cet événement que Doug entra publiquement dans ma vie – ce fut la première fois que je l'invitai à l'une de mes obligations professionnelles. D'où les messes basses et les gestes furtifs de membres de mon équipe qui avaient entendu certaines rumeurs mais n'en savaient jusqu'alors pas davantage. Ils diraient plus tard qu'avec cette soirée, il y avait eu un « avant Doug » et un « après Doug ». Ils adoraient comme il me faisait rire. Et moi donc.

D'un premier mariage, Doug avait deux enfants, Cole et Ella – ainsi nommés à cause de John Coltrane et Ella Fitzgerald. Lorsque nous avons commencé à nous fréquenter, Ella était au collège et Cole au lycée. Doug en partageait la garde avec son ex-femme, Kerstin. J'ai tout de suite ressenti une admiration et un respect immenses pour elle. Il était clair, à la façon dont Doug parlait de ses enfants, qu'elle était une mère sensationnelle. Et quelques mois plus tard, lorsque nous avons fait connaissance, Kerstin et moi avons si bien sympathisé que nous sommes devenues amies. (Nous nous disons parfois en riant que notre famille moderne fonctionne presque trop bien.)

Après notre deuxième dîner, Doug était déjà prêt à me présenter Cole et Ella. J'avais aussi envie de les rencontrer, mais, étant moi-même fille de parents divorcés, je sais comme il peut être difficile pour un enfant de voir son père et sa mère commencer à fréquenter d'autres personnes. Alors j'ai préféré temporiser un peu. De temps en temps, j'échangeais quelques bribes de conversation avec Cole et Ella si Doug et moi parlions au téléphone quand il était en voiture avec eux, mais je voulais être sûre que notre histoire était sérieuse et durable avant de m'inviter dans leurs vies.

Nous avons beaucoup réfléchi au moment et à l'organisation de cette première rencontre. Nous avons attendu environ deux mois après notre premier dîner, mais, dans mon souvenir, j'ai l'impression que nous étions ensemble depuis déjà beaucoup plus longtemps – peut-être parce que cette période était tellement géniale, ou bien parce que, quand le grand jour arriva enfin, j'avais déjà le sentiment d'aimer Doug depuis des années.

À mon réveil, ce matin-là, je me sentais pleine d'enthousiasme, mais j'avais aussi le trac. Jusqu'alors, j'avais connu Cole et Ella comme deux beaux visages sur les photographies de Doug, deux enfants charmants dans les histoires qu'il me racontait sur sa vie, les êtres qui comptaient le plus dans son cœur. J'allais finalement rencontrer ces jeunes gens merveilleux. C'était un événement majeur.

En rentrant de mon bureau de Los Angeles, j'achetai une boîte de biscuits décorée d'un ruban avec un joli nœud. Arrivée chez moi je quittai mon tailleur pour enfiler un jean, mes Converse Chuck Taylor, puis je respirai profondément, plusieurs fois, pour me donner du courage. Dans le taxi qui m'emmenait chez Doug, j'imaginai comment les premières minutes pourraient se passer. Je retournai différents scénarios dans ma tête et essayai de trouver les meilleures choses à dire. La boîte de biscuits était à côté de moi sur la banquette, témoin discret de mes questionnements. Les enfants jugeraient-ils les biscuits plutôt sympas, ou plutôt bizarres ? Peut-être le ruban était-il de trop.

Le ruban était sans doute de trop. Mais Cole et Ella n'auraient pu être plus accueillants et adorables qu'ils ne le furent. Eux aussi, ils avaient très envie de me rencontrer. Nous bavardâmes quelques minutes, puis nous embarquâmes tous ensemble dans la voiture de Doug pour aller dîner. Afin que tout le monde soit bien à l'aise, Doug et moi avions décidé que les enfants choisiraient le restaurant. Ils optèrent pour une de leurs adresses préférées depuis déjà quelques années : un bistrot de poissons, proche de Malibu, qui s'appelait le Reel Inn. Comme il fallait à peu près une heure pour s'y rendre par la Highway 1 le long de la côte, nous pûmes profiter de ce moment précieux pour faire connaissance dans la voiture. Cole, qui était fan de musique, voulut partager avec moi certaines de ses récentes découvertes.

« Depuis pas longtemps, j'écoute Roy Ayers, dit-il. Tu le connais ? »

Roy Ayers. Les seventies de mon adolescence. Je répondis en chantant : « *Everybody loves the sunshine, sunshine, folks get down in the sunshine…*

— Tu connais, alors ? !

— Et comment ! »

Nous avons mis la chanson sur la hi-fi de la voiture, puis une autre, et encore une autre. Nous chantions tous ensemble, les vitres baissées, en longeant l'océan en direction du restaurant.

Le Reel Inn était un lieu décontracté, sans prétention. Il aurait été difficile de ne pas s'y sentir à l'aise. Nous fîmes la queue au comptoir avec des plateaux, déchiffrant le menu de plats de poissons frais sur le tableau noir du mur. La caissière nous donna des numéros, et lorsque nous fûmes servis nous emportâmes nos plateaux jusqu'à une table de pique-nique d'où nous avions une magnifique vue sur l'océan et le soleil déclinant. Après le repas, Cole et Ella nous dirent qu'ils devaient se rendre au lycée de Cole pour voir une exposition d'art où certains de leurs camarades présentaient leurs travaux. Ils nous demandèrent si nous voulions les accompagner.

« Bien sûr », dis-je le plus naturellement du monde. Je trouvais l'idée super. Puis Doug me chuchota à l'oreille : « J'ai l'impression que tu leur plais. Ils ne m'invitent jamais nulle part. » Nous allâmes donc ensemble au lycée, où Ella, qui est une artiste bourrée de talent, nous guida adroitement à travers l'exposition. Tout un tas de leurs copains et copines étaient là aussi, et nous passâmes un moment sensationnel à bavarder avec ces jeunes et leurs parents. Plus tard, Doug observa que j'avais été totalement engloutie par leurs vies ce soir-là, mais je crois que j'étais partante de toute façon pour le grand plongeon. Cole et Ella m'avaient conquise.

À la fin du mois de mars 2014, j'eus deux voyages à mon programme. L'un à Mexico, où je travaillais avec de hauts responsables mexicains à lutter contre les organisations criminelles transnationales et les trafiquants d'êtres humains. L'autre en Italie, où Doug et moi avions hâte de nous offrir une escapade romantique. Deux ambiances, en un mot, très différentes. À la maison, Doug et moi passâmes quelques longues soirées à lire des guides et à préparer notre découverte de Florence. Au bureau, je travaillai à mettre sur pied et à conduire une délégation bipartite de procureurs généraux d'État qui devait m'accompagner à Mexico.

La criminalité transnationale originaire du Mexique constituait – et constitue toujours – une menace majeure, dont la Californie était une cible principale. Ce mois de mars, mon bureau avait publié une étude qui montrait par exemple que 70 % de l'approvisionnement en méthamphétamine des États-Unis passait par le port de San Diego, au sud de la Californie, près de la frontière avec le Mexique. Le rapport soulignait aussi comment le trafic de drogue originaire du Mexique prenait de l'ampleur dans notre pays à cause d'alliances forgées par les cartels avec divers gangs opérant dans les rues et dans les prisons de Californie.

Les problèmes que cette criminalité posait aux forces de l'ordre de l'État – et par conséquent de l'ensemble du pays – étaient très importants, et je voulais rencontrer des responsables mexicains afin d'élaborer un projet commun pour attaquer les cartels.

Les quatre autres procureurs généraux de la délégation et moi avons passé trois jours au Mexique. Et nous avons réussi à en revenir avec un réel plan d'action. Avec la Commission des banques et des valeurs mobilières du Mexique, nous avons signé une lettre d'intention pour établir une force de lutte contre le blanchiment d'argent, qui est l'une des principales sources du pouvoir des organisations criminelles transnationales. En créant un accord de coopération et d'échange d'informations avec le Mexique, nous espérions améliorer notre capacité à étudier et à perturber ce système financier.

En atterrissant à San Francisco en fin de journée le 26 mars, j'avais donc le sentiment que le voyage avait été un vrai succès. Mais il était déjà tard lorsque j'arrivai chez moi, et j'avais à présent un petit problème : alors que je partais à Florence avec Doug le lendemain matin de bonne heure, je n'avais pas encore eu le temps de me préparer et de faire ma valise.

Doug m'envoya peu après un texto pour prévenir qu'il était à l'aéroport, et déjà dans un taxi. Quand il entra dans l'appartement, je n'étais pas belle à voir. Depuis un moment je cherchais désespérément un certain pantalon noir, il avait disparu et cela m'exaspérait.

C'était ridicule, bien sûr, mais c'était l'un de ces moments où l'exercice d'équilibriste – cet exercice que de nombreuses femmes actives, et certains hommes, ne connaissent que trop bien – me faisait craquer. Tout comme ma mère, j'ai intériorisé l'idée que tout ce que je fais mérite que je m'y investisse à 100 %. Mais parfois j'ai l'impression que le compte n'y est pas. Je n'ai pas assez de ressources en moi pour tout assumer, voilà. Et c'était l'un de ces moments. J'avais cent choses qui se bousculaient dans ma tête après le voyage à Mexico, et cent autres qui concernaient tout le travail que je n'avais pas fait pendant mon absence. En même temps, j'essayais de changer d'état d'esprit pour partir en voyage avec mon bien-aimé – mais ma liste d'affaires à emporter pour l'Italie et celle de choses à faire se disputaient âprement mes neurones. Je m'en voulais d'essayer d'en faire trop, tout en m'inquiétant de n'en faire pas assez, et ce stress s'était cristallisé dans cette recherche frénétique de mon pantalon noir.

Recherche frénétique et infructueuse.

Ma penderie était sens dessus dessous.

Bref, j'étais sur les nerfs. Et Doug aussi, quand il est arrivé, m'a donné l'impression de ne pas être tout à fait dans son assiette. Il avait l'air bizarre – un peu raide, un peu taciturne.

« Cela t'ennuie si nous commandons à manger au lieu d'aller quelque part ? ai-je demandé. Je ne me suis pas idéalement organisée, en fait, et j'ai besoin de temps pour faire ma valise.

— Bien sûr. Le thaï qu'on aime bien, ça te va ?

— Parfait ! » J'ai farfouillé dans un tiroir de la cuisine pour en tirer un menu tout froissé que j'ai commencé à examiner. « Un pad thaï, par exemple ? »

Doug s'est tourné vers moi et il a dit : « Je veux passer ma vie avec toi. »

C'était adorable, comme déclaration, mais Doug était toujours adorable de cette façon. À cet instant, pour dire la vérité, je n'ai absolument pas saisi le sous-entendu de sa phrase. En fait je ne l'ai même pas regardé. J'étais encore préoccupée par mon pantalon noir.

« C'est chouette, mon chéri, ai-je dit en lui caressant le bras, sans cesser de scruter le menu. On prend des crevettes ou du poulet, pour le pad thaï ?

— Non. Je veux passer ma vie avec toi », a-t-il répété.

Là, oui, j'ai tiqué. Il était en train de se baisser pour poser un genou à terre. En fait il avait concocté tout un plan pour me faire sa demande devant le Ponte Vecchio à Florence. Mais depuis qu'il avait la bague, il n'y tenait plus. Il était incapable de garder le secret plus longtemps.

Je l'ai regardé, agenouillé devant moi, quelques secondes, et j'ai éclaté en sanglots. Attention : je ne parle pas de jolies larmes hollywoodiennes coulant proprement sur des pommettes luisantes. Non : je grognais, je reniflais, je pleurais comme une Madeleine et le mascara me dégoulinait sur les joues. Doug m'a tendu la main, j'ai cessé de respirer et je lui ai rendu son sourire. Puis il m'a demandé de l'épouser et j'ai braillé entre deux sanglots : « Oui ! »

Doug et moi nous sommes mariés le vendredi 22 août 2014 dans l'intimité, avec les gens que nous aimions. Maya était maîtresse de cérémonie et Meena a lu un texte de Maya Angelou. Selon les traditions de nos héritages respectifs, indien pour moi et juif pour lui, j'ai glissé une guirlande de fleurs autour du cou de Doug et il a brisé un verre sous son talon. Et voilà, c'était fait.

Cole, Ella et moi étions sur la même longueur d'onde : le mot « belle-mère » ne nous plaisait pas. Alors ils ont fusionné « mom » (maman) avec « Kamala », et je suis devenue pour eux « Momala ».

L'une de nos habitudes que je préfère, que j'ai voulu mettre en place après que Doug et moi nous sommes fiancés, est le dîner en famille du dimanche. Quand nous avons commencé à nous fréquenter, Doug était un père célibataire partageant la garde des enfants avec Kerstin. « Dîner en famille », cela voulait dire des plats chinois livrés par coursier, avec des couverts en plastique, que les enfants emportaient dans leurs chambres. J'ai eu envie de changer cela. Aujourd'hui tout le monde sait que le dîner familial du dimanche n'est pas négociable, que nous nous retrouvons autour de la table – amis et autres membres de la famille sont toujours les bienvenus – pour partager tous ensemble un dîner que je prépare moi-même. C'est un moment qui compte beaucoup à mes yeux.

Chaque membre de la famille a vite adopté cette nouvelle tradition – et trouvé un rôle à y jouer. Cole met la table, choisit la musique et participe aux préparations comme second de cuisine. Ella sait faire un guacamole digne d'un restaurant étoilé et de divins desserts. Une tarte aux fruits magnifique, par exemple, dont elle plisse le bord de la pâte de façon follement élégante, et qu'elle nous sert accompagnée de chantilly maison. Doug s'est acheté des lunettes à oignons et les chausse en grande pompe chaque fois qu'il doit travailler sur la planche à découper. Et permettez-moi de vous dire qu'il n'y a rien de plus séduisant qu'un homme avec des lunettes à oignons.

Je prépare le plat principal : un ragoût de porc, par exemple, ou des spaghettis bolognaise, sinon un biryani ou un poulet à la feta, au zeste de citron et à l'origan frais du jardin. En général je commence à cuisiner le samedi, et parfois même le vendredi, mais, si j'ai été en déplacement en fin de semaine, je concocte quelque chose de plus rapide et de plus simple, comme des tacos au poisson. Tout ne se passe pas toujours comme prévu : parfois la pâte à pizza ne monte pas, ou bien la sauce n'épaissit pas, ou bien il nous manque un ingrédient essentiel, et je dois improviser. Cela n'est pas très grave. Le plus important dans notre dîner du dimanche n'est pas le contenu de nos assiettes.

Après le repas, les enfants s'occupent de la vaisselle. Je leur ai raconté un jour l'histoire de Tonton Freddy de Harlem. Comme il vivait dans un appartement minuscule en entresol, Tonton Freddy nettoyait ses plats, assiettes et ustensiles dès qu'il avait terminé de les utiliser. Du coup, les enfants ont fait de « Tonton Freddy » un verbe. Quand vient le moment de débarrasser et de nettoyer, ils promettent de « tonton-freddy-fier » la cuisine. Et ils font du bon boulot !

Je sais que tout le monde n'aime pas cuisiner, mais c'est une activité qui me recentre. Durant tout le temps où je prépare le dîner familial du dimanche, je sais que j'ai le contrôle de ma propre vie – en faisant quelque chose qui compte pour les gens que j'aime, afin que nous puissions passer un bon moment ensemble.

De très bonne heure un matin de cet été 2014 bien rempli, mon téléphone sonna sur la table de chevet. Je pris l'appel pour trouver Eric Holder, qui était alors procureur général des États-Unis, au bout du fil. Il avait une question à me poser.

« Je vais bientôt me retirer, dit-il. Le poste vous intéresse-t-il ? »

Il va sans dire que c'était un gros morceau à avaler. Voulais-je devenir procureure générale des États-Unis ? Voulais-je occuper le poste qui avait autrefois été celui de Bobby Kennedy ? Bien sûr que oui. C'était le genre de fonction auquel il m'arrivait de rêvasser, parfois, en fac de droit, pendant les cours magistraux. Or nous n'étions pas n'importe quand ou sous n'importe quel président. L'homme qui occupait la Maison Blanche en 2014 était Barack Obama, mon ami et mon président, dont j'admirais tant le leadership et à qui j'avais été si fière d'apporter mon soutien. Entrer dans son gouvernement comme procureure générale aurait été un immense honneur pour moi.

Et cependant, je n'étais pas certaine de vraiment vouloir ce poste. Le temps que Holder le quitte, il ne resterait même pas deux années de présidence Obama. Quelle possibilité aurais-je, dans un laps de temps si court, de mettre en place un véritable programme ?

Lorsque j'eus de nouveau Holder au téléphone, j'évoquai Back on Track et dis que s'il y avait un budget au département de la Justice pour financer et stimuler la création d'initiatives locales de réinsertion, je serais intéressée par le poste. Je voulais avoir les moyens de donner naissance à une vraie réforme à l'échelle nationale, avec une approche qui donnerait la priorité à la prévention. Hélas, comme me l'expliqua Holder, le département de la Justice ne disposait pas de ressources financières suffisantes pour ce genre d'effort, et le budget dont j'avais besoin devrait donc être approuvé par le Congrès. Ce qui ne risquait pas d'arriver, nous le savions tous les deux, avec un Sénat et une Chambre des représentants dominés à l'époque par les républicains.

C'était décourageant. Mais je me rendais bien compte que le poste de Holder ne pouvait être refusé à la légère. En bonne juriste, je dressai la liste des pour et des contre sur un bloc à feuillets jaunes. Je débattis de la question avec Doug et d'autres membres de la famille, en faisant de mon mieux pour défendre chacune des deux options.

Un jour, une de mes meilleures amies me proposa de faire une randonnée dans la réserve naturelle de Windy Hill près de Palo Alto. Elle estimait que le grand air et les splendides collines de l'endroit me rafraîchiraient sans doute les idées – et elle avait raison. Loin du bureau, les contours de la décision que je devais prendre se précisèrent. Au fil de la promenade je compris plus clairement ce que je voulais faire, et pourquoi.

Inévitablement, le poste avait ses limites. Pour moi c'était une évidence. Mais en bavardant avec mon amie, qui me posait toutes les bonnes questions sur le sujet, je découvris la véritable raison pour laquelle j'étais réticente à accepter la proposition de Holder : j'avais déjà un poste que j'adorais, et où je voulais encore faire bien des choses.

Je repensai aux premiers jours de ma prise de fonction en tant que procureure générale de Californie, lorsque j'avais appris que nous avions des quantités d'affaires de viol en souffrance et que les prélèvements réalisés pendant les enquêtes s'accumulaient dans les laboratoires. Je songeai à tout le travail que nous faisions pour rattraper ce retard, aux innovations que nous mettions en place pour tripler le nombre de dossiers susceptibles d'être traités en même temps. Au début de cette année 2014, l'équipe de mon Service d'ADN rapide avait reçu un prix du département de la Justice des États-Unis pour ses résultats. Je pensai aussi à tout notre travail dans le domaine de la traite des êtres humains, un problème qui était resté invisible trop longtemps, et à nos efforts pour combattre les organisations criminelles brutales et les gangs de rue qui se livraient au trafic de personnes.

Je songeai au combat que j'avais été en mesure de mener depuis une décennie, d'abord comme procureure de district, puis comme procureure générale, pour empêcher les prévenus des crimes de haine d'avoir recours à ce que l'on appelle « l'argument de la panique homosexuelle et transsexuelle ». En 2002, une jeune femme de dix-sept ans, Gwen Araujo, avait été brutalement tabassée et tuée à Newark, Californie. Ses meurtriers, dont deux avaient eu des rapports sexuels avec elle, avaient essayé de justifier leurs actions en salle d'audience en disant qu'ils avaient paniqué – jusqu'à la folie passagère – lorsqu'ils avaient appris qu'Araujo était transgenre. C'était grotesque. En tant que procureure de district, j'avais organisé une conférence de procureurs et de responsables de la police de tout le pays pour rejeter l'idée que les préjugés des prévenus puissent être acceptés comme circonstance atténuante à leur comportement criminel. En tant que procureure générale, durant cet été 2014, je travaillais avec le gouverneur et la législature californienne sur un projet – qui serait couronné de succès – visant à interdire ce système de défense dans tout l'État. Je n'oubliais pas l'importance que ces questions avaient à mes yeux.

Je songeai aussi au Bureau de la justice des enfants, une nouvelle initiative à laquelle je travaillais avec l'une de mes adjointes spéciales à la procureure générale, Jill Habig, et qui devait aboutir à ce que les droits de tous les enfants de Californie soient défendus. Il y avait encore beaucoup à faire pour ce programme, et j'avais très envie de le mener à son terme.

Je songeai à tous les préparatifs que nous avions lancés pour mettre les statistiques de la criminalité de l'État à la disposition de la population – une initiative de transparence qui était une première en son genre, dirigée par mes adjoints spéciaux à la procureure générale Daniel Suvor et Justin Erlich, et que nous voulions baptiser OpenJustice.

De même, nous étions en train de développer Back on Track et mon initiative sur l'absentéisme scolaire dans tout l'État.

Et il y avait les prédateurs du monde des affaires qui abusaient des étudiants, des vétérans, des propriétaires endettés et des pauvres. J'aimais tellement être la voix de tous ces gens qu'ils maltraitaient et me faire leur championne. Les juristes de mon équipe savaient que je tenais absolument à ce que ces entreprises rapaces aient des comptes à rendre. Ils disaient en riant que « Kamala » était synonyme de « Rajoutez des virgules au montant de ce règlement négocié[1] ».

Et puis bien sûr, il y avait les banques. Le combat contre les banques se poursuivait. Nous continuions d'engager des poursuites et je n'avais nullement l'intention de reculer.

---

1. Parce que Kama de Kamala se prononce *comma* qui veut dire virgule en anglais. Voir la note page 15. Les nombres anglo-saxons d'une certaine longueur s'écrivant avec une virgule tous les trois chiffres (les chiffres avant la décimale, qui elle est marquée par un point), ajouter des virgules à un montant, c'est l'augmenter considérablement.

À la fin de notre randonnée, mon amie et moi savions que j'avais pris ma décision. Je ne pouvais pas raisonner en termes de titre et de prestige. Ce qui importait à mes yeux, c'était le travail accompli. Et pour ce qui était du travail qui importait le plus, je n'avais pas encore terminé.

Plus tard ce jour-là, j'ai appelé Holder pour le prévenir. Puis Doug et moi nous sommes blottis sur le canapé avec les enfants et un grand bol de pop-corn, et, pour la seconde fois, nous avons regardé *Iron Man 2*.

5

Je dis, il faut se battre

Je n'ai jamais oublié ce que j'ai ressenti en novembre 1992 – j'avais alors vingt-huit ans et j'étais procureure –, lorsque j'ai quitté mon domicile d'Oakland et traversé le Bay Bridge au volant de ma voiture pour fêter à San Francisco les victoires de Barbara Boxer et Dianne Feinstein aux élections sénatoriales. Elles étaient les premières femmes à représenter la Californie au Sénat des États-Unis, et les premières femmes à occuper simultanément les deux sièges sénatoriaux d'un État. Leur succès, avec celui de plusieurs autres femmes qui entrèrent au Sénat ce mois de novembre, valut à l'année 1992 d'être surnommée l'Année de la femme, et fut une source d'inspiration pour toutes les jeunes filles et les femmes du pays, moi y compris.

Je repensai à cette fête, vingt-deux ans plus tard, en janvier 2015, lorsque la sénatrice Boxer mit en ligne une vidéo qui la montrait en conversation avec l'aîné de ses petits-enfants, Zach. Elle y évoquait les questions qui lui tenaient à cœur, pour lesquelles elle s'était battue pendant trois décennies au Congrès – une classe moyenne puissante, le droit des femmes à choisir pour elles-mêmes, la protection de l'environnement, les droits civiques, les droits humains –, et elle soulignait qu'elle ne renoncerait jamais à ces combats. Cependant, comme elle le dit à Zach, elle souhaitait désormais revenir chez elle, en Californie, et par conséquent elle n'envisageait pas de se représenter au Sénat.

Un peu moins de deux ans nous séparaient des élections de novembre 2016, mais j'avais une décision à prendre. Devais-je me présenter au siège de la sénatrice Boxer ? Si je l'emportais, j'aurais la possibilité de porter sur la scène nationale les questions que nous faisions avancer au bureau de la procureure générale de Californie. Travailler comme sénatrice des États-Unis serait un prolongement naturel de l'action qui était déjà la mienne – de mes combats au nom des familles écrasées par la stagnation des salaires, l'augmentation vertigineuse des coûts du logement et le manque de nouvelles opportunités, au nom des personnes emprisonnées par un système judiciaire dysfonctionnel, au nom des étudiants exploités par des prêteurs prédateurs et accablés par des frais de scolarité en hausse constante, au nom des victimes de la fraude et de la criminalité en col blanc, au nom des communautés immigrées, des femmes, des personnes âgées. Je savais qu'il était important de représenter toutes ces voix à la table où se décidaient les priorités et les politiques nationales.

J'annonçai ma candidature le 13 janvier 2015. En tout, trente-trois autres personnes en feraient autant. Doug, pour qui c'était la première campagne électorale, dut s'habituer à être l'objet d'une attention médiatique qu'il ne connaissait pas. Nous rions encore de la fois où un journaliste me demanda quelle actrice serait à même de me représenter dans un film sur ma vie. J'éludai – je dis que je ne savais pas. Doug, quand le journaliste se tourna vers lui, fut moins prudent. Il répondit à la question et l'article publié précisa qu'il aurait été « enchanté » de voir Bradley Cooper l'incarner à l'écran.

J'abordai cette course comme les précédentes, rencontrant autant de gens que je le pouvais, les écoutant avec attention exprimer leurs préoccupations, préparant un plan d'action pour y répondre. Durant toute la campagne, mon équipe et moi sillonnâmes l'État à bord de ce que nous appelions le Kamoji-bus, à cause de ma caricature géante, sous forme d'émoji, peinte à l'arrière du véhicule.

Par la grâce du système de scrutin particulier à la Californie que l'on appelle la « jungle[1] », je me retrouvai opposée au second tour à ma partenaire démocrate Loretta Sanchez, qui était une élue de la Chambre des représentants depuis de longues années. Ce fut une adversaire solide, déterminée, qui se battit jusqu'au bout. J'eus la chance immense d'avoir dans mon équipe certains des meilleurs spécialistes du métier – mon brillant directeur de campagne, Juan Rodriguez, et mes conseillers stratégiques de longue date, Sean Clegg et Ace Smith, ainsi qu'Ellie Caple –, sans oublier un groupe extraordinairement dévoué d'employés et de bénévoles. Ma filleule Helena fut de la partie. Elle créa une newsletter dans laquelle elle tint la chronique de nos efforts par le biais d'interviews de nombreux participants à la campagne. Notre équipe fut soudée et combative de bout en bout, et je n'aurais jamais pu réussir sans elle.

Les deux années de cette campagne passèrent à la fois vite et lentement. Pendant que je me concentrais sur mon État, ma campagne et le travail que j'avais devant moi, je vis quelque chose de laid et d'inquiétant commencer à salir l'élection présidentielle. La primaire républicaine se transformait en course à l'abîme – en course à la colère, aux récriminations, à la xénophobie, à l'hostilité envers les immigrés. Et l'homme qui s'imposa dans cette course dépassait toutes les limites de l'indécence et de l'abjection : il se vantait d'agresser sexuellement des femmes, il se moquait des handicapés, il encourageait le racisme, il diabolisait les immigrants, il critiquait les héros de notre armée et les familles ayant perdu un proche au combat, et il attisait l'hostilité, sinon la haine, envers les médias.

Du coup, la soirée électorale de 2016 ne fut en rien festive. Il ne s'agissait plus de la course qui venait de s'achever. Il s'agissait du combat que nous devrions entamer, clairement, dès le lendemain.

---

1. En Californie, il n'y a pas de primaires pour départager les candidats des deux partis, le parti démocrate et le parti républicain, et en sélectionner un de chaque pour l'élection. Tous les candidats qui le souhaitent se présentent au scrutin. Il est donc possible que deux candidats d'un même parti arrivent au second tour.

En m'inspirant des mots de Coretta Scott King, je rappelai à mon auditoire que chaque génération doit se battre pour sa liberté : « Il est dans la nature même de ce combat pour les droits civiques, la justice, l'égalité, que quels que soient les progrès que nous faisons, ils ne sont pas définitifs. Donc nous devons être vigilants, dis-je. Cela étant compris, ne désespérez pas. Ne soyez pas accablés. Ne renoncez pas alors que c'est le moment de relever nos manches et de nous battre pour ce que nous sommes. »

Je ne savais pas précisément, lorsque je parlai devant mes supporters ce soir-là, ce qui nous attendait. Mais je savais ceci : nous allions devoir rester forts, et unis.

Le jeudi 10 novembre, moins de quarante-huit heures après mon élection, je me rendis au siège de CHIRLA (Coalition for Humane Immigrant Rights of Los Angeles).

CHIRLA est une des plus anciennes organisations de défense des droits des immigrés de Los Angeles. Elle a été fondée en 1986 après que le président Reagan (ancien gouverneur de Californie) eut signé la loi de réforme et de contrôle de l'immigration qui, entre autres choses, accordait un statut légal aux immigrés sans papiers entrés aux États-Unis avant 1982. La mission d'origine de CHIRLA était d'informer les immigrés sur les démarches à suivre pour régulariser leur situation, et sur leurs droits dans le domaine de l'emploi. Elle formait des organisateurs communautaires et s'opposait aux lois anti-immigrés comme la Proposition 187 de Californie qui fut votée en 1994 pour interdire aux immigrés sans papiers d'utiliser les services publics (sauf ceux d'urgence). Peu à peu, elle a pris une envergure nationale en bâtissant des coalitions à travers tout le pays. C'était entre ses murs que je voulais m'exprimer pour la première fois officiellement en tant que sénatrice élue.

Angelica Salas, l'infatigable directrice de CHIRLA, était là pour m'accueillir à mon arrivée. La salle était pleine. Pleine de femmes courageuses et fortes – jeunes filles, mères, grands-mères ou arrière-grands-mères –, de femmes actives qui avaient différents métiers, comme employée de maison ou aide de soins à domicile, dont certaines parlaient couramment l'anglais et d'autres seulement l'espagnol, et qui toutes étaient prêtes à se battre.

Par leur courage, leur dignité et leur détermination, elles me rappelaient ma mère. En me trouvant au milieu d'elles, je songeai à la dualité de l'expérience de l'immigré en Amérique.

D'un côté, c'est une expérience qui se caractérise par un optimisme et une motivation extraordinaires, ainsi que par une profonde croyance dans le pouvoir du rêve américain – c'est une expérience de tous les possibles. En même temps, c'est une expérience trop souvent gâtée par le fait que les immigrés sont enfermés dans des stéréotypes, pris comme boucs émissaires, et victimes au quotidien de discriminations aussi bien implicites qu'explicites.

Ma mère était la personne la plus solide que j'aie jamais connue, mais j'ai toujours éprouvé, quand même, le besoin de la protéger. Je suppose que cet instinct de protection est naturel pour l'enfant aîné de la famille. Mais je savais aussi que ma mère était une cible. Je le voyais de mes propres yeux, et cela me mettait en colère. J'ai des souvenirs terribles de ma remarquable mère se voyant traitée comme si elle était stupide à cause de son accent. Des souvenirs d'agents de sécurité de grands magasins qui la suivaient à travers les rayons, l'air méfiant, parce que, forcément, une femme à la peau brune comme elle ne devait pas avoir les moyens de s'offrir le chemisier ou la robe qu'elle s'était choisis.

Je me souviens aussi du sérieux avec lequel elle abordait tout échange avec un fonctionnaire, quel qu'il soit. Chaque fois que nous revenions d'un voyage à l'étranger, ma mère veillait à ce que Maya et moi soyons très sages pour passer le contrôle des passeports. « Tenez-vous droites. Ne riez pas. Ne gesticulez pas. Ayez ce qu'il faut à la main. Soyez prêtes. » Elle savait que chaque mot qu'elle prononcerait serait jugé, et elle voulait que nous soyons sur nos gardes. La première fois que Doug et moi avons passé un contrôle des passeports ensemble, ma mémoire musculaire s'est réveillée. Je me suis préparée comme j'avais été dressée à le faire, en vérifiant que tout était bien en ordre. Doug, de son côté, était aussi tranquille que jamais. Sa désinvolture me contraria.

Il était sincèrement perplexe et demanda en toute innocence : « C'est quoi le problème ? » Nous avions été élevés dans des réalités différentes. Ce fut une scène révélatrice pour nous deux.

Depuis aussi longtemps que l'Amérique accueille des immigrés, nous sommes une nation qui craint les immigrés. La peur de l'autre est tissée dans la trame de notre culture, et il arrive que des individus sans scrupule, lorsqu'ils sont au pouvoir, exploitent cette peur pour en tirer un avantage politique. Au milieu des années 1850, la troisième force politique d'importance apparue aux États-Unis, qui se fit appeler le mouvement des Know Nothing[1], gagna en popularité à partir d'un programme anti-immigration. En 1882, le Congrès vota une loi interdisant l'entrée des Chinois dans le pays. En 1917, le Congrès encore, ignorant le veto du président Woodrow Wilson, déploya tout un éventail de nouvelles restrictions à l'accueil des immigrants, et notamment l'exigence que ceux-ci soient alphabétisés. L'inquiétude que suscitaient les arrivées de plus en plus nombreuses d'émigrants d'Europe du Sud et de l'Est se traduisit par la mise en place de quotas en 1924. En 1939, près de mille juifs allemands fuyant les nazis à bord d'un navire, le *Saint-Louis*, furent refoulés des États-Unis. Une mesure visant à autoriser l'entrée de 20 000 enfants juifs dans le pays fut carrément rejetée. Et peu après, les autorités américaines internèrent dans des camps quelque 117 000 personnes d'ascendance japonaise.

Plus récemment, la mondialisation ayant privé le pays de millions d'emplois et mis à mal une grande partie de la classe moyenne, les immigrés ont de nouveau constitué des cibles faciles. Quand la Grande récession de 2008 a frappé, un certain nombre d'élus républicains ont accusé l'immigration d'être à l'origine du problème – alors qu'ils faisaient eux-mêmes de l'obstruction à une proposition de loi qui aurait créé de nouveaux emplois. En dépit du rôle profond qu'ils ont eu, de tout temps, pour construire

1. Le mouvement fut lancé sous la forme d'une société secrète, dont les membres avaient l'habitude de répondre « je ne sais rien » (*I know nothing*) lorsqu'ils étaient questionnés au sujet de son existence.

et façonner l'Amérique, les immigrants qui arrivent dans le pays en quête d'une vie meilleure font encore et toujours des boucs émissaires bien pratiques.

Notre pays a été bâti par de nombreuses mains, par des gens venus de toutes les régions du monde. Au fil des siècles, les immigrés ont systématiquement contribué à l'essor et à la bonne santé de notre économie – en apportant la main-d'œuvre qui a bâti nos industries et l'intelligence qui a pensé des innovations transformatrices pour notre société. Les immigrés et leurs enfants ont été les esprits créatifs de nombre de nos plus célèbres marques – de Levi Strauss à Estée Lauder. Sergey Brin, cofondateur de Google, est un immigré russe. Jerry Yang, cofondateur de Yahoo !, est originaire de Taïwan. Mike Krieger, cofondateur d'Instagram, est un immigré brésilien. Arianna Huffington, cofondatrice du *Huffington Post*, est née en Grèce. En 2016, de fait, des chercheurs de l'organisation National Foundation for American Policy ont relevé que, dans la Silicon Valley, plus de la moitié des start-up évaluées à un milliard de dollars avaient été fondées par un ou plusieurs immigrés.

J'étais près de l'estrade de CHIRLA, avec le drapeau américain et des ballons à bannière étoilée derrière mon dos, lorsque j'entendis une mère – une femme de ménage de la vallée de San Fernando – parler en espagnol de sa peur d'être expulsée. Je saisissais mal ses propos, mais je comprenais leur sens. Et je percevais son anxiété, lisible dans son regard, dans toute son attitude. Elle voulait dire à ses enfants que tout irait bien, mais elle savait que c'était impossible.

Je pensai alors aux près de six millions d'enfants américains qui ont chez eux au moins un membre de leur famille en situation irrégulière – et je pensai à la peur et au stress induits, dans ces foyers, par le résultat de cette élection présidentielle de 2016. J'avais déjà entendu dire que bien des gens prenaient sans attendre certaines dispositions pour se préparer au pire. Des mères disaient à leurs enfants : « Si maman ne rentre pas à la maison après le travail, appelez votre tante ou votre oncle pour qu'ils viennent vous chercher. » Cela me rappelait les mesures de précaution dont j'avais entendu parler quand je travaillais avec des victimes de violences domestiques. Dans les deux cas, il fallait avoir un plan d'urgence pour être en mesure de faire face à la maltraitance qui menaçait.

Les organisations de soutien aux familles immigrées nous racontaient comment les enfants avaient peur d'aller à l'école, puisqu'ils ne savaient pas s'ils retrouveraient leurs parents en rentrant chez eux. Des parents annulaient les rendez-vous de leurs enfants chez le pédiatre par peur que les agents de l'ICE[1] ne les y attendent. De même, je savais que des parents, d'ores et déjà, s'interrogeaient sur ce qu'ils devraient faire de leurs enfants américains s'ils étaient eux-mêmes expulsés. Les enfants devaient-ils rester aux États-Unis avec un proche ? Ou partir avec eux dans un pays qu'ils n'avaient jamais connu ? C'était une interrogation déchirante, car les deux options étaient épouvantables. Et je savais que les immigrés sans papiers n'étaient pas les seuls à être terrifiés. D'après une étude publiée dans la revue académique *American Behavioral Scientist*, tous les immigrés d'Amérique latine – qu'ils soient citoyens réguliers, résidents autorisés ou sans papiers – avaient, dans des proportions équivalentes, peur d'être expulsés. Je voulais qu'ils sachent que je les soutenais.

« Le temps est venu, dans notre pays, de bâtir des alliances, dis-je, songeant au travail que j'avais vu accomplir, et accompli moi-même, depuis des années. Nous allons nous battre pour les idéaux de l'Amérique, et nous ne baisserons pas les bras tant que nous n'aurons pas gagné. »

C'était donc deux jours après mon élection comme sénatrice et celle de cette Maison Blanche qui inquiétait. Lorsque je quittai le siège de Chirla, j'étais à la fois pleine de courage et soucieuse. Je savais que nous nous préparions ensemble pour une bataille importante. Mais j'étais aussi consciente que nous partions défa-

1. Immigration and Customs Enforcement : la police des douanes et de l'immigration, qui dépend du département de la Sécurité intérieure.

vorisés. Nous allions devoir nous arc-bouter pour résister à ce qui s'annonçait.

Tout alla très vite. Dès la semaine suivante, Doug et moi prîmes l'avion de Washington pour les séances d'orientation des nouveaux sénateurs. Un groupe de sénateurs et sénatrices démocrates et républicains, accompagnés de leurs conjoints, nous accueillit pour trois journées très remplies de réunions et de conférences aux cours desquelles nous découvrîmes tout ce qu'il fallait savoir sur les règles, les procédures et la déontologie du Sénat, ainsi que sur la constitution d'un bureau sénatorial. Doug se plongea dans le classeur consacré aux conjoints avec le zèle d'un étudiant du Talmud.

Nathan Barankin, mon bras droit au département de la Justice de Californie, avait accepté de s'installer à Washington avec sa famille et de devenir mon chef de cabinet. Il lança le très intensif processus de sélection des membres de ma nouvelle équipe. Nous n'avions que jusqu'au Nouvel An pour mettre le bureau sur pied et nous partions pour ainsi dire de zéro. Il nous fallait étudier près de cinq mille candidatures, et effectuer des vérifications approfondies des profils retenus, pour tout un éventail de collaborateurs qui se chargeraient des relations avec les électeurs, de l'élaboration des projets de loi, de la communication, de la correspondance et d'autres choses encore. La diversité comptait beaucoup pour moi – des vétérans, des femmes, des personnes de couleur devaient nous rejoindre. Je voulais que mon équipe de Washington et celles de nos bureaux en Californie soient à l'image de la population que nous représentions.

Ella était désormais en terminale, ce qui signifiait que Doug passerait au moins une semaine sur deux à Los Angeles. Vivre loin d'Ella, c'était ce qu'il y avait de plus dur dans cette transition. Avant de devenir sénatrice, j'avais assisté à toutes ses compétitions de natation, à tous ses matchs de basket. Kerstin et moi l'encouragions à grands cris, côte à côte, depuis les gradins (et nous lui faisions honte, j'avoue, le plus souvent). L'idée que j'allais maintenant manquer certains de ces matchs ne me plaisait pas, et j'aimais encore moins me dire que nous ne pourrions plus passer autant de bons moments ensemble qu'auparavant. D'autant qu'Ella ne tarderait pas à entrer à l'université, comme Cole l'avait fait quelques années plus tôt. J'étais résolue à prendre l'avion pour passer le week-end à la maison aussi souvent que je le pourrais, car c'était important pour moi pour bien des raisons : je voulais continuer de rencontrer mes électeurs, continuer de prendre le pouls de l'État, et, plaisir essentiel, continuer de préparer notre dîner familial du dimanche.

Le pire, ce fut plusieurs mois plus tard, lorsque je compris que je n'allais pas pouvoir assister à la cérémonie de fin de lycée d'Ella. Le jour de cet événement, James Comey, l'ancien directeur du FBI renvoyé par la Maison Blanche, était invité à témoigner devant la commission du Renseignement du Sénat pour parler de son licenciement et de l'enquête russe. Vu l'importance de ces questions pour notre sécurité nationale, il était absolument impossible que je n'assiste pas à son audition. Ella se montra très compréhensive lorsque je l'appelai pour l'informer, mais j'étais vraiment déçue. J'en parlai ensuite avec plusieurs de mes collègues sénatrices. Maggie Hassan, une élue du New Hampshire, me remonta le moral. « Nos gamins nous aiment comme nous sommes et pour les sacrifices que nous faisons, dit-elle. Ils percutent très bien. » Dans le cas d'Ella et de Cole, j'ai tellement de chance que ce soit le cas. Dès l'audition terminée, je filai à l'aéroport pour rentrer en Californie. J'avais manqué la cérémonie au lycée, mais j'arrivai à temps, ce soir-là, pour notre dîner en famille.

À notre arrivée à Washington, Doug et moi louâmes temporairement un appartement, pas loin du Capitole, au mobilier minimaliste : deux tabourets hauts, un lit, un canapé-lit pour les visites des enfants, et, pour Doug, un grand écran de télévision. Les journées passaient si vite qu'il ne nous restait pas beaucoup de temps pour faire les courses ou cuisiner. Je réussis tout de même à préparer un chili à la dinde, un soir, et j'en congelai assez de portions pour nous permettre de tenir quelques semaines.

C'est Joe Biden, alors vice-président et dans le dernier mois de son mandat, qui me fit prêter serment le 3 janvier 2017. Après la cérémonie, je descendis au sous-sol pour rejoindre dans un bureau d'autres sénateurs nouvellement élus. Toutes les commissions sénatoriales n'avaient pas de sièges vacants. Je fus quoi qu'il en soit nommée à quatre d'entre elles sur la base de mes compétences et de mon expérience : la commission du Renseignement, la commission de la Sécurité intérieure, la commission du Budget et la commission de l'Environnement et des Travaux publics.

Une semaine plus tard, la commission de la Sécurité intérieure tint une audition de confirmation pour le général John Kelly, qui avait été nommé secrétaire à la Sécurité intérieure. Je choisis de concentrer les questions que je devais lui poser sur le programme DACA (Deferred Action for Childhood Arrivals). Créé en 2012 par l'administration Obama pour les mineurs entrés illégalement sur le territoire américain, le DACA avait pour but de protéger ces jeunes gens de l'expulsion et de les autoriser à obtenir un permis de travail.

« Des centaines de milliers de bénéficiaires du DACA à travers tout le pays, dis-je, ont peur aujourd'hui de ce que la nouvelle administration pourrait leur faire, à eux-mêmes ainsi qu'aux membres de leur famille en situation irrégulière. »

Je poursuivis pour expliquer qu'afin d'être admis dans ce programme, les jeunes concernés devaient soumettre une importante documentation aux autorités fédérales, et notamment des informations détaillées sur eux-mêmes et sur leurs proches. Chaque dossier était étudié et validé selon des critères spécifiques. Le demandeur, garçon ou fille, ne devait avoir été condamné ni pour un crime, ni pour un délit important, ni pour trois infractions ou davantage. Il ne devait pas être considéré comme une menace pour la sécurité publique ou la sécurité nationale. Il devait être scolarisé, ou avoir déjà décroché un diplôme ou certificat d'études secondaires, ou avoir été libéré avec les honneurs de l'armée. Il devait fournir la preuve de son identité, la preuve de son entrée sur le territoire américain et du temps qu'il y avait passé, la preuve qu'il avait achevé sa scolarité ou sa période de service dans les forces armées, et ses informations biométriques. Ce n'était qu'en répondant à toutes les conditions de ce contrôle approfondi qu'il obtenait le statut DACA.

Quand un demandeur déposait son dossier, le département de la Sécurité intérieure lui promettait normalement que, conformément à la pratique qui était la sienne de longue date, il n'utiliserait pas les renseignements fournis à des fins policières (sauf dans un nombre très limité de circonstances bien définies). « Ces jeunes gens, dis-je encore au général Kelly, ont désormais à craindre que les informations qu'ils ont livrées de bonne foi à nos forces de l'ordre puissent servir à les localiser et conduire à leur expulsion. » Des centaines de milliers d'entre eux dépendaient, et dépendent encore, de nos protestations en leur nom.

« Êtes-vous d'avis que nous devons refuser d'utiliser ces informations contre eux ? » demandai-je. Kelly refusa de répondre directement à la question. Je lui lus ensuite un extrait d'un document administratif disponible en ligne – les questions fréquemment posées à propos du programme DACA. L'une d'elles était : « Si mon dossier est transmis à l'ICE à des fins de contrôle de l'immigration, ou si je reçois une convocation, les informations concernant les membres de ma famille et mes tuteurs seront-elles également transmises à l'ICE à des fins de contrôle de l'immigration ? » La réponse donnée en ligne à cette question était non.

« Êtes-vous disposé à maintenir cette règle de conduite ? » demandai-je. Une fois de plus, Kelly se montra évasif. J'insistai : « Avez-vous l'intention d'utiliser les ressources limitées des forces de police du département de la Sécurité intérieure pour expulser [les bénéficiaires du statut DACA] du pays ? » De nouveau, il refusa de répondre clairement à la question.

« Seriez-vous d'accord pour dire que les forces de police d'État et locales sont particulièrement à même d'assurer la sécurité publique de leurs propres communautés ? demandai-je.

— Je serais de cet avis, convint-il.

— Savez-vous que, partout dans le pays, des dirigeants des forces de police d'État et locales ont déclaré publiquement qu'ils ont besoin de la coopération des communautés immigrées pour poursuivre certains criminels et pour obtenir les témoignages de certaines personnes qui ont assisté à des crimes ?

— J'ai lu cela, oui.

— Et savez-vous que lorsque les autorités fédérales procèdent à des raids sans distinction contre les immigrés, beaucoup de forces de police locales s'inquiètent, et se sont déjà plaintes, d'observer une baisse du nombre des signalements, par les immigrés, des crimes commis contre eux-mêmes et contre d'autres personnes ?

— J'ignorais cela.

— Aurez-vous pour priorité de bien connaître l'effet que peut avoir sur les immigrés, pour ce qui est de leur refus de signaler des crimes commis contre eux-mêmes, leurs proches ou d'autres personnes, le fait qu'ils aient à craindre des raids du département de la Sécurité intérieure contre leurs communautés tout entières ?

— Je m'y engage devant vous. Je me tiendrai informé sur la question. Une fois encore je me repose, vraiment, sur la loi – la loi sera mon guide, si je suis confirmé, dans tout ce que je ferai. »

Cela ne me paraissait pas suffisant.

En tant qu'ancienne procureure de district et procureure générale, j'avais beaucoup d'expérience en ce qui concernait cette question. Je savais que les victimes de crimes qu'il s'agisse de viols, d'agressions sexuelles sur mineur ou d'escroqueries – refusent tout simplement d'être témoins si elles craignent d'être désignées comme criminelles. Je savais aussi que les prédateurs utilisent cette inquiétude à leur avantage, en exploitant la vulnérabilité de groupes ou d'individus dont ils savent qu'ils ne parleront pas. Je ne veux pas que la victime d'un crime doive avoir peur de faire signe à la voiture de patrouille qui passe par là pour obtenir de l'aide. Ce genre de système sert les prédateurs, pas le bien public. Il a pour conséquence que nous sommes tous moins en sécurité. Quand j'étais procureure générale, j'avais préparé une loi qui devait assurer aux immigrés sans papiers qui se faisaient connaître pour témoigner dans des affaires criminelles, ou pour signaler des crimes, d'être protégés contre tout risque d'expulsion. Je savais que cette disposition aiderait les procureurs à obtenir des condamnations tout en renforçant la relation de confiance entre les forces de police et les communautés immigrées.

Pour finir, j'ai voté contre la confirmation de John Kelly et incité mes collègues à en faire autant. Il n'était pas préparé à tenir les promesses de la nation américaine, et je n'étais pas préparée à lui confier la direction du département de la Sécurité intérieure.

Mais il fut confirmé. A-t-il jamais été dûment informé, comme il s'y était engagé, sur les conséquences d'une politique aveugle de répression policière contre les immigrés ? Je l'ignore. Ce qui est connu, en revanche, c'est que durant les cent premiers jours de la nouvelle présidence, les arrestations d'immigrés augmentèrent de plus de 37 %. La Maison Blanche choisit de viser prioritairement les immigrés sans papiers pour les expulser, sans se demander s'ils n'étaient pas par ailleurs des membres bien intégrés de la communauté et des citoyens respectueux de la loi. Les arrestations d'immigrés sans papiers et sans casier judiciaire furent presque multipliées par deux.

Cette politique eut des conséquences profondes sur les enfants. Comme l'a montré le groupe de réflexion Center for American Progress, les agents de l'ICE firent un jour un raid sur une usine d'emballage de viande, dans le Tennessee, où ils arrêtèrent quatre-vingt-dix-sept ouvriers. Ce fut l'un des plus importants raids de ce type effectués depuis une décennie. En tout, les parents de cent soixante enfants furent arrêtés dans le cadre de cette opération. Le lendemain, 20 % des élèves latinos d'un comté voisin n'allèrent pas en classe car les parents craignaient d'être arrêtés à leur tour – ou que leurs enfants soient arrêtés. En 2016, le quart des enfants de moins de cinq ans, aux États-Unis, appartenaient à une famille immigrée. Avec la nouvelle présidence, ces enfants ont dû apprendre à vivre dans la peur de voir leurs parents leur être brutalement arrachés et expulsés.

Les enfants d'immigrés se virent aussi confrontés à un tourment d'un genre nouveau. À travers tout le pays, des enseignants signalèrent une augmentation des brimades entre enfants – des brimades qui faisaient écho à la rhétorique de la nouvelle Maison Blanche, puisque c'étaient les enfants d'immigrés qui étaient provoqués et harcelés par leurs camarades de classe, s'entendant dire qu'ils allaient être expulsés, que leurs parents allaient être expulsés, et qu'ils devaient de toute façon retourner d'où ils venaient. Les propos d'un homme qui est une brute, mais une brute occupant la plus haute fonction, se voyaient imités et devenaient les cris de ralliement des brutes de tous âges.

Bien sûr, les enfants d'immigrés ne sont pas les seuls à être affectés. D'après le centre de réflexion Migration Policy Institute, par exemple, au moins 20 % des professionnels de la petite enfance sont des immigrés. Les immigrés représentent aussi un pourcentage élevé des personnes travaillant dans le secteur de la puériculture, et ces chiffres ont triplé au cours des deux dernières décennies. Les employés du secteur – essentiellement des femmes – éduquent et prennent soin chaque jour de millions d'enfants. Les dangers que fait peser sur leur tranquillité et leur sécurité une politique de répression excessive de l'immigration sont des dangers pour nous tous. Il ne faut pas l'ignorer.

Le 20 janvier 2017, j'ai assisté à l'investiture du président avec l'ensemble du Congrès des États-Unis. Mes collègues sénateurs et moi nous sommes rassemblés dans la chambre et avons traversé le Capitole, marchant sur deux files, pour gagner la plateforme inaugurale, sur la façade ouest, où des gradins et des chaises avaient été installés pour la cérémonie. Pendant que nous prenions place, nous nous sommes vu remettre des ponchos en plastique au cas où il pleuvrait. Doug était assis avec ses nouveaux amis dans la section des conjoints, plus près de la scène que je ne l'étais. Il s'est tourné et m'a fait un petit signe de la main.

Par quelque coup du sort, les cieux se sont déchaînés juste au moment où s'achevait la passation de pouvoir. Certains supporters du nouveau président ont pris la pluie comme une bénédiction, mais pour moi et beaucoup d'autres, il était clair que les sombres nuages n'étaient pas de bon augure.

Une splendide éclaircie décida de se manifester dès le lendemain. En réaction à cette cérémonie d'inauguration, des militantes avaient décidé de prévoir une Marche des femmes dans plusieurs villes du pays. Problème, comme cette manifestation s'était organisée de façon très spontanée et décentralisée, personne ne savait exactement ce qu'elle allait donner. Lancée par une publication sur la page Facebook d'une grand-mère d'Hawaï le lendemain de l'élection, elle avait été mise sur pied en quelques semaines par des groupes de militants très divers, dont beaucoup ne se connaissaient pas jusqu'alors.

La réalité dépassa toutes les espérances : plus de quatre millions de personnes défilèrent dans les rues des États-Unis, et des marches de femmes soutenant les marches américaines eurent lieu dans plusieurs villes du monde.

À Washington, la marche fut un tel succès qu'une foule compacte remplissait la totalité du parcours prévu pour la manifestation, formant un long ruban de personnes de tous âges, de toutes races et de toutes orientations sexuelles, coiffées de chapeaux roses. Les manifestants brandissaient des pancartes dont les slogans exprimaient toute la gamme des émotions que nous éprouvions les uns et les autres – de l'incrédulité à la détermination en passant par l'effroi, la motivation et l'espoir : LUI, EN 2017 ? PUTAIN !... STILL I RISE[1]... LES FILLES VEULENT JUSTE DES DROITS FONDAMENTAUX... LES HOMMES DE QUALITÉ N'ONT PAS PEUR DE L'ÉGALITÉ... NOUS, LE PEUPLE.

Je vis des grands-mères aux cheveux blancs et des étudiants aux cheveux bleus, des hipsters en flanelle et des mamans de

1. Titre d'un poème de Maya Angelou (1928-2014), poète, écrivain, militante des droits civiques « Pourtant je m'élève ».

banlieue en doudoune, des bambins en poussette et des adolescents perchés dans les arbres, des hommes et des femmes solidaires les uns des autres, côte à côte. Énorme surprise, au milieu de la foule je rencontrai Tante Lenore, qui ouvrit grand les bras pour m'étreindre. Elle me dit que sa fille Lilah, qui travaillait alors à la direction du syndicat SEIU (Union internationale des employés des services), se trouvait elle aussi dans la manifestation. Elles étaient venues défiler ensemble, pour porter à nouveau la bannière de la justice sociale que Lenore et ma mère avaient tenue haut, étudiantes, à Berkeley, un demi-siècle plus tôt.

On m'avait demandé de prendre la parole. En montant sur la scène je fus profondément émue par l'étendue et l'esprit de la foule qui se pressait devant moi à perte de vue. Il y avait tellement de gens que les réseaux de téléphonie mobile avaient lâché. L'atmosphère n'en était pas moins électrique. Personne ne pouvait avancer, mais tout le monde comprenait, bien sûr, que cette manifestation était une fenêtre ouverte sur une coalition d'un nouveau genre dont la véritable force n'avait pas encore eu l'occasion de se manifester. « Même si vous n'occupez pas la Maison Blanche, même si vous n'êtes pas membre du Congrès des États-Unis, même si vous ne dirigez pas un comité d'action politique financé par de grandes entreprises, vous avez le pouvoir. Nous, le peuple, nous avons le pouvoir ! dis-je aux manifestants. Et il n'est rien de plus puissant qu'un groupe de frangines déterminées qui défilent avec leurs partenaires, et avec leurs fils, leurs frères, leurs pères déterminés, et se dressent pour ce que nous savons être juste ! »

Je parlai aussi des problèmes des femmes. Ce que je considère à tout le moins comme des problèmes de femmes : l'économie, la sécurité nationale, la santé, l'enseignement, la réforme de la justice pénale, le changement climatique. Je dis que si l'on est une femme immigrée et que l'on ne veut pas voir sa famille déchirée par des expulsions, on sait que la réforme de l'immigration est un problème de femmes. Je dis que si l'on est une femme active qui travaille pour éponger sa dette d'étudiante, on sait que le fardeau de la dette étudiante est un problème de femmes. Je dis que si l'on est une mère noire et que l'on élève un fils, on sait que Black Lives Matter est un problème de femmes. « Et si vous êtes une femme, tout simplement, vous savez que nous méritons d'avoir dans ce pays l'égalité de rémunération entre les hommes et les femmes, et un véritable accès aux soins de santé, y compris à des avortements légaux et sûrs, protégés pour ce qu'ils sont, un droit fondamental et constitutionnel. » Je dis avec conviction qu'ensemble nous sommes puissantes, une force incontournable.

Quelques jours plus tard, Doug et moi étions dans notre nouvel appartement de Washington, dînant à l'îlot de la cuisine sur nos tabourets hauts, lorsque la télévision annonça un flash d'information spécial. Le président avait signé un décret interdisant l'entrée aux États-Unis, pour une période de quatre-vingt-dix jours, de ressortissants de sept pays : l'Irak, l'Iran, la Libye, la Somalie, le Soudan, la Syrie et le Yémen. Il fermait aussi les portes du pays aux réfugiés pendant cent vingt jours, et aux réfugiés syriens pour toujours.

Aussitôt, des voyageurs se virent arrêtés dans des aéroports sans avoir la possibilité de parler avec un avocat. Des familles paniquèrent en constatant que leurs proches ne franchissaient pas les contrôles des passeports. Je reçus des appels de militants et d'avocats, dont ma nièce Meena, qui avaient décidé de se rendre d'urgence dans les aéroports pour essayer d'aider les personnes détenues. Le décret présidentiel, que tout le monde appellerait désormais le *travel ban*, provoquait un véritable chaos.

J'appelai John Kelly, dont la nomination au poste de secrétaire à la Sécurité intérieure avait été confirmée. Je voulais en savoir davantage sur cette situation, et m'assurer que tous les voyageurs étrangers détenus auraient accès à un avocat. Le secrétaire Kelly aurait pu donner la preuve de sa capacité de réaction de bien des façons, et livrer de nombreuses informations. De fait, le peuple américain avait le droit de connaître ces informations, et moi, compte tenu du rôle de supervision que j'avais en tant que membre de la commission de la Sécurité intérieure, j'avais bien l'intention de les trouver. Mais quand il prit mon appel, il me demanda d'un ton brusque : « Pourquoi m'appelez-vous à mon domicile pour cette histoire ? » Voilà ce qui l'ennuyait : être dérangé chez lui.

Lorsque nous raccrochâmes, il était clair dans mon esprit que le secrétaire Kelly ne comprenait pas l'importance des événements en cours. Il m'assura qu'il me recontacterait, mais il ne le fit jamais. Le lendemain, des manifestations spontanées eurent lieu dans tout le pays. Les Américains savaient très bien que le *travel ban* était en réalité un bannissement des musulmans – et que peu de choses étaient aussi contraires aux idéaux qui avaient inspiré notre Constitution. Le Ier amendement garantit, d'une part, que le gouvernement des États-Unis ne peut pas établir de religion officielle, et, d'autre part, que toute personne a le droit de pratiquer sa religion comme elle l'entend.

Je débutais dans la fonction de sénatrice et manquais encore d'expérience à Washington. Cet épisode m'apprit qu'appeler ce secrétaire à la Sécurité intérieure n'était qu'une perte de temps. Ce dont nous avions besoin, c'était de légiférer pour protéger ces personnes. Le premier projet de loi que je déposai au Sénat, l'Access to Counsel Act, proposait qu'il soit interdit à tout agent fédéral de refuser à une personne souhaitant entrer aux États-Unis, et détenue par les forces de police, d'avoir accès à un avocat. Mais nous menions un combat difficile, rendu plus âpre encore par les circonstances politiques du moment.

Quatre jours après l'instauration du *travel ban*, Neil Gorsuch fut nommé à la Cour suprême pour occuper un fauteuil resté vide depuis le décès d'Antonin Scalia, près d'un an auparavant. Le président Obama avait voulu nommer un juge fédéral éminemment respecté, Merrick Garland, pour ce poste, mais les républicains, dans une démonstration d'obstruction partisane sans précédent, avaient refusé de tenir ne serait-ce qu'une seule audience pour la nomination de Garland. Leur entêtement se voyait à présent récompensé. La confirmation de la nomination du juge Gorsuch par le Sénat, en avril 2017, fit basculer l'équilibre des pouvoirs à la Cour suprême en faveur des conservateurs. Quinze mois plus tard, Gorsuch apporterait la voix décisive à l'un des jugements les plus honteux dans l'histoire récente de cette cour : la validation du *travel ban* du président.

6

Nous valons mieux que cela

Le 16 février 2017, j'ai prononcé mon premier discours devant le Sénat des États-Unis. Je me sentais humble. Depuis quelques années, bien sûr, le Sénat était surtout connu pour ses blocages et l'esprit partisan qui y régnait. Autrefois vénéré comme l'assemblée délibérante par excellence du pays, il donnait souvent l'impression d'avoir perdu le nord. En regardant autour de moi, néanmoins, j'avais en tête les illustres personnalités qui avaient siégé dans cette chambre par le passé, et le travail extraordinaire qu'elles y avaient accompli. C'était ici que le New Deal était né et que notre économie avait été sauvée. C'était ici que la Social Security avait vu le jour, pour être suivie plus tard par Medicaid et Medicare[1]. Les lois sur les droits civiques, les lois sur le droit de vote des Noirs et des minorités, les programmes de ce que l'on a appelé la guerre contre la pauvreté – tous ces combats avaient été menés et remportés ici, au Sénat des États-Unis. Au fauteuil que j'occupais s'était autrefois assis le démocrate Eugene McCarthy qui, en 1965, avait présenté la loi sur l'immigration et la nationalité mettant un terme aux quotas et établissant des règles pour permettre aux familles immigrées de se regrouper.

1. La Social Security, créée en 1935 aux États-Unis, n'est pas la Sécurité sociale à la française, mais un programme d'aide aux personnes âgées, aux anciens combattants, aux handicapés et aux familles dans le besoin. Medicaid et Medicare, qui datent des années 1960, sont des programmes d'assurance maladie pour, respectivement, les familles dans le besoin et les personnes âgées.

J'ai commencé mon discours exactement comme ceux qui me connaissent pouvaient s'y attendre. « Par-dessus tout, je me lève aujourd'hui en éprouvant une immense gratitude envers tous ceux qui nous tiennent sur leurs épaules. Pour moi, il s'agit d'abord de ma mère, Shyamala Harris. »

J'ai raconté l'histoire de son immigration aux États-Unis, l'histoire de sa volonté de se réaliser, l'histoire qui nous a faites, Maya et moi, et qui faisait de nous tous des Américains. « Je sais que ma mère nous regarde aujourd'hui. Et la connaissant, elle est sans doute en train dire, "Kamala, bon sang, que se passe-t-il en Amérique ? Il faut absolument défendre nos valeurs !". »

Jc n'ai pas mâché mes mots. J'ai parlé du nombre sans précédent de décrets présidentiels signés durant les premières semaines de la nouvelle Maison Blanche, des actions qui frappaient nos communautés immigrées et religieuses comme un front froid, « glaçant d'effroi le cœur de millions de braves gens travailleurs ».

J'ai parlé des conséquences à venir, démesurées, de ces mesures sur la Californie, car je crois que cet État est un microcosme de ce que nous sommes en tant qu'Américains. J'ai expliqué que nous avions des agriculteurs et des écologistes, des soudeurs et des technologues, des républicains, des démocrates, des indépendants, et davantage de vétérans, davantage d'immigrés aussi – régularisés ou sans papiers – qu'aucun autre État du pays. Évoquant le DACA, j'ai répété ce que j'avais énoncé lors de l'audition de confirmation de Kelly, à savoir que nous avions assuré aux bénéficiaires du programme que leurs informations personnelles ne seraient pas utilisées contre eux, et que nous ne pouvions pas trahir la promesse faite à ces mineurs et à leurs familles.

J'ai parlé avec l'expérience d'une procureure de carrière, et avec l'expérience de l'ancienne procureure générale du plus grand État de ce pays par la population, quand j'ai dit que le *travel ban* anti-musulmans et les actions prises à l'encontre des immigrés par la nouvelle administration constituaient une menace très réelle pour notre sécurité publique. Au lieu de nous protéger, la multiplication des raids et des décrets présidentiels instillait la peur chez nos concitoyens. « Pour cette raison, ai-je ajouté, les études montrent que les Latinos sont 40 % moins susceptibles d'appeler le 911 quand ils sont victimes d'un crime. Ce climat de peur pousse les gens à se cacher, à passer dans la clandestinité, et les dissuade de signaler les crimes qu'ils subissent ou dont ils sont témoins. Moins de victimes qui rapportent des crimes, moins de témoins qui se font connaître. »

J'ai aussi parlé des conséquences économiques de ce qui se passait, soulignant que les immigrés représentent 10 % de la main-d'œuvre en Californie et contribuent à hauteur de 130 milliards de dollars au produit intérieur brut de l'État. « Les immigrés possèdent des petites entreprises, ils labourent la terre, ils s'occupent d'enfants et de personnes âgées, ils travaillent dans nos laboratoires, fréquentent nos universités et servent dans nos forces armées. Aussi, ces décrets ne sont pas seulement cruels. Ils ont des répercussions en chaîne qui nuisent à notre sécurité publique et à notre économie. »

J'ai conclu mes remarques par un appel à agir : il était de notre responsabilité, au Sénat, de tracer une ligne rouge et de dire non. En tant que branche législative, et égale à l'exécutif, du gouvernement, il était de notre devoir de défendre les idéaux de ce pays.

Le mois suivant, j'invitai Yuriana Aguilar, une jeune femme de Fresno qui avait fait ses études à l'université de Californie à Merced, travaillait dans la recherche médicale et bénéficiait du DACA, à participer à une session conjointe du Congrès. Les parents de Yuriana avaient quitté le Mexique pour s'installer à Fresno quand elle avait tout juste cinq ans. Aucun membre de la famille n'avait de papiers. Son père et sa mère travaillaient dans l'agriculture et vendaient des légumes pour gagner leur vie. Mais, comme elle le racontait, « ils savaient très bien que pour réussir, il faut avoir fait des études ». Yuriana avait pris le message de ses parents à cœur – littéralement, si l'on peut dire. Elle travaillait désormais à l'École de médecine de l'université Rush, à Chicago, où elle étudiait le système de conduction électrique du cœur. C'était grâce au programme DACA qu'elle avait pu poursuivre des études et faire un doctorat.

Yuriana raconta comment elle avait pleuré de soulagement la première fois qu'elle avait entendu parler du DACA. Puis elle s'était replongée dans son travail de recherche, faisant sa part pour aider les gens à vivre en meilleure santé. Comme elle le dit ce jour-là, « la science ne connaît pas de frontières et il n'y a aucune limite à ses avancées ». Ma mère l'aurait adorée.

Chez les bénéficiaires du DACA, le désir de Yuriana de rendre à notre pays ce qu'il lui a donné est la règle, pas l'exception. La vaste majorité de ses bénéficiaires – plus de 75 % – ont un emploi. Ils portent les uniformes de nos armées, ils étudient dans nos universités et nos écoles, ils travaillent dans des entreprises américaines grandes et petites. On estime que si les bénéficiaires du DACA étaient expulsés, l'économie américaine, globalement, pourrait perdre jusqu'à 460 milliards de dollars en une décennie. Ces jeunes gens apportent une contribution significative, sur bien des plans, à notre pays.

J'allais souvent penser à Yuriana pendant le drame qui devait se dérouler tout au long de cette année-là. Ce fut à elle que je songeai en premier lorsque, le 5 septembre 2017, le procureur général des États-Unis, Jeff Sessions, annonça la décision cruelle et arbitraire de la Maison Blanche de mettre fin au programme DACA – et de jeter dans l'inconnu le destin de centaines de milliers de personnes.

Sans le DACA, les jeunes gens arrivés aux États-Unis dans l'enfance et admissibles au programme se retrouvaient devant un choix terrible : ils pouvaient continuer à vivre sans papiers et dans la peur de l'expulsion, ou quitter le seul pays qu'ils avaient jamais vraiment connu. Ils n'avaient aucune solution pour devenir des citoyens américains. Ils ne pouvaient pas quitter le pays et faire la queue au guichet de l'immigration pour revenir – car il n'y avait pas de guichet. C'était exactement ce que souhaitait la présidence.

Le Congrès peut régler ce problème. Il existe un projet de loi présenté à la Chambre des représentants et au Sénat, et que je soutiens, le DREAM Act[1], qui propose d'ouvrir à ces jeunes gens une voie d'accès pérenne à la citoyenneté américaine. Chaque jour qui passe sans que le DREAM Act soit adopté par le Congrès est une journée où ils doivent encore vivre dans la peur. Alors qu'ils font tout ce que le pays leur a demandé.

J'ai rencontré bien des Dreamers au fil du temps – et presque quotidiennement pendant ma première année au Sénat américain. Ils venaient courageusement à Washington pour rencontrer des membres du Congrès et raconter leur histoire. Un jour où je devais recevoir cinq Dreamers de Californie qui étaient en ville avec d'autres jeunes des quatre coins du pays, j'appris que tous les membres du groupe avaient envie de participer à la rencontre. Je les invitai donc dans ma salle de conférence, qui se retrouva pleine à craquer.

Je fus frappée par l'un des jeunes de Californie, Sergio, qui était étudiant à l'université de Californie à Irvine. Il parla de sa mère qui, n'arrivant pas à joindre les deux bouts avec ce qu'elle gagnait au Mexique, avait pris la décision de venir aux États-Unis pour que son fils ait une chance de mener une vie meilleure. Il expliqua comment il avait travaillé dur toute sa scolarité, et comment il avait consacré beaucoup d'énergie, à partir de l'adolescence, en tant qu'accompagnateur social, à aider les gens à se faire soigner. Comme tant de Dreamers, il consacrait sa vie à servir la communauté. Voilà comment sont les Dreamers : ils croient très fort à la promesse de ce pays. Qui est le leur aussi.

Il y avait tant de passion dans le regard de Sergio. Mais je savais qu'il avait peur, en même temps. La décision de la Maison

1. DREAM : « rêve » en anglais, mais, pour cette loi, acronyme de Development, Relief and Education for Alien Minors (développement, secours et instruction pour les mineurs étrangers). Proposée pour la première fois en 2001 par un sénateur démocrate, Dick Durbin, et un républicain, Orrin Hatch, elle est retravaillée, soumise de nouveau et rejetée plusieurs fois jusqu'en 2017 par le Congrès. Les éventuels bénéficiaires des dispositions de la loi sont surnommés les Dreamers (les rêveurs).

Blanche de tirer un trait sur le programme DACA était tellement décourageante et démoralisante, tellement contraire à ce qu'il y avait de meilleur dans l'histoire de notre pays, tellement contraire à la promesse d'ouverture et d'opportunités à laquelle Sergio avait cru ! Face à tous ces jeunes gens qui scrutaient mon visage en y cherchant l'assurance que tout finirait par s'arranger, je fus affligée de constater à quel point cette situation était injuste et terrible, et de constater que je ne pouvais pas, seule, changer le cours des événements. Cela m'afflige encore aujourd'hui.

Trois jours après l'annonce de Sessions, l'université de Californie porta plainte contre le gouvernement des États-Unis « pour [la] violation injuste et inconstitutionnelle des droits de l'université et de ses étudiants » que constituait cette annulation du programme DACA, laquelle n'était due qu'à un « caprice déraisonnable de l'exécutif ». La présidente de l'université de Californie, Janet Napolitano, avait été secrétaire à la Sécurité intérieure du président Obama, et c'était elle qui avait été chargée de concevoir le programme DACA puis d'en superviser la mise en place. Pour elle, et pour nous tous, la décision de la Maison Blanche était un affront personnel.

Le 10 janvier 2018, la cour fédérale prit le parti de l'université et émit une injonction temporaire nationale qui bloquait la décision du gouvernement. Ce fut un immense soulagement : le programme DACA était de nouveau sur les rails et l'action de la Maison Blanche stoppée. Mais le mot-clé, ici, est « temporaire ». Le Congrès devait encore agir pour épargner à ces jeunes gens le risque d'être expulsés et les protéger de façon permanente. En attendant, les Dreamers demeuraient dans l'angoisse de voir un nouveau jugement les arracher à leurs familles et au pays qu'ils considéraient comme le leur. Et la Cour suprême étant désormais dominée par une solide majorité conservatrice, il y avait toutes les raisons de craindre une annulation de l'injonction de la cour fédérale.

Février 2018 fut un mois décisif dans le combat sur l'immigration. La présidence, qui poursuivait ses manœuvres cruelles et scandaleuses, alla même jusqu'à faire effacer la mention « nation d'immigrants » appliquée aux États-Unis dans l'énoncé de mission de l'agence chargée de la citoyenneté et des services d'immigration. Et pendant ce temps-là, l'administration et de nombreux élus républicains du Congrès retenaient concrètement les Dreamers en otage.

Dans le cadre des débats sur la loi de finances du gouvernement, le Sénat (à majorité républicaine) avait accepté de porter le DREAM Act au vote, et d'ouvrir ainsi la voie à la citoyenneté américaine aux Dreamers. Mais il y avait un piège. En échange, le budget devait comprendre une enveloppe de 25 milliards de dollars pour ériger un mur le long de la frontière avec le Mexique.

J'étais opposée à cette disposition pour tout un ensemble de raisons. D'un point de vue purement financier, c'était un gaspillage complet de l'argent des contribuables. Je crois très fermement à la nécessité d'assurer la sécurité de nos frontières – mais les spécialistes de la question s'accordent à dire qu'un mur ne remplirait pas cette mission. De plus, je craignais que ces milliards de dollars ne soient utilisés pour mettre en œuvre le programme anti-immigrés de la présidence. Pour mener des raids, notamment, qui viseraient la Californie et ses habitants, ainsi que d'innombrables familles à travers tout le pays. Cette somme, nous pouvions la dépenser pour bien d'autres choses : financer un effort de grande ampleur contre la crise des opiacés, par exemple, ou développer le haut débit en milieu rural, ou encore moderniser les infrastructures essentielles.

Mais il y avait une raison plus importante encore de s'opposer au mur. Ce mur inutile, le long de notre frontière sud, ne serait qu'un triste symbole, un monument à la négation non seulement de tout ce qui importe à mes yeux, mais, surtout, des valeurs fondamentales sur lesquelles ce pays a été bâti. C'est la statue de la Liberté, le monument qui définit aux yeux du monde qui nous sommes. Ce sont les mots de la poétesse Emma Lazarus gravés sur son piédestal DONNEZ-MOI VOS ÉREINTÉS, VOS PAUVRES, VOS MASSES COURBÉES QUI ASPIRENT À VIVRE LIBRES, qui révèlent notre véritable caractère : nous sommes un pays généreux qui respecte et accueille ceux qui ont fait le difficile voyage jusqu'à nos rivages, souvent en fuyant le danger, un pays qui insuffle son esprit fondamentalement optimiste et entreprenant chez tous ceux qui aspirent à adopter le rêve américain. Comment aurais-je pu voter pour bâtir un mur qui n'aurait servi qu'à exprimer ce message glaçant, affreux : N'APPROCHEZ PAS DAVANTAGE ?

Le débat sur l'immigration aux États-Unis est souvent biaisé par la mise en avant de faux dilemmes. Je me souviens d'une réunion que j'ai organisée à cette période à Sacramento. Un groupe de partisans de l'occupant de la Maison Blanche s'y présenta, et un homme me dit que je me préoccupais davantage des immigrés sans papiers que des citoyens américains. Non : il n'y avait pas à choisir. Je me préoccupe – beaucoup – des uns *et* des autres. De même, le débat sur la loi de finances nous plaçait face à un faux dilemme : offrir un budget au gouvernement ou nous opposer au mur. J'estimais que nous pouvions faire les deux choses.

Pour finir, on nous présenta deux projets de loi distincts. Je soutins avec fierté le premier, un compromis bipartite rédigé par les sénateurs Chris Coons, un démocrate du Delaware, et feu John McCain, un républicain de l'Arizona, qui comprenait des mesures pour protéger les Dreamers de l'expulsion et leur offrir une possibilité d'accéder à la citoyenneté américaine – mais sans parler de financement du mur. L'autre projet, qui comprenait le DREAM Act en échange du mur, était à mon avis inacceptable, même si nous étions sous pression. Je votai contre. Pour finir, aucun des projets ne fut adopté.

Le combat au nom des Dreamers continue. Voici ce que je crois : ces jeunes gens ont été amenés malgré eux dans notre pays, pour beaucoup avant même de savoir parler ou marcher. Les États-Unis sont le seul pays qu'ils aient jamais connu. Ils sont ici chez eux et ils contribuent à la vie de la nation. Alors je continuerai de les défendre jusqu'à ce qu'ils soient reconnus comme les Américains qu'ils sont.

En Amérique centrale se trouve une région que l'on appelle le Triangle nord, recouvrant le Salvador, le Guatemala et le Honduras. Ces trois pays partagent le terrible privilège de compter parmi les plus violents du monde. Entre 1979 et 1992, le Salvador fut dévasté par une guerre civile qui fit 75 000 morts. Entre 1960 et 1996, la guerre civile du Guatemala provoqua le décès de 200 000 civils. Le Honduras ne connut pas de guerre civile, mais la violence qui faisait rage chez ses voisins transpira à travers ses frontières et en fit aussi un lieu extrêmement dangereux.

La fin des guerres civiles ne signifia pas la fin des violences. Une économie défaillante caractérisée par une pauvreté profonde et peu d'emplois à prendre, des armes partout dans la région et la destruction des liens générationnels favorisèrent l'émergence d'organisations criminelles qui utilisaient le meurtre et les violences sexuelles pour contrôler leurs territoires et s'imposer sur de vastes pans du Triangle nord. Depuis lors, davantage de personnes ont été tuées et kidnappées là-bas que dans certaines des guerres les plus brutales du monde. Entre 2011 et 2014, près de 50 000 personnes y ont été assassinées – et 5 % des décès seulement ont abouti à des condamnations judiciaires.

Pour les habitants de ces trois pays, la vie quotidienne est souvent synonyme de terreur. La violence des gangs, le trafic de drogue et la corruption sont endémiques. Les plus vastes et les plus célèbres de ces organisations criminelles transnationales, la MS-13 et la Mara 18, compteraient plus de 85 000 membres dans le monde entier. Elles extorquent de l'argent aux commerçants, aux patrons de petites entreprises et aux habitants des quartiers pauvres qui leur versent année après année des centaines de millions de dollars. Ceux qui refusent de payer risquent la mort – pour eux-mêmes et pour leur famille. Les gangs recrutent les jeunes gens par la menace et l'intimidation, et prennent les adolescentes comme « petites amies » en les soumettant par les violences sexuelles.

Pour les femmes et les filles de ces pays, de fait, la violence est systémique. En juillet 2014, la Rapporteuse spéciale des Nations unies sur la violence contre les femmes a écrit qu'au Honduras, les morts violentes de femmes avaient augmenté de 263,4 % entre 2005 et 2013. Les témoignages recueillis évoquent des enfants volés, violés, assassinés – dont une fillette de onze ans à qui ses meurtriers ont tranché la gorge avant d'y fourrer ses sous-vêtements. S'il existait un épicentre de la violence et du désespoir, il se trouverait au Triangle nord.

La seule solution est de s'échapper. Aussi, des centaines de milliers de personnes ont fui la région vers des pays voisins, puis vers le nord – direction le Mexique et les États-Unis. Jusqu'à récemment, nous avons accueilli les demandeurs d'asile dans le respect des lois internationales, en leur accordant un statut protégé particulier du fait de la gravité des difficultés auxquelles ils sont confrontés. Parfois ils viennent en famille. Trop souvent, néanmoins, le coût du voyage est excessif pour leurs moyens financiers et les parents se retrouvent face à un choix déchirant : doivent-ils garder leurs enfants auprès d'eux, mais exposés à un péril mortel, dans leur pays, ou doivent-ils les envoyer aux États-Unis où, s'ils survivent au périple terriblement dangereux pour y parvenir, ils auront une chance de vivre libres et en sécurité ?

À l'été 2014, une vague sans précédent d'enfants et d'adolescents ont fui les violences du Triangle nord. Par dizaines de milliers, les réseaux de passeurs les ont convoyés vers les États-Unis.

J'étais alors procureure générale, et je regardais les informations du soir à la télévision, à mon domicile, lorsque je vis une scène qui me peina profondément. À Murrieta, une ville de Californie située à peu près à mi-chemin entre Los Angeles et San Diego, plusieurs bus transportant environ cent quarante immigrés sans papiers, des enfants et leurs parents, étaient en route vers un centre de réception et de traitement, lorsqu'une meute agitant drapeaux et pancartes avait bloqué la chaussée et cerné les véhicules en hurlant : « On ne veut pas de vous ! », « Vous n'êtes pas les bienvenus ! », « Rentrez chez vous ! » Les enfants contemplaient avec des yeux ronds, à travers les vitres des bus, tous ces visages haineux et agressifs. Leur seul tort était d'avoir fui une violence épouvantable.

Et le problème, ce n'était pas seulement ces manifestants dans les rues. À Washington, certains travaillaient activement à faire en sorte que les services de l'immigration puissent expédier les processus de décision afin de renvoyer sans délai les enfants et leurs parents sans papiers d'où ils venaient. L'objectif affiché était d'évaluer la demande d'asile de chaque famille, et de décider de son sort, en une quinzaine de jours. Soyons clairs : la procédure consiste, pour les autorités compétentes, à déterminer si un demandeur d'asile a effectivement fui, ou non, un réel danger. Cela veut dire que les enfants doivent expliquer la situation qu'ils ont connue et raconter en détail leur histoire personnelle.

Je savais, pour avoir traité de nombreux dossiers de violences sexuelles subies par des enfants, qu'il faut du temps, beaucoup de temps, pour gagner la confiance d'un enfant et l'amener, s'il en est capable, à raconter son histoire en salle d'audience. Et le pire, dans le cas de ces gamins demandeurs d'asile, découvrais-je, c'était qu'ils n'avaient pas droit à un avocat pour les guider au fil de la procédure. Or la présence d'un avocat compte énormément. Le demandeur qui en est privé a environ 90 % de chances d'être débouté du droit d'asile. Celui qui en a un a environ 50 % de chances de rester aux États-Unis. Sachant que les expulsions équivalaient à renvoyer ces enfants au cœur du danger, la présence d'un avocat à leur côté était donc une question de vie ou de mort.

Il fallait que je fasse quelque chose et je savais que je n'avais pas une minute à perdre. Alors je pris le téléphone pour appeler personnellement les associés de certains des plus prestigieux cabinets d'avocats de Californie, ainsi que les avocats de grandes entreprises de divertissement comme Walt Disney et Warner Bros. Entertainment, et je leur demandai de m'aider à faire en sorte que ces enfants, dont certains n'avaient pas plus de huit ans, soient soutenus par des avocats et bénéficient donc d'une procédure régulière. Les représentants de dizaines de cabinets d'avocats répondirent positivement. Je les réunis dans la salle de conférence de mon bureau du centre de Los Angeles, et je me transformai en une sorte de commissaire-priseur.

« OK, qui me donne cinq cents heures d'assistance juridique pro bono ? Vous ? Vous pareil ? Et vous ? Votre cabinet, c'est bon ? Et vous autres, que pouvez-vous faire pour nous aider ? » Peu après nous organisâmes une rencontre similaire en Californie du Nord, où je menai de nouveau des « enchères ». Nous réunîmes tous ces avocats du privé pour les faire collaborer avec l'une des organisations communautaires qui proposait des conseils juridiques aux mineurs non accompagnés. Puis je défendis un projet de loi proposant de distribuer trois millions de dollars à d'autres organismes à but non lucratif qui aidaient les enfants immigrés à avoir une représentation juridique.

Ce fut ma première expérience de la crise du Triangle nord et des conséquences qu'elle avait sur les enfants et leurs familles. Mais ce ne devait pas être la dernière.

En janvier 2017, l'une des principales priorités de la nouvelle présidence fut de signer un décret qui révoquait le statut temporaire protégeant les migrants du Triangle nord. Conséquence, 350 000 immigrés environ se retrouvèrent confrontés à la perspective de perdre leur droit à vivre et à travailler aux États-Unis. Le gouvernement exigea aussi que certains critères des dossiers de demande d'asile soient modifiés, afin qu'il soit plus difficile pour les demandeurs d'avoir une base légale sur laquelle justifier leur maintien aux États-Unis. Entre février et juin 2017, le nombre de personnes jugées admissibles à la demande d'asile chuta de 10 %.

En mars 2017, le secrétaire Kelly se vit demander sur CNN s'il était exact, comme on l'entendait dire, que pour décourager les habitants du Triangle nord de migrer vers les États-Unis il réfléchissait sérieusement à la possibilité de séparer de force parents et enfants interceptés à la frontière. « Je suis prêt à faire tout ce qu'il faudra pour dissuader les personnes qui vivent en Amérique centrale de s'engager dans ce réseau très, très dangereux, qui les fait venir aux États-Unis via le Mexique », répondit-il. C'était la confirmation qu'il fallait craindre.

Peu après, Elaine Duke, la secrétaire adjointe à la Sécurité intérieure, se présenta devant la commission de la Sécurité intérieure du Sénat. « Savez-vous quand cela devrait se faire ? » lui demandai-je pour évaluer la probabilité de voir cette mesure atroce se concrétiser.

« La décision n'est pas prise, dit-elle. Pour le secrétaire Kelly – je lui en ai parlé personnellement –, ce n'est encore qu'une possibilité. Tout un ensemble de dispositions dissuasives sont envisagées, et celle-ci a été évoquée comme une méthode de dissuasion éventuelle, mais aucune décision n'a été prise et il n'y a actuellement aucun plan d'exécution en ce sens. »

C'était une réponse inacceptable. Le mois suivant, lorsque Kelly se présenta devant la commission, je le mis sur la sellette. Sur la question de savoir si la mesure était en cours d'examen, il se montra évasif – mais il ne refusa pas de l'exclure.

« Vous n'êtes donc pas disposé, monsieur, à émettre une directive écrite stipulant que la politique du département de la Sécurité intérieure est de ne *pas* séparer les enfants de leurs mères à moins que la vie de l'enfant ne soit en danger ?

— Je n'ai pas à faire cela », répondit-il.

Je continuai de réclamer des réponses jusqu'à fin 2017 et au début de l'année 2018, mais le département de la Sécurité intérieure restait silencieux. Puis, le 6 avril 2018, le procureur général Sessions annonça l'instauration d'une politique de tolérance zéro à la frontière : désormais, l'administration fédérale arrêterait et engagerait des poursuites pénales contre tout adulte franchissant la frontière illégalement, pour quelque raison que ce soit, et il découlait de cette mesure que les enfants pourraient être séparés de leurs parents. Et nous apprîmes aussi par un reportage du *New York Times*, plusieurs jours plus tard, que depuis le mois d'octobre 2017, en réalité, alors que le département de la Sécurité intérieure soutenait ne pas avoir instauré de politique de séparation des familles, sept cents enfants avaient été retirés à leurs parents – dont une centaine qui avaient moins de quatre ans.

Il existe peu de choses plus cruelles, plus inhumaines, plus ignobles, que d'arracher un enfant à ses parents. Cette idée devrait nous tordre le ventre à tous. Mais s'il nous fallait des preuves du mal qui est fait ici, nous pourrions citer une déclaration de mai 2018 du Dr Colleen Kraft, la présidente de l'Académie américaine de pédiatrie, qui affirma au nom de son organisation être effarée par cette nouvelle politique. Elle décrivit le stress et le traumatisme extraordinaires que constitue le fait, pour un enfant, de se voir séparé de sa famille : une épreuve qui « peut provoquer des dégâts irréparables, perturber l'architecture du cerveau de l'enfant et affecter sa santé à court et long terme ». Ces observations furent partagées par l'Association médicale américaine, qui appela de son côté à l'abrogation de la mesure, soulignant que les enfants arrachés à leurs parents par les autorités américaines risquaient d'être marqués pour la vie.

Le gouvernement prétendit qu'il ne séparait pas les familles demandeuses d'asile si elles arrivaient aux États-Unis par un poste d'immigration officiel – c'est-à-dire, sans traverser la frontière illégalement. Mais cela non plus, s'avéra-t-il, ce n'était pas vrai. Nous apprîmes par exemple qu'une fillette de six ans et sa mère, venues de la République démocratique du Congo, avaient été séparées lorsqu'elles s'étaient présentées au poste frontière de San Diego où elles avaient déposé une demande d'asile, et alors que la mère était en mesure de prouver qu'elle avait de bonnes raisons de craindre des persécutions dans son pays. Et ce n'était que l'un des nombreux cas documentés de familles séparées à différents postes frontières. Une enfant aveugle de six ans fut arrachée des bras de sa mère. Ainsi qu'un bébé de dix-huit mois. C'était plus que tragique. Il s'agissait de violations du droit international. De violations des droits humains. Et les enfants n'étaient pas les seuls victimes de ce drame. Après avoir été séparé de sa femme et de son fils de trois ans, et placé en détention à l'isolement, un homme arrivé du Honduras, traumatisé par ces épreuves, décida de mettre fin à ses jours.

Le 15 mai 2018, Kirstjen Nielsen, qui avait été confirmée comme secrétaire à la Sécurité intérieure après que Kelly avait été nommé chef de cabinet de la Maison Blanche, se présenta devant notre commission sénatoriale. Je lui dis que j'étais extrêmement préoccupée par les attaques répétées du gouvernement, mises en œuvre par ses services, contre certaines des communautés les plus vulnérables – les enfants et les femmes enceintes en particulier. J'évoquai le programme DACA, les séparations des familles à la frontière, et une directive du département de la Sécurité intérieure qui autorisait la détention de davantage de femmes enceintes. Je me déclarai inquiète de l'existence d'un nouveau système d'échange d'informations entre l'ICE et le bureau chargé de la relocalisation des immigrés, dépendant du département de la Santé et des Services sociaux, en précisant que ce système aurait forcément un effet dissuasif sur les personnes susceptibles de se proposer pour accueillir des mineurs non accompagnés, puisqu'elles-mêmes auraient désormais à craindre d'être arrêtées et expulsées.

Je fis aussi remarquer qu'une semaine plus tôt, le *Washington Post* avait fait savoir que Nielsen envisageait de dénoncer un accord qui garantissait l'apport d'un certain niveau de soins aux enfants migrants, notamment en leur fournissant des repas et des divertissements, et qui recommandait qu'ils soient placés dans un environnement aussi peu restrictif que possible.

Je lui dis que le gouvernement dont elle faisait partie fournissait régulièrement des informations mensongères à la commission, et était même allé jusqu'à affirmer que certaines mesures considérées par beaucoup de gens comme cruelles, par exemple l'habitude de séparer les familles, étaient prises dans l'intérêt de l'enfant.

« Aussi la question que je vous pose est : jeudi dernier, le *New York Times* a rapporté que le président vous avait ordonné, dans le but de dissuader l'immigration illégale, de séparer les parents de leurs enfants à leur entrée aux États-Unis – est-ce le cas ? Avez-vous pour instruction d'utiliser la séparation des parents de leurs enfants comme méthode dissuasive pour les immigrants sans papiers ?

— Je n'ai pas pour instruction de faire cela dans un objectif de dissuasion, non.

— Quel est l'objectif visé, d'après ce qui vous a été dit, en séparant ces parents de leurs enfants ?

— Ma décision, donc, c'est que quiconque enfreint la loi doit être poursuivi en justice. Que vous soyez parent, ou personne seule, ou que vous ayez une famille, si vous franchissez la frontière en dehors des postes frontières établis, nous vous arrêtons et nous vous poursuivons. Vous avez enfreint la loi des États-Unis. »

J'insistai encore : « Donc vos services sont prêts à séparer des enfants de leurs…

— Non, m'interrompit-elle. Ce que nous voulons faire, c'est poursuivre en justice les parents qui ont enfreint la loi, exactement comme cela se fait tous les jours aux États-Unis d'Amérique.

— Mais si ce parent a un enfant de quatre ans, que prévoyez-vous de faire de l'enfant ?

— L'enfant, selon la loi, est confié au département de la Santé et des Services sociaux pour être pris en charge.

— L'enfant est donc séparé de son parent. Et ma question, alors…

— C'est ce qui se fait aux États-Unis tous les jours.

— Donc les enfants sont séparés de leurs parents, et ma question est par conséquent : quand vous séparez des enfants de leurs parents, avez-vous un protocole établi pour cela, et les personnes qui sont chargées de retirer des enfants à leurs parents sont-elles formées pour effectuer ce travail de la façon la moins traumatisante possible ? J'espère bien que vous avez prévu une formation en ce sens, et donc je vous demande, comme cela a déjà été fait, de nous apporter des informations sur la formation que vous avez prévue, et sur les protocoles établis pour ce qui est de séparer un enfant de ses parents.

— Je vous fournirai volontiers ces informations », répondit-elle – mais elle ne l'a jamais fait. Puis, de nouveau, Nielsen répéta l'affirmation fausse à laquelle elle s'en tenait depuis le début : « Une fois encore, nous n'avons pas de politique de séparation des enfants de leurs parents. Notre politique, c'est que si vous enfreignez la loi, nous vous poursuivons en justice. Vous avez la possibilité de passer par un poste frontière et de ne pas pénétrer illégalement dans ce pays. »

Disons les choses tout net. Le président et son département de la Sécurité intérieure se servaient d'enfants – de bébés – pour mettre en œuvre leur politique profondément malavisée et inhumaine de dissuasion de l'immigration. Le procureur général Sessions le reconnut lui-même – et non sans fierté, semble-t-il, puisqu'il fit référence aux Évangiles pour justifier cette maltraitance :

« Les personnes qui enfreignent les lois de notre nation doivent être poursuivies en justice. Je pourrais citer saint Paul Apôtre, lorsqu'il commande avec lucidité et sagesse, dans sa lettre aux Romains, d'obéir aux lois du gouvernement parce que Dieu les a prescrites afin que règne l'ordre », dit-il, oubliant apparemment, ou négligeant, tous les enseignements du Christ.

Et pour plus de cruauté encore, Sessions supprima le droit des femmes et des enfants à demander l'asile pour cause de violences conjugales.

Je dis souvent que l'équilibre de notre démocratie repose sur quatre piliers : trois branches indépendantes et égales du gouvernement, et une presse libre et indépendante. Pendant que cette horreur se déroulait, la presse travaillait sans relâche à protéger nos vraies valeurs. Des équipes de reportage descendirent à la frontière du Mexique pour filmer, documenter et montrer en temps réel aux Américains ce qu'il s'y passait vraiment, pour faire entrer cette crise dans nos foyers. Leur couverture quotidienne des événements, tellement frappante, informa la population et lui inspira une telle indignation que la Maison Blanche et son administration furent contraintes de reculer – temporairement du moins.

Le 20 juin 2018, le président signa un décret mettant un terme à la politique de séparation des familles. Mais cela ne fut pas le point final de cette histoire. Car le gouvernement adopta une nouvelle pratique consistant, au lieu de séparer les familles, à les détenir indéfiniment en prison. Au moment où j'écris ces lignes, l'emprisonnement d'enfants innocents est une chose qui se fait encore aux États-Unis d'Amérique. Et ces enfants se retrouvent quand même séparés de leurs parents. À la suite du décret présidentiel, nous eûmes droit à des titres comme celui-ci dans le *Texas Tribune* : « De tout petits enfants migrants reçoivent l'ordre de se présenter seuls au tribunal ».

Par une chaude et sèche journée de ce mois de juin, je me rendis à la prison d'Otay Mesa, qui se trouve non loin de la frontière entre la Californie et le Mexique. J'en ai vu beaucoup, des prisons, et Otay Mesa n'a rien de remarquable vue de l'extérieur. Pour entrer dans le complexe, qui est entouré de grillages et de barbelés, il faut franchir de multiples contrôles. Une porte s'ouvre, vous avancez, et elle se referme derrière vous avant qu'une autre s'ouvre un peu plus loin. Pour ceux qui sont détenus dans ce genre d'endroit, le message est clair : ils sont coupés du monde.

À l'intérieur, je rencontrai des mères qui avaient été séparées de leurs enfants. Elles portaient des combinaisons bleues avec le mot DÉTENUE en majuscules dans le dos. Je demandai aux gardiens et gardiennes qui se trouvaient là de bien vouloir nous laisser un peu tranquilles. Ils s'éloignèrent d'une vingtaine de mètres. J'encourageai alors ces mères à me raconter leurs histoires, et je compris le profond traumatisme qu'elles subissaient.

Olga me dit qu'elle n'avait pas vu ses quatre enfants, âgés de dix-sept, seize, douze et onze ans, depuis plus de deux mois. Elle n'était même pas sûre de savoir où ils se trouvaient. Originaire du Honduras, elle avait fui un mari violent en prenant un avion pour le Mexique avec les enfants. Arrivée au refuge pour migrants de Tapachula, elle apprit qu'il existait une caravane pour les demandeurs d'asile qui se rendaient aux États-Unis. On ne lui demandait pas d'argent, et la caravane devait la déposer à Tijuana juste au-dessous de la frontière. Le refuge leur fournit, à ses enfants et à elle, de quoi se nourrir pendant le voyage, et les aida pour leur demande d'asile. Pour gagner Tijuana, qui se trouvait à 4 000 kilomètres de Tapachula, ils voyagèrent en avion, par le train et par le bus, et ils durent aussi marcher, mais en étant toutefois souvent en mesure de faire du stop. Tout au long du chemin, précisa-t-elle, beaucoup de gens avaient été prêts à les aider.

Arrivés à Tijuana, Olga et ses enfants furent recueillis par des églises et des refuges. Puis, un jour, ils passèrent aux États-Unis et se présentèrent à la Border Patrol – la police des frontières. On les conduisit dans une cellule de détention provisoire où ils devaient attendre, leur dit-on, que leur dossier soit traité. Ce fut à ce moment-là que les enfants d'Olga lui furent retirés – sans avertissement et sans un mot d'explication. Pendant des jours, elle supplia les agents de lui dire où ses enfants avaient été emmenés. Elle présenta leurs certificats de naissance. Elle avait désespérément besoin de savoir. Mais on ne lui donna aucune réponse. Tout ce qu'elle entendit dire, ce fut que ses trois filles étaient quelque part ensemble, tandis que son fils était ailleurs, seul. Enfin, un travailleur social fut en mesure de la mettre en relation, par téléphone, avec ses enfants. Lesquels ne savaient pas très bien où ils étaient. Elle en était venue à croire qu'ils étaient tous à New York, désormais, et même s'ils disaient qu'ils allaient bien, il était difficile d'imaginer que ce soit vrai.

Une autre femme, hondurienne elle aussi, avait une histoire semblable. Elle avait fui son pays, où elle subissait des violences, avec son fils de huit ans, Mauro. Et Mauro, lui aussi, avait été retiré de la cellule où ils se trouvaient sans la moindre explication. Des agents qui s'occupaient des expulsions de migrants avaient dit à la mère qu'il était à Los Angeles, mais ils n'en étaient pas certains. Elle l'avait pris avec elle parce qu'elle croyait qu'il serait en sécurité aux États-Unis. Mais c'était un espoir qu'elle avait maintenant perdu.

Le département de la Sécurité intérieure avait dit que les familles qui demandaient l'asile dans les règles, aux postes frontières, ne seraient pas séparées. Mais lorsqu'une autre femme que je rencontrai à Otay Mesa, Morena, arrivant du Salvador, se présenta avec ses deux fils de douze et cinq ans au poste frontière de San Ysidro, entre Tijuana et San Diego, ses enfants lui furent arrachés. Elle supplia en vain les agents de ne pas les emmener. Elle dut attendre quinze jours avant de pouvoir appeler ses fils, car les personnes détenues devaient payer 85 cents la minute de téléphone – et elle n'avait pas d'argent. Il lui fallut en gagner en travaillant dans la prison. Après avoir travaillé sept jours consécutifs, elle toucha en tout et pour tout quatre dollars. Olga travailla douze journées avant de recevoir, elle aussi, quatre malheureux dollars. Les femmes me dirent que lorsqu'elles essayaient de signaler les maltraitances qu'elles subissaient, on leur criait dessus. Elles étaient fréquemment insultées par le personnel, et contraintes de travailler tard le soir après avoir passé de longues journées à attendre leurs audiences.

Six semaines après son arrivée, Morena n'avait toujours pas réussi à entrer en contact avec ses enfants. Elle appelait le centre où ils étaient logés, mais personne ne décrochait le téléphone. Au seul moment de la journée où les mères étaient autorisées à passer des appels, me dit-elle, les enfants étaient en classe et donc indisponibles. Morena avait du mal à manger, parce qu'elle était trop bouleversée de n'avoir ni vu ses enfants ni parlé avec eux depuis si longtemps.

Lorsque je m'entretins avec le personnel de la prison, j'avais beaucoup de questions à poser. Et les réponses que je reçus ne rimèrent à rien. On me dit par exemple que les mères pouvaient communiquer avec leurs enfants par un service de vidéoconférence offert par la prison, disponible à tout moment et gratuitement. On m'assura que les appels téléphoniques étaient également gratuits. Mais quand je demandai aux mères si elles savaient cela, elles secouèrent résolument la tête. Elles n'avaient jamais entendu parler de ce service de vidéoconférence.

Lorsque, de retour à Washington, je participai avec la commission des Affaires judiciaires à l'audition de Matthew Albence, le directeur adjoint des opérations de reconduite à la frontière pour l'ICE, notre échange sur le sujet fut révélateur.

Je racontai à Albence comment, pendant ma visite à Otay Mesa, j'avais appris par des parents détenus que lorsqu'ils travaillaient

– au nettoyage des toilettes, par exemple, ou à la blanchisserie –, ils étaient payés un dollar par jour. « Êtes-vous au courant de cette politique ? Ou de cette pratique ? demandai-je.

— De nombreuses personnes qui sont sous la garde de l'ICE ont le droit de demander à participer à un programme de travail volontaire, répondit Albence. Ce n'est pas obligatoire. C'est sur la base du volontariat, si elles le souhaitent. Beaucoup choisissent effectivement de travailler, pour passer le temps, en attendant leur audience ou leur expulsion…

— Vous pensez, l'interrompis-je, que les gens choisissent volontairement de nettoyer des toilettes pour passer le temps ? C'est cela que vous dites ?

— Je peux dire que nous avons un très grand nombre de personnes, parmi celles dont nous avons la garde, qui se portent volontaires pour travailler dans le cadre de ce programme de travail.

— Pour nettoyer les toilettes ? Monsieur, c'est bien ce que vous dites ?

— Je ne connais pas toutes les tâches auxquelles ces personnes sont assignées, mais je répète, elles sont volontaires. »

Volontaires ? Je ne pense pas.

La chose la plus choquante, peut-être, que j'entendis pendant ma visite à Otay Mesa, ce fut la réponse que me donna le personnel de la prison à une question que beaucoup de gens m'avaient posée : « Qui est chargé de faire le nécessaire, le moment venu, pour que ces parents retrouvent leurs enfants ? » Les gardiens et les gardiennes échangèrent des regards perplexes, quelques instants, puis l'un d'eux (qui semblait avoir davantage d'ancienneté que les autres) répondit : « Je suppose que c'est moi. » Il admit alors qu'il ignorait ce qui était prévu, et si même il était prévu quelque chose, pour réunir les familles.

Nous apprendrions plus tard que des documents administratifs fédéraux permettant de faire le lien entre parents et enfants avaient disparu. Dans certains cas, pour quelque raison insondable, les dossiers avaient été détruits. Lorsqu'une cour fédérale décida que les familles devaient être réunies dans les trente jours, il fallut avoir recours à des analyses ADN pour déterminer quels enfants allaient avec quels parents.

Avant de quitter la prison, je dis aux mères pour les rassurer qu'elles n'étaient pas seules – que beaucoup de gens étaient de leur côté et se battaient pour elles, et que je ferais moi-même tout ce qui était en mon pouvoir pour les aider. Puis, lorsque je sortis du bâtiment et m'avançai à pied sur la longue allée menant au portail, je vis la solidarité incarnée. Des centaines de personnes étaient rassemblées devant l'enceinte de la prison, manifestant silencieusement en soutien aux familles. Il y avait des gens de tous âges et de toutes origines – des enfants, des étudiants, des parents et des grands-parents –, qui étaient venus jusqu'à Otay Mesa parce qu'ils partageaient l'inquiétude et la peine des mères enfermées ici.

Je les rejoignis. Beaucoup brandissaient des pancartes : ESTAMOS CON USTEDES… NE SÉPAREZ PAS LES FAMILLES… NOUS NE CÉDERONS PAS. Sous le brûlant soleil estival, je racontai alors aux médias ce que j'avais vu. « Ces mères ont témoigné devant moi, elles m'ont raconté leurs histoires, qui sont des histoires de violations des droits humains commises par le gouvernement des États-Unis. Nous valons tellement mieux que cela, pourtant. Et il faut que nous nous battions. Ce qui se passe ici est contraire à tous les principes auxquels nous tenons, et qui nous donnent le sens de qui nous sommes quand nous nous sentons fiers d'être américains. Ici, nous n'avons aucune raison d'être fiers. »

Ces mères ont entrepris un voyage dangereux en direction de l'Amérique, avec leurs enfants, parce qu'elles avaient conscience de courir un danger encore plus grand en restant dans leur pays d'origine. Elles ont le droit de demander l'asile, mais à leur arrivée ici elles sont considérées comme des criminelles. Nous les traitons en criminelles. Ce n'est pas la marque d'une société respectable. D'une société compatissante. Le gouvernement des États-Unis a causé une grande honte au peuple américain.

Les valeurs qui sont en jeu ici dépassent largement le cadre du débat sur l'immigration.

Rien ne permet à un enfant de se sentir plus en sécurité que lorsqu'un parent le met au lit à la fin de la journée, lorsqu'il est embrassé et câliné, lorsqu'il peut s'endormir en écoutant la voix de ce parent qui lui lit une histoire. Rien n'est plus important pour un parent que de parler avec son enfant, le soir, avant qu'il ne se couche, pour répondre à ses questions, le réconforter et le rassurer s'il a quelque crainte, veiller à ce qu'il sache que tout va bien. Parents et enfants ont besoin de ces rituels qui sont partie intégrante de l'expérience humaine.

Lorsque les réunifications des familles commencèrent, nous apprîmes des choses épouvantables qui nous montrèrent de nouveau à quel point les décisions de cette présidence étaient honteuses. Le *Los Angeles Times* raconta l'histoire d'un garçon de trois ans qui avait été séparé de son père à la frontière. « La nuit, il arrive qu'Andriy se réveille en hurlant dans le lit superposé qu'il partage avec sa mère et son petit frère. » Nous vîmes la vidéo de Jefferson, six ans, lorsqu'il retrouva son père après bientôt deux mois de séparation. Le corps de l'enfant était couvert d'eczéma, son visage portait des ecchymoses, son regard semblait éteint. Son père l'enveloppa de ses bras en pleurant. Jefferson resta raide et apathique. Nous découvrîmes aussi, dans l'émission d'information *PBS NewsHour*, un garçon de quatorze mois qui fut rendu à ses parents, au bout de huit jours, infesté de poux – apparemment il n'avait pas été lavé. Un pays qui commet de telles violences à l'égard d'enfants, peut-on imaginer plus cruel ?

Une mère séparée de ses enfants raconta qu'elle avait été enfermée dans une cellule avec près de cinquante autres mères. Les gardiens leur disaient qu'elles n'étaient pas autorisées à manger parce qu'elles réclamaient leurs gamins. Une femme enceinte tomba d'inanition. Cette mère expliqua aussi, au sujet des enfants, qu'ils n'avaient ni chaussures ni couvertures dans la prison où ils se trouvaient, et que certains détenus de cette prison devaient dormir debout. Les enfants étaient humiliés, dit-elle – traités d'« animaux » et d'« ânes ». Ce ne sont sans doute que les exemples que nous connaissons, pour des milliers d'horreurs dont nous ne saurons peut-être jamais rien. Ces enfants arrachés à leurs parents seront toute leur vie traumatisés par les actions de cette présidence. Ce comportement n'est pas seulement immoral. Il est inhumain. J'ai proposé une loi, au Sénat, pour que les agents de l'immigration soient équipés de caméras-piétons, de façon à dissuader les conduites indignes et à favoriser la transparence et la responsabilisation.

Une société se juge à sa façon de traiter ses enfants – et l'histoire nous jugera durement pour cette période. La plupart des Américains savent déjà cela. La plupart des Américains sont épouvantés et pleins de honte. Nous valons mieux que cela. Et nous devrons réparer les fautes que cette présidence a commises en notre nom.

7

Tout le monde est fragile

« Et là-bas, comment tu t'habitues ?

— Pour le moment ça va, répondit Maya. Mais nous n'avons pas encore eu d'hiver à passer ici. »

C'était en 2008 et Maya nous rendait visite de New York où elle avait récemment pris le poste de vice-présidente responsable du programme Démocratie, Droits et Justice à la fondation Ford. Nous avions déjà vécu dans des villes différentes, les deux sœurs, mais pendant bien des années nos domiciles n'avaient jamais été distants de plus d'un petit trajet en voiture. Désormais elle était de l'autre côté du continent. Moi aussi, je devais m'habituer à cette nouvelle réalité.

Nous étions installées dans un restaurant, attendant notre mère qui avait demandé à ce que nous déjeunions ensemble. Nous étions ravies, toutes les trois, de nous trouver dans la même ville ne serait-ce qu'un petit moment. Nous avions fait beaucoup de chemin depuis Berkeley et notre quartier populaire des *flatlands*, mais nous étions toujours « Shyamala et les filles ».

« La fondation a des projets extraordinaires, reprit Maya. Et je vais être… »

Elle s'interrompit, regardant par-delà mon épaule. Je me retournai. Notre mère venait d'entrer dans le restaurant. Maman, la personne la moins vaniteuse que je connaissais, semblait apprêtée comme pour une séance photo. Elle portait une tenue de soie lumineuse, s'était manifestement maquillée (ce qu'elle ne faisait jamais), et sa mise en plis n'avait pu être réalisée que par un coiffeur. Maya et moi échangeâmes un regard perplexe.

« Qu'est-ce qui se passe ? » chuchotai-je tandis que notre mère venait vers notre table. Maya fit la moue, aussi déconcertée que moi.

Nous embrassâmes et serrâmes notre mère dans nos bras, l'une après l'autre, puis elle s'assit. Un serveur nous apporta une corbeille de pain. Nous examinâmes les menus et passâmes la commande tout en discutant de choses et d'autres.

Puis ma mère prit une grande inspiration et se pencha pour saisir nos mains à toutes les deux sur la table.

« On a découvert que j'ai un cancer du côlon », dit-elle.

Un cancer. Maman. Par pitié, pas ça.

Je sais que beaucoup d'entre vous pourront comprendre les émotions que j'ai éprouvées à ce moment-là. Encore maintenant, le simple fait de l'évoquer m'emplit d'anxiété et d'effroi. Ce fut l'un des jours les plus difficiles de ma vie.

Et la dure vérité de l'existence, c'est que chacun de nous doit passer par une expérience de ce genre tôt ou tard, qu'il s'agisse d'accepter la maladie mortelle d'un être cher, ou d'apprendre que nous sommes malades. Comme ma mère le comprenait elle-même si bien pour avoir consacré sa vie à observer des cellules cancéreuses au microscope, peu importe qui nous sommes et d'où nous venons, nos corps à tous sont fondamentalement identiques. Ils fonctionnent de la même façon – et se détériorent aussi de la même façon. Personne n'y échappe. À un moment ou un autre, nous devons presque tous être confrontés à un diagnostic médical qui nous oblige à entrer de façon durable en relation avec le système de santé.

À cette révélation font suite nombre de choses pénibles : l'inquiétude, la souffrance, la dépression, la peur. Et tout cela est aggravé, en Amérique, par le fait que notre système de santé est en panne. Les États-Unis dépensent davantage dans le secteur de la santé qu'aucune autre économie avancée, mais cela ne se traduit pas par de meilleurs résultats pour les patients. C'est presque incroyable, mais, dans de nombreuses régions du pays, l'espérance de vie diminue. Pour ce qui est par exemple de la mortalité maternelle, les États-Unis font partie d'un petit groupe de treize pays où les taux ont empiré depuis un quart de siècle. Et pendant ce temps-là, les familles sont accablées par leurs frais de santé – lesquels sont une des principales causes de faillite personnelle dans le pays.

Je dis clairement que j'ai un immense respect pour les femmes et les hommes des professions médicales. Pour eux, la vocation de soigner va le plus souvent de pair avec un profond désir d'aider leur prochain – depuis le moment où ils aident un nouvel être humain à venir au monde jusqu'à celui où ils prolongent la vie d'un patient. Mais l'approche de notre nation pour tout ce qui touche à la santé a fabriqué une étrange dichotomie : nous sommes à la fois le pays des institutions médicales les plus sophistiquées du monde, et le pays d'un dysfonctionnement structurel qui prive des millions d'Américains de ce droit humain fondamental, l'égal accès aux soins de santé.

Contrairement à de nombreuses autres nations riches, les États-Unis n'offrent pas de système de santé universel à leurs citoyens. Au lieu de cela, les Américains doivent avoir une assurance médicale privée, sous une forme ou une autre, qui couvre leurs dépenses de santé – à moins qu'ils ne soient âgés, ne souffrent de sévères handicaps ou n'aient des revenus très faibles, auxquels cas ils sont admissibles à Medicare et à Medicaid, deux systèmes de protection du gouvernement fédéral. De manière générale, l'assurance médicale privée est payée par l'employeur, et l'étendue et la qualité de la couverture varient, de même que varie la fraction de la prime d'assurance qui reste à l'employé à payer de sa poche. Depuis des années, ces primes n'ont jamais cessé d'augmenter – et beaucoup plus vite que les salaires. Un système où la possibilité d'être soigné dépend de ce que l'on gagne ne peut que créer d'énormes disparités. Une étude de 2016 a relevé un écart d'espérance de vie de dix ans, en Amérique, entre les femmes les plus aisées et les plus pauvres. Cela signifie qu'être pauvre réduit davantage votre espérance de vie que toute une vie de tabagisme.

L'Affordable Care Act (loi pour des soins abordables), ou ACA, un programme créé par le président Obama – et que l'on appelle donc plus couramment l'Obamacare –, a fait beaucoup pour rendre l'assurance maladie plus facilement accessible et moins onéreuse, en offrant notamment des dégrèvements d'impôts aux gens pour les aider à s'acquitter de leurs primes d'assurance, et en élargissant la couverture Medicaid à des millions d'Américains. Mais depuis 2010, année où l'Obamacare a été promulgué, les responsables du Parti républicain en ont fait une question éminemment conflictuelle et se sont appliqués à le saboter, le vider de sa substance et le pervertir. De fait, le chef des républicains au Sénat a déclaré que la loi devait être « éradiquée ». Entre autres arguments contre l'Obamacare, les républicains l'ont comparé aux taxes coloniales imposées par le roi George III et sont allés jusqu'à insinuer que le président risquait de décréter un beau jour que le gouvernement ne paierait plus que pour la naissance à l'hôpital d'un seul bébé par famille. Malgré toutes leurs contre-vérités et gesticulations, ils ne se sont pas pour autant donné la peine de proposer la moindre alternative sérieuse à ce projet. Depuis le début, ils font de la politique politicienne avec la vie des gens.

Plus de cent actions en justice contestant l'Obamacare ont été engagées depuis 2010. Des gouverneurs républicains ont empêché dix-sept États d'élargir le système Medicaid, privant des millions d'Américains en Floride, au Texas, dans le Missouri, dans le Maine et ailleurs d'une couverture santé au coût abordable. Dans de nombreux États, des législateurs républicains ont voté des lois qui limitent la capacité des employés des services de santé à aider les citoyens à s'inscrire aux différents régimes d'assurance susceptibles de leur être proposés, et ce en dépit d'une loi qui finance cette mission particulière.

En 2017, le tout premier décret signé par la nouvelle présidence a ordonné aux agences fédérales d'« utiliser toute l'autorité et toute la latitude dont elles disposent pour abolir, reporter, accorder des exemptions, ou retarder la mise en œuvre de toute disposition ou exigence de l'[Affordable Care] Act qui imposerait un fardeau fiscal [aux contribuables] ». Le gouvernement a mis un terme à des subventions dites de « partage des coûts », prévues par l'Obamacare, qui permettaient à davantage de familles de la classe moyenne et de personnes seules de disposer d'une assurance maladie abordable. Il a même annulé une campagne publicitaire destinée à informer la population américaine de la période d'inscription aux assurances maladie pour l'année 2017[1] – allant jusqu'à faire retirer des publicités qui avaient déjà été intégralement payées. Ces actions se sont traduites par une incertitude et une instabilité profondes sur les marchés de l'assurance, ce qui a entraîné une augmentation importante des primes d'assurance maladie – et obligé des gens, partout dans le pays, à renoncer purement et simplement à leur couverture médicale.

Et tout cela s'ajoute aux efforts entrepris par les républicains du Congrès – à plus de cinquante reprises – pour faire jeter l'Obamacare aux oubliettes. En juillet 2017, leur tentative d'abrogation de la loi fut déjouée par tout juste trois votes. Mais ils ne risquaient pas de baisser les bras pour autant. Le retrait de l'Obamacare aurait pour conséquence que des dizaines de millions de personnes perdraient leur couverture santé. Il permettrait aux compagnies d'assurances de réinstituer des garanties maximales à vie (des limites au total des remboursements qu'elles effectuent sur l'ensemble de la durée de vie d'un contrat), ce qui conduirait d'innombrables Américains à la faillite, et de refuser à nouveau de couvrir les personnes souffrant d'affections préexistantes – asthme ou hypertension, diabète ou cancer. Nous nous souvenons tous de ce qu'était la situation avant l'Obamacare. Nous savons qu'il ne faut pas revenir en arrière.

Au début de l'année 2011, juste après avoir été élue procureure générale de Californie, je me rendis un jour chez mon dentiste pour un contrôle. Je connaissais l'assistante dentaire, Chrystal, rencontrée au cours de précédentes visites, mais il y avait un

1. Aux États-Unis, c'est pendant une période déterminée de l'année (six semaines entre novembre et décembre, en général), que les employés du privé et de la fonction publique peuvent changer d'assurance maladie.

moment que je ne l'avais pas vue. Elle me demanda comment j'allais. Je lui dis que j'avais remporté l'élection. Je lui demandai à mon tour comment elle se portait. Elle me dit qu'elle était enceinte. C'était une grande nouvelle.

Mais voilà : en tant qu'assistante dentaire, Chrystal travaillait pour plusieurs dentistes différents, dont aucun ne la considérait comme une employée à plein temps dans son cabinet. Comme nous étions avant l'entrée en vigueur de l'Obamacare, elle avait donc une assurance privée avec une couverture de base – tout juste suffisante pour rembourser ses frais d'examens médicaux annuels. Lorsqu'elle avait appris qu'elle était enceinte, elle s'était tournée vers sa compagnie d'assurances pour souscrire une couverture pour les soins prénatals.

Mais sa demande avait été refusée. On lui avait répondu qu'elle avait une condition pathologique préexistante.

« Ah bon ? demandai-je avec inquiétude. Qu'est-ce qui ne va pas, Chrystal ? C'est quoi cette maladie préexistante ? »

C'était seulement, me répondit-elle avec un sourire désemparé, qu'elle était enceinte. Voilà la raison pour laquelle l'assureur refusait de la couvrir. Elle s'était adressée à une autre compagnie, mais avait essuyé un nouveau refus. Pour quel motif ? « Condition pathologique préexistante. » Laquelle ? « Grossesse. » Je n'arrivais pas à y croire.

Cette jeune femme fut contrainte d'attendre son sixième mois de grossesse pour avoir sa première échographie. Par chance, il existait un dispensaire à San Francisco où elle pouvait recevoir des soins prénatals. Et Dieu merci, Chrystal mit au monde un bébé splendide et en bonne santé qu'elle prénomma Jaxxen. Et tous deux se portent bien aujourd'hui.

Mais pensez un peu. Voici le monde auquel nous retournerions si l'Obamacare disparaissait : un monde où les femmes se voient refuser d'être suivies médicalement parce qu'elles perpétuent l'espèce. Souvenons-nous des mots de Mark Twain : « Et quels seraient, monsieur, les peuples de la Terre sans les femmes ? Ils seraient rares, monsieur, extrêmement rares. »

L'Obamacare a apporté beaucoup de bien. Mais il reste certaines réalités structurelles qui rendent la santé trop chère dans notre pays. Comme le sait quiconque a déjà consulté un médecin, outre les primes d'assurance, il faut aussi payer les franchises diverses et la partie non remboursable des médicaments sur ordonnance – et ces frais sont toujours source d'inquiétude, car ils peuvent finir par représenter des milliers de dollars à débourser au moindre incident de santé.

Comparés aux citoyens d'autres pays riches, les Américains sont confrontés à des prix de médicaments sur ordonnance extraordinairement élevés. En 2016, par exemple, une même dose de Crestor, un traitement pour l'excès de cholestérol, coûtait 62 % plus cher aux États-Unis que chez nos voisins canadiens. Cette disparité se retrouve médicament après médicament. 58 % des Américains prennent des médicaments sur ordonnance, et un sur quatre en prend quatre ou davantage. Et parmi ceux qui prennent aujourd'hui des médicaments sur ordonnance, un sur quatre a des difficultés à payer ses frais de pharmacie.

Nous, les Américains, pourquoi payons-nous tellement plus cher que les citoyens d'autres pays les médicaments dont nous avons besoin ? Parce que, contrairement à ce qu'il se passe dans beaucoup de nations avancées, notre gouvernement ne négocie pas les prix des médicaments sur ordonnance. Lorsqu'un gouvernement achète des médicaments en grandes quantités, il peut obtenir de meilleurs prix et faire profiter les consommateurs de ces économies – exactement comme nous profitons de rabais sur les ventes par lots de produits alimentaires dans la grande distribution. Mais le système de santé américain actuel ne permet pas de telles discussions tarifaires.

Medicare, qui couvre environ 55 millions de personnes, pourrait avoir un exceptionnel pouvoir de négociation pour faire baisser significativement les prix des médicaments. Mais les législateurs républicains et démocrates, sur ordre du lobby pharmaceutique, interdisent à Medicare de s'engager dans cette démarche. Les autres régimes d'assurance maladie sont autorisés à négocier, mais comme chacun d'eux n'a qu'un nombre relativement faible de souscripteurs, ils ont peu de poids pour infléchir les prix.

La solution, si nous ne réussissons pas nous-mêmes à négocier, pourrait consister à importer des médicaments de pays qui savent s'y prendre. Imaginez par exemple que vous ayez besoin de Crestor. Et si vous pouviez l'acheter au Canada avec un rabais substantiel ? L'un des tout premiers votes auxquels j'ai pris part au Sénat portait exactement sur cette question : autoriser les Américains à acheter leurs médicaments chez notre voisin du nord. L'amendement que j'ai soutenu avait reçu un soutien appuyé de sénateurs des deux camps. Mais le puissant lobby pharmaceutique entra une fois de plus en action pour le faire évincer.

Les compagnies pharmaceutiques influencent le Congrès depuis des années, et leur pouvoir va croissant. Un rapport de l'organisation indépendante CREW (Citizens for Responsibility and Ethics in Washington) a montré qu'en 2017, 153 sociétés et organismes faisaient du lobbying dans le domaine de la tarification des médicaments : un chiffre quatre fois supérieur à ce qu'il était en 2012. En 2016, parce qu'elle craignait de voir le Congrès tenter quelque chose de concret pour contrôler les prix des médicaments, PhRMA, l'organisation qui représente les plus grands laboratoires, a augmenté ses frais de cotisation de 50 % de façon à se constituer une cagnotte de guerre de cent millions de dollars. Au cours des années 2010, et ce chiffre ne devrait surprendre personne, les labos ont dépensé environ deux milliards et demi en lobbying. Imaginez un peu les essais de nouveaux médicaments qu'ils auraient pu financer avec cet argent.

Ce lobbying soutient aussi un système qui donne aux compagnies pharmaceutiques le pouvoir d'étouffer la concurrence des marques génériques, c'est-à-dire d'empêcher pendant des années que des versions moins coûteuses de certains médicaments arrivent sur le marché. Et entre-temps, elles peuvent continuer d'augmenter leurs propres prix sans le moindre état d'âme.

Prenez le laboratoire pharmaceutique Mylan. Il a augmenté le prix de l'Epipen, un traitement d'urgence pour les réactions allergiques exacerbées, de près de 500 % en sept ans. Entre octobre 2013 et avril 2014, cette entreprise a aussi augmenté le prix de la pravastatine, une statine qui fait baisser le cholestérol et aide à la prévention de l'infarctus, de 573 %. Sur la même période, Mylan a en outre propulsé le prix de l'Albuterol, un traitement courant pour l'asthme, de 11 à 434 dollars. Il n'est pas besoin d'être procureur pour comprendre qu'une augmentation de prix de 4 000 %, ce n'est pas normal.

Les médicaments prescrits par les médecins ne sont pas des produits de luxe. Au contraire ! Nous n'avons pas envie d'avoir besoin d'eux. Personne n'aspire à être allergique aux cacahuètes, ou à souffrir d'asthme ou d'une maladie cardiaque. Je me souviendrai toujours de la terreur que j'ai ressentie le jour où ma nièce Meena, quand elle était petite, a eu une crise d'asthme si affreuse que Maya a dû appeler le 911. Il est cruel et injuste que ces sociétés amassent des fortunes en exploitant le fait que leurs clients ne peuvent littéralement pas vivre sans leurs produits.

Pendant qu'elles augmentent spectaculairement leurs prix, les compagnies pharmaceutiques réduisent en revanche les montants qu'elles investissent en recherche et développement pour de nouveaux traitements. En janvier 2018, par exemple, le laboratoire Pfizer a annoncé qu'il ne participerait plus à la recherche en neurosciences : il interrompait donc ses travaux sur la maladie d'Alzheimer et la maladie de Parkinson, deux troubles qui affectent des dizaines de millions de personnes dans le monde.

Trop de nos concitoyens américains, accablés par les prix excessifs des médicaments, se voient dans l'obligation de choisir entre les soins dont ils ont besoin et l'achat d'autres biens de première nécessité comme les produits alimentaires. Et c'est sans parler du péril financier auquel ils se retrouvent exposés s'ils doivent se rendre aux urgences.

En épluchant plus de 1 400 factures de services d'urgence sur une période de six mois, le média en ligne Vox a découvert de nombreuses histoires troublantes de patients estomaqués par les montants scandaleux qui leur étaient réclamés. Un jour, par exemple, des parents amenèrent leur bébé aux urgences parce qu'il avait fait une chute sur la tête. Il ne saignait pas, mais les parents, très inquiets, appelèrent les secours. Le bébé fut conduit à l'hôpital en ambulance. Les médecins l'examinèrent et jugèrent qu'il allait bien. Ils lui donnèrent un biberon et le laissèrent rentrer chez lui moins de quatre heures après sa prise en charge. Quand ils reçurent la facture, les parents découvrirent avec stupeur qu'ils devaient près de 19 000 dollars à l'hôpital. Dans un autre cas, une femme se cassa la cheville et dut subir une opération chirurgicale d'urgence. Elle avait une couverture médicale, mais sa compagnie d'assurances décida que la facture de l'hôpital était trop élevée : au lieu de la payer en totalité comme elle aurait dû, elle lui réclama 31 250 dollars de « frais ». Autre cas encore, un patient qui avait eu un accident de moto prit la peine de se faire confirmer par téléphone, avant d'être opéré, que l'hôpital où il avait été amené faisait bien partie du réseau d'établissements couverts par sa compagnie d'assurances. Oui, mais le chirurgien qui opéra, lui, n'était pas membre de ce réseau. En conséquence le patient se vit réclamer 7 294 dollars.

Et que dire si vous faites partie des plus de 43 millions d'Américains qui ont besoin de soins en santé mentale à un moment ou un autre de l'année ? Même si vous avez une couverture médicale auprès d'une compagnie d'assurances, il est extrêmement difficile de trouver des professionnels de la santé mentale avec lesquels vous pourrez la faire jouer. Près de la moitié des psychiatres ne prennent pas d'assurance. Dans l'ensemble, les prestataires de soins de santé mentale ne sont pas encouragés à entrer dans le réseau d'une compagnie d'assurances, pour la simple raison qu'ils y sont extrêmement mal remboursés. Par conséquent, si vous avez besoin d'un psychologue ou d'un psychiatre, il est probable que vous devrez consulter en dehors du réseau de votre assurance. Et comme les traitements de santé mentale reviennent extrêmement cher dans la durée, les gens tendent tout simplement à s'en priver. La dépression est en augmentation aux États-Unis, surtout parmi les jeunes. Mais, de plus en plus souvent, ce sont seulement les personnes qui ont les moyens de payer psychologues et psychiatres de leur poche qui ont accès aux soins dont elles ont besoin.

Dans le domaine de la santé mentale, en outre, le coût des soins n'est pas le seul problème. Il se trouve aussi que le secteur manque, de manière générale, de prestataires qualifiés. D'après le département de la Santé et des Services sociaux, les États-Unis auront besoin de 10 000 professionnels de la santé mentale supplémentaires, d'ici 2025, rien que pour satisfaire la demande projetée. Et si l'on se penche sur le problème au niveau régional, le défi est encore plus grand. L'Alabama ne compte qu'un seul professionnel de la santé mentale pour 1 260 habitants ; le Texas, un pour 1 070 habitants ; la Virginie-Occidentale, un pour 950. Une étude de l'organisation indépendante New American Economy a montré qu'environ 60 % des comtés américains ne possèdent pas un seul psychiatre. Dans les comtés ruraux, où vivent 27 millions de personnes, il n'y a au total que 590 psychiatres – c'est-à-dire un pour 45 762 habitants.

Même dans le Maine, l'État qui dispose de la meilleure offre de soins en santé mentale, 41,4 % des adultes souffrant de maladie mentale ne sont pas soignés. Songez à cela une minute. Imaginez si, dans votre ville, quatre jambes cassées sur dix n'étaient pas plâtrées, quatre plaies sur dix n'étaient pas désinfectées, quatre crises cardiaques sur dix restaient ignorées. Nous dirions « C'est inacceptable ! » et à juste titre. Il est tout aussi inacceptable que la maladie mentale reste ainsi privée de prise en charge et de traitement – délaissée.

La prise en charge du cancer de ma mère s'installa dans une espèce de train-train sinistre. Le jour, je l'accompagnais à l'hôpital pour sa chimiothérapie. Nous croisions à chaque fois à peu près les mêmes personnes, des hommes et des femmes de tous âges, reliés à des machines qui leur injectaient les produits toxiques dont ils espéraient qu'ils leur sauveraient la vie. Une étrange impression de familiarité, un sentiment anormal de normalité, s'empara peu à peu de moi. Si j'avais une obligation incontournable, je déposais ma mère et revenais la chercher après la séance. Mais je préférais toujours rester pour lui tenir compagnie, et elle aussi.

Parfois la séance lui coupait l'appétit. Mais il arrivait qu'elle ait faim, après coup, et je lui achetais des croissants au beurre qu'elle adorait dans une boulangerie du quartier. Plus d'une fois, elle dut être admise à l'hôpital pour des complications, et je me souviens de bien des jours et des nuits difficiles sous ces néons froids. Quand ma mère dormait, j'arpentais les couloirs, jetant des coups d'œil dans les chambres dont les portes étaient ouvertes. Certains patients levaient les yeux pour me regarder. D'autres restaient dans leurs pensées. Bien trop souvent je les trouvais, allongés là, complètement seuls. Cette expérience m'a convaincue que personne ne devrait avoir à affronter un séjour à l'hôpital sans soutien – alors que c'est hélas le cas pour beaucoup de gens.

La situation de ma mère m'était par moments très pénible. La chimiothérapie épuise. Souvent, elle sortait de la séance trop vidée pour faire autre chose que dormir. Et à côté de cela elle prenait de nombreux médicaments, avec de possibles effets secondaires, des contre-indications, des problèmes divers auxquels il fallait faire face. Que faire si elle réagissait mal à tel ou tel nouveau comprimé, comme cela arriva plus d'une fois ? Je devais coordonner les soins, m'assurer que ses différents médecins communiquaient entre eux, et veiller à ce qu'elle ait toujours le traitement le mieux adapté à son cas. Je me suis souvent demandé comment elle s'en serait sortie si nous n'avions pas été là, Maya et moi, pour parler en son nom.

J'ai tiré de cette expérience que nous devrions rendre obligatoire la mise à disposition de représentants des usagers du système de santé, afin que toute personne qui est confrontée à une maladie grave puisse compter sur l'aide d'un spécialiste du monde médical digne de confiance. Après tout, nous avons bien décidé que tout citoyen, lorsque sa liberté est compromise, a droit à un avocat. Et pourquoi ? Parce que nous savons que la plupart des gens ne parlent pas la langue de la justice, et quand bien même ils la connaîtraient, il est difficile d'avoir des jugements objectifs dans les situations tendues. Il en va de même à l'hôpital. Les émotions sont intenses. Les gens se retrouvent dans un environnement qui leur est inconnu, où l'on parle une langue spécialisée, tout en termes et expressions peu familiers, sinon abscons. Il peut arriver qu'ils aient à prendre certaines décisions pendant qu'ils ont peur, pendant qu'ils souffrent, pendant qu'ils sont sous l'effet de médicaments puissants – sinon ces trois choses à la fois. Ils sont dans l'obligation de trouver la force de jauger leur propre situation à un moment où ils se sentent profondément vulnérables. Nous devrions avoir des représentants des usagers prêts à prendre en charge ce fardeau, afin que les patients, avec leurs familles, puissent se concentrer sur leur guérison.

Il faut aussi parler vrai au sujet des disparités raciales dans notre système de soins. En 1985, Margaret Heckler, qui était alors secrétaire à la Santé et aux Services sociaux, publia un rapport pionnier établi par son Groupe d'étude sur la santé des Noirs et des minorités. Comme elle l'écrivit déjà à l'époque, même si d'importants progrès avaient été faits en Amérique, globalement, dans le domaine des soins médicaux, « il perdurait une disparité entre le fardeau des maladies et de la mort observé chez les Noirs et d'autres minorités américaines, et celui de notre nation dans son ensemble ». Et toujours selon Margaret Heckler, cette disparité était « un affront tant à nos idéaux qu'au génie de la médecine américaine ».

J'étais à l'université lorsqu'elle commanda cette étude. Qu'avons-nous pu observer depuis lors, sur plus de trois décennies ? Les écarts se sont réduits, mais on les trouve encore partout – et les communautés de couleur paient le prix fort. D'après un rapport établi en 2015 à la demande de Robin Kelly, une représentante de l'Illinois au Congrès, sur les disparités en matière de santé dans notre pays, les taux de mortalité des Noirs américains sont supérieurs à ceux de tous les autres groupes pour huit des dix premières causes de décès.

Dans les villes comme Baltimore où les communautés vivent très séparées, on relève un écart de vingt années entre l'espérance de vie des habitants des quartiers noirs pauvres et celle des habitants des quartiers plus fortunés et plus blancs. « Un bébé né à Cheswolde, au nord-ouest de Baltimore, peut s'attendre à vivre jusqu'à quatre-vingt-sept ans, écrit Olga Khazan dans *The Atlantic*. À moins de quinze kilomètres de là, à Clifton-Berea, près des rues où fut filmée la série *The Wire* (*Sur écoute*), l'espérance de vie est de soixante-sept ans – à peu près celle du Rwanda –, donc inférieure de douze années à la moyenne américaine. »

Ces disparités commencent en salle d'accouchement. Les bébés noirs risquent deux fois plus de mourir dans leur première année que les bébés blancs – une différence stupéfiante qui est plus importante encore qu'en 1850, avant l'abolition de l'esclavage. À vrai dire, les taux de mortalité des bébés noirs sont aujourd'hui plus élevés qu'ils ne l'étaient pour les bébés blancs à l'époque du rapport Heckler. Les bébés noirs ont moins de chances, de nos jours, de fêter leur premier anniversaire, que les bébés blancs au début des années 1980.

Les femmes noires, en outre, risquent trois fois plus de mourir de complications liées à la grossesse que les femmes blanches – un gouffre choquant qui transcende le statut socio-économique. Une importante étude menée sur cinq ans à New York a relevé que les femmes noires qui ont fait des études supérieures sont davantage susceptibles d'être confrontées à des complications sévères, pendant la grossesse ou à l'accouchement, que les femmes blanches qui n'ont pas terminé leur scolarité secondaire.

Un certain nombre de facteurs désavantagent les hommes, les femmes et les enfants noirs. Des centaines d'années de discrimination institutionnalisée dans les domaines de l'habitat, de l'emploi et de l'enseignement font que les Noirs américains sont davantage susceptibles d'être démunis en ce qui concerne l'accès aux soins, de vivre dans des quartiers pauvres où il est difficile d'avoir une alimentation de qualité, et de disposer de moindres ressources de soins communautaires.

Et comme les Noirs américains risquent davantage que leurs concitoyens blancs d'être nés et d'avoir grandi dans des quartiers pauvres où la criminalité est élevée, ils risquent davantage de souffrir de ce que l'on appelle le stress toxique, une conséquence du traumatisme provoqué par divers événements, comme le fait d'être témoin ou victime de violences. Non seulement le stress toxique crée de l'anxiété, mais il induit des transformations physiques. Pour reprendre les mots du Dr Nadine Burke Harris, spécialiste de la question et fondatrice de l'organisation Center for Youth Wellness qui se trouve dans le quartier de Bayiew-Hunters Point à San Francisco, « l'adversité vécue dans l'enfance nous tape littéralement sur les nerfs et peut avoir des effets profonds sur notre santé ».

Une étude a montré que les personnes qui subissent au moins six expériences négatives dans l'enfance pourraient voir leur espérance de vie réduite de plus de vingt années. Le stress physiologique provoque de l'hypertension qui se traduit, entre autres conséquences, par des taux de mortalité infantile et maternelle plus élevés. La recherche a même relevé que certains niveaux de stress raccourcissent les télomères – des brins d'ADN qui protègent nos chromosomes. À mesure que nous vieillissons, les télomères raccourcissent naturellement jusqu'à ce que les cellules commencent à mourir, ce qui provoque des maladies. Une étude de l'université du Michigan a mesuré les télomères de centaines de femmes, et découvert que les femmes noires étaient biologiquement plus de sept ans plus « vieilles » que les femmes blanches de leur âge.

Mais les conditions de vie n'expliquent pas à elles seules les disparités en matière de santé.

Il se trouve aussi que les Noirs américains sont moins bien soignés quand ils se rendent chez un médecin. Les patients blancs ont 10 % de chances de plus de se voir proposer une analyse de leur taux de cholestérol que les Noirs américains, alors même que les taux de maladies cardiaques et d'AVC sont plus élevés chez les Noirs. Les patients noirs sont également moins susceptibles d'être soignés avec des techniques de réparation des artères bloquées. Les taux de dépistage du cancer du sein sont plus élevés chez les femmes blanches que chez les femmes noires et latinos. Et les femmes de couleur sont davantage susceptibles de voir leur médecin ne pas tenir compte de leurs symptômes – indépendamment de leur statut socio-économique.

Lorsque la star du tennis Serena Williams, l'une des plus grandes athlètes de tous les temps, donna naissance à son enfant, elle souffrit de complications sérieuses. Le lendemain de la césarienne qu'il fallut lui pratiquer en urgence, elle commença à avoir des difficultés à respirer. Williams avait des antécédents d'embolie pulmonaire, c'est-à-dire de caillots de sang dans les poumons, et, reconnaissant les symptômes, elle se douta qu'il lui arrivait de nouveau la même chose. Elle raconterait au magazine *Vogue* qu'elle sortit alors de sa chambre d'hôpital, afin que sa mère ne s'inquiète pas, et dit à l'infirmière qu'elle avait besoin sur-le-champ d'un scanner et d'un anticoagulant en intraveineuse. Mais l'infirmière se montra sceptique. Elle supposa que la patiente n'avait pas les idées claires à cause des antalgiques qu'elle prenait. Williams insista. Plutôt que de l'emmener au scanner et de lui donner un anticoagulant, le médecin qui répondit à l'appel de l'infirmière arriva avec un échographe.

« Là j'ai fait, "Quoi, une écho ?!", se souviendrait-elle, et elle insista de nouveau auprès de l'équipe médicale : Je vous dis que j'ai besoin d'un scanner et d'héparine en intraveineuse ! » Lorsqu'ils finirent par l'envoyer au scanner, ils constatèrent qu'elle avait raison. « Là j'ai dit, "Hé, faut écouter le Dr Williams !" » Il y eut ensuite d'autres complications qui nécessitèrent une opération et l'obligèrent à rester alitée six semaines. Si quelqu'un comme Serena Williams peut endurer un tel calvaire, imaginez ce qu'il doit se passer pour d'autres patients qui connaissent bien leurs symptômes et ne sont pas écoutés.

Comment expliquer ces inégalités dans la prise en charge médicale de nos concitoyens ? Un nombre croissant d'études indiquent que le problème vient en partie des préjugés implicites, inconscients – ceux-là mêmes que nous observons dans la police. Tous autant que nous sommes, nous absorbons des stéréotypes et des présupposés sociaux, en général sans nous en rendre compte. Mais si nous n'en prenons pas conscience, si nous ne les examinons pas, ils peuvent nous conduire à avoir des comportements discriminatoires. Et cela peut avoir de profondes conséquences dans les domaines de la police, de la justice, de l'enseignement et de la santé.

Certains membres éclairés du monde médical s'efforcent de résoudre ce problème. À l'université de Californie à San Francisco, tous les étudiants en médecine de première année suivent désormais un cours sur les effets discriminatoires de ces préjugés. Avant de commencer, ils passent un test d'association implicite qui évalue leurs attitudes inconscientes, leurs préjugés, non seulement sur les races, mais aussi sur le genre, le poids et l'âge. La recherche a montré que 75 % des personnes qui passent ce test – indépendamment de leur couleur de peau – montrent une préférence inconsciente pour les Blancs.

Comment combler le fossé ? Il faut commencer par admettre cette vérité dérangeante que le fossé existe bel et bien. Ensuite, nous pouvons scinder le problème en plusieurs parties à traiter l'une après l'autre. Première chose, il faut que toutes les écoles de médecine du pays instaurent des cours de formation à la connaissance des préjugés implicites. Lorsque les personnes apprennent que les préjugés implicites sont une réalité, et que nous en avons tous en nous, elles acquièrent la capacité à en tenir compte dans leurs activités quotidiennes, et à prendre de meilleures décisions.

Nous devons aussi faire en sorte que les écoles de médecine s'appliquent résolument à ouvrir la porte à la diversité. En 2013, 9 % seulement des médecins de notre pays n'étaient pas blancs, et seulement 4 % étaient noirs. C'est le premier écart qu'il faut combler si nous voulons réussir à combler les autres. Ce ne sera pas facile. C'est un défi que toute une génération devra relever. Mais il est temps de nous y mettre.

Cependant il est surtout essentiel, si nous voulons réussir à mieux soigner tout le monde, que nous transformions le système de santé lui-même. Je crois que les soins de santé devraient être un droit. Mais la réalité d'un système comme celui de notre pays, où la qualité des soins auxquels une personne a droit est fonction de son rang socio-économique, c'est que les soins de santé y sont encore un privilège. Nous avons absolument besoin que cela change. C'est pour cette raison qu'il nous faut Medicare for All[1].

Imaginez que la couverture médicale des citoyens américains ne dépende plus de ce qu'ils peuvent payer pour être soignés, mais de leurs besoins en matière de santé. L'objectif du système ne serait alors plus de maximiser les profits, mais de maximiser le nombre de gens bien soignés. Cela, déjà, serait une révolution. Tomber malade ne signifierait plus risquer la faillite personnelle. Les employeurs n'auraient plus autant à dépenser pour fournir des assurances maladie à leurs employés. Et le système lui-même fonctionnerait beaucoup plus efficacement – comme nous le constatons lorsque nous comparons les coûts administratifs élevés des compagnies d'assurance maladie privées avec les coûts plus modérés de Medicare.

Même si nous pouvions claquer des doigts pour faire advenir Medicare for All, néanmoins, cela ne suffirait pas à soulager tous les problèmes de notre système actuel.

Pour commencer, nous devons augmenter de façon spectaculaire le financement des National Institutes of Health (NIH), les instituts gouvernementaux chargés de la recherche médicale, afin qu'ils puissent reprendre le flambeau de l'innovation que les labos pharmaceutiques ont délaissé. Je me souviens de la fierté qu'éprouva ma mère à travailler avec les NIH, pendant un temps, en tant qu'évaluatrice et collaboratrice d'autres spécialistes de son domaine. Elle parlait de son expérience là-bas avec tant d'émerveillement, lorsque j'étais enfant, que j'imaginais Bethesda, Maryland, où se trouve le siège des instituts, comme un château de conte de fées hérissé de tours et de flèches. Je me trompais sans

1. Medicare for All (Medicare pour tous) est un projet de loi visant à créer une couverture maladie universelle, présenté en septembre 2017 au Sénat par le sénateur du Vermont Bernie Sanders et 16 autres sénateurs.

doute sur l'architecture du lieu, mais pas sur la beauté de l'esprit de collaboration scientifique qu'on y trouvait – et certainement pas sur le fait que les NIH sont un trésor national. Si nous voulons que nos enfants disposent de remèdes contre les maladies les plus terribles de l'humanité, nous devrions investir dans nos chercheurs en médecine nationaux au lieu de dépendre d'entreprises dont la priorité est de rétribuer leurs actionnaires.

Nous avons aussi besoin de protéger les patients et les contribuables des fraudeurs. Cela signifie regarder de près les mauvais acteurs du secteur. Prenons ici les sociétés privées de dialyse, qui donnent sans doute à voir parmi les pires exemples de mauvaises pratiques.

La dialyse, c'est une technique où une machine nettoie le sang des personnes qui souffrent d'insuffisance rénale. Les maladies rénales sont la neuvième cause de mortalité en Amérique, et pour une personne en insuffisance rénale aiguë, la dialyse est à la fois un traitement de survie et une passerelle essentielle entre la perte de la fonction rénale et l'obtention d'une greffe de rein (qui est une solution moins coûteuse et donne de meilleures chances de survie). Dans l'ensemble du pays, près de 500 000 patients doivent se rendre dans un centre de dialyse, trois fois par semaine, pour se soumettre à une procédure de plusieurs heures qui imite la fonction d'un rein sain en faisant circuler leur sang, pour l'épurer, en dehors de leur corps.

Qui sont ces patients ? Ils sont issus de manière disproportionnée de communautés à faibles revenus. Les habitants des quartiers et régions défavorisés risquent beaucoup plus de souffrir d'insuffisance rénale, qui est une conséquence du diabète et de l'hypertension. En Amérique, le taux d'insuffisance rénale des Noirs est trois fois et demie supérieur à celui des Blancs, et les Noirs représentent près d'un tiers de tous les patients en dialyse.

Les deux plus grandes compagnies qui gèrent des centres de dialyse, DaVita Inc. et Fresenius Medical Care, ont déjà eu des problèmes avec la justice. En 2016, Fresenius a accepté de débourser 250 millions pour régler plusieurs milliers de plaintes. D'après le *New York Times*, « le propre service médical de Fresenius avait envoyé une note interne aux médecins des centres de dialyse de la compagnie pour les informer qu'une mauvaise utilisation de l'un de ses produits semblait provoquer une augmentation importante des morts subites d'origine cardiaque ». Problème, ce service choisit de n'alerter les médecins des autres cliniques, indépendantes de Fresenius, mais qui utilisaient aussi le produit en question, qu'*après* que la note interne eut été signalée à la FDA[1].

En 2014, DaVita a accepté de payer 350 millions de dollars de règlement pour une affaire de pots-de-vin : on avait découvert un système par lequel elle proposait des parts de ses cliniques à certains médecins et groupes de médecins à condition qu'ils envoient leurs patients dans ces cliniques. Puis en 2015, la compagnie a versé 495 millions de règlement pour une affaire, dévoilée par un lanceur d'alerte, dans laquelle elle était accusée d'avoir frauduleusement surfacturé Medicare. DaVita a aussi été poursuivie en justice en 2017, parce qu'elle comptait un personnel tellement réduit dans ses cliniques, et exigeait des soins tellement rapides et des rotations de malades tellement nombreuses, que les vies des patients étaient mises en danger. Il est temps de sévir contre ce genre de comportement.

Enfin, nous devrons revoir notre politique de santé publique afin qu'elle réponde beaucoup mieux aux besoins de soins de santé mentale de tous les Américains. Pour cet effort, il faudra d'abord faire en sorte que davantage de professionnels de la santé mentale soient sous contrat avec Medicare. Et il n'y a qu'une seule façon de résoudre ce problème : nous devons augmenter les taux de remboursements de Medicare. Étant le plus gros payeur de soins de santé, le gouvernement fédéral doit montrer l'exemple pour que tous les professionnels de la santé mentale soient sûrs d'être payés comme ils le méritent.

Nous devons aussi encourager une nouvelle génération d'Américains à s'engager sur la voie des soins de santé mentale. Créons

1. La Food and Drug Administration, l'agence gouvernementale américaine des denrées alimentaires et des médicaments.

un modèle qui s'inspire de ceux de Teach for America ou du Peace Corps[1] – un système de formation et d'accompagnement de jeunes gens qui désirent servir leur pays dans le domaine des soins de santé mentale.

Débarrassons-nous aussi des lois qui privent de financement les services de soins de santé mentale. Il existe une vieille loi fédérale d'« exclusion des institutions psychiatriques », par exemple, qui interdit à Medicaid de payer les traitements des centres de soins comptant plus de seize lits. Cette règle absurde a vidé les hôpitaux de soins de santé mentale et contraint la plupart des personnes souffrant de graves problèmes mentaux à se débrouiller seules.

Pour finir, je crois que nous devrions fournir des soins de santé mentale à la demande. Et quand je dis « à la demande », je veux bien dire que toute personne, quelles que soient sa situation et son adresse, aura accès à des soins de santé mentale si elle en a besoin. En plus de susciter le recrutement d'un grand nombre de praticiens, cet objectif nécessitera de développer la télémédecine afin que les patients puissent disposer de soins de santé mentale où qu'ils se trouvent. C'est particulièrement important pour les zones rurales, où cent hôpitaux au moins ont fermé ces dernières années. Jusqu'à maintenant, les études montrent que la téléconsultation est en général aussi efficace que la consultation en cabinet. Mais des travaux de recherches supplémentaires pourront sûrement en améliorer la valeur.

Quelques jours avant ma prestation de serment de sénatrice, j'ai lu le portrait, dans un journal, d'une petite ville baptisée Chillicothe. Située sur les contreforts des Appalaches dans le comté de

1. Teach for America : organisation indépendante qui encourage des étudiants des meilleures universités américaines à enseigner pendant deux ans dans des écoles publiques. Peace Corps : agence gouvernementale dont les recrues volontaires travaillent dans des dizaines de pays à toutes sortes de projets de développement éducatif, sanitaire, agricole, etc.

Ross, au sud-est de l'Ohio, Chillicothe est entourée d'immenses champs de soja et de maïs. Au-dessus de ses toits se dressent les cheminées d'une papeterie qui n'a jamais cessé de fonctionner depuis plus de cent ans qu'elle est ouverte. Le fabricant de camions Kenworth y a sa plus vaste usine, où il paie de bons salaires. L'hôpital est l'un des plus gros employeurs du comté. Mais la riche histoire et la fierté qui caractérisaient autrefois cette ville typiquement américaine ont cédé le pas au désespoir.

Le comté de Ross compte 77 000 habitants. Pendant la seule année 2015, les médecins y ont prescrit 1,6 million de comprimés d'opiacés. Et trente-huit personnes y sont décédées de surdosage accidentel. L'année suivante, quarante autres ont perdu la vie. « Aujourd'hui, dans ces communautés, il faut moins de temps pour avoir de l'héroïne qu'une pizza. Même les livraisons à domicile sont assurées ! » a déclaré au *Washington Post* Teri Minney, la responsable du Heroin Partnership Project, une association créée par le comté de Ross pour venir en aide aux personnes devenues dépendantes aux antalgiques opiacés, et de là aux drogues dures. D'après le *Post*, les toxicomanes du comté de Ross se piquent fréquemment dans les lieux publics avec l'espoir que des ambulanciers ou des agents de police les ranimeront s'ils font une overdose. « Un jour de septembre, la police et les secours ont répondu à treize appels différents pour des overdoses, dont une fatale : un homme qui est mort en plein centre-ville, dans un appartement de Main Street. En même temps, une femme faisait une overdose dans sa voiture, arrêtée à une station-service Valero, avec sa fille de deux ans qui était à l'arrière. »

Comme cela se produit dans d'autres endroits où la consommation d'opiacés est élevée, la criminalité violente a augmenté, ainsi que les vols. Ont augmenté, aussi, le nombre des naissances de bébés ayant une addiction aux opiacés, et celui des enfants devant être confiés à des familles d'accueil. D'après les autorités locales, deux cents enfants ont été placés sous la garde de l'État en 2016, dont 75 % avaient des parents dépendants aux opiacés. Cette situation a obligé le comté à quasiment doubler son enveloppe d'aide à l'enfance, laquelle représente désormais plus de 10 % de son budget. Un comté qui était autrefois l'un des endroits les plus heureux de l'Ohio est aujourd'hui plombé par le désespoir.

De semblables histoires se répètent à travers l'ensemble des États américains. Leur bilan humain bouleverse le cœur de la nation. Des communautés entières ont été détruites. Et l'épidémie des opiacés frappe sans discrimination. Elle touche toutes les catégories démographiques, et elle infecte aussi bien les centres-villes que les zones périurbaines ou les campagnes. Pour tant et tant de personnes, ce qui a commencé comme un souhait légitime de faire baisser leurs souffrances physiques s'est transformé en une addiction insurmontable. Désormais, la souffrance qu'elles ressentent n'est plus celle du mal de dos ou des douleurs post-opératoires qui les ont incitées à prendre ces opiacés, mais celle du sevrage. « C'est comme d'avoir la grippe et de se faire passer dessus par des voitures pendant qu'on est à plat dans la rue en train de dégueuler », a dit l'une de ces victimes intoxiquées au *Washington Post.*

L'épidémie des opiacés a tué plus de 350 000 Américains depuis deux décennies. Mais la crise nationale à laquelle nous sommes confrontés aujourd'hui est elle-même la conséquence d'un échec de notre pays à intervenir, pour le bien de la santé publique, dès l'instant où l'OxyContin a été autorisé à la vente. C'est une histoire différente de celle dont nous avons été témoins pendant l'épidémie de crack. Les responsables de la crise des opiacés, ce ne sont pas des dealers de drogue de coin de rue, mais des gens en costume cravate et en blouse blanche qui distribuent une substance addictive dont les fabricants dissimulent les dangers.

L'affaire commença donc en 1995, lorsque la FDA approuva l'OxyContin et autorisa son fabricant, la société Purdue Pharma, à affirmer que, contrairement à certains antalgiques opiacés présents sur le marché comme le Percocet et le Vicodin, l'OxyContin était « censé réduire », grâce à son mécanisme d'absorption retardée, le risque d'abus par les consommateurs de stupéfiants. S'appuyant sur cette revendication – non, l'OxyContin n'est pas un produit addictif –, Purdue Pharma lança en 1996 la plus grande campagne de publicité de l'histoire des médicaments. Les dirigeants de l'entreprise confirmèrent cette assertion en audition devant le Congrès et lancèrent tout un programme visant à convaincre médecins et patients que la douleur devait être traitée de façon plus agressive que par le passé, et qu'il était possible d'obtenir ce résultat sans guère avoir à craindre de phénomène de dépendance – du moment bien sûr que le comprimé avalé était de l'OxyContin. Tout cela, alors que les mêmes dirigeants de Purdue Pharma avaient été informés que certains utilisateurs pilaient les comprimés pour les sniffer, et alors que des médecins se voyaient poursuivis en justice parce qu'ils vendaient des ordonnances du produit à des patients.

En 2002, d'après une chronologie établie par le magazine *Mother Jones*, les médecins américains prescrivaient déjà vingt-trois fois plus d'OxyContin qu'en 1996. En 2004, la fédération des commissions médicales américaines réclama carrément des sanctions contre les praticiens qui ne traitaient pas suffisamment la douleur.

Des « moulins à pilules » commencèrent à apparaître à travers tout le pays : certains médecins vendaient des ordonnances et des comprimés payables en argent liquide. Entre 2007 et 2012, trois grands distributeurs de médicaments – McKesson, Cardinal Health et AmerisourceBergen – engrangèrent dix-sept milliards de dollars en saturant d'opiacés le seul État de Virginie-Occidentale. En 2009, les États-Unis consommaient plus de 90 % de l'hydrocodone et plus de 80 % de l'oxycodone[1] vendus dans le monde. En 2012, seize ans après le lancement de l'OxyContin, les professionnels de santé avaient distribué 259 millions d'ordonnances d'opiacés. Pour mettre les choses en perspective : il y a 126 millions de foyers aux États-Unis.

À la fin des années 1990, la consommation d'héroïne avait baissé de façon assez spectaculaire, aux États-Unis, par rapport

1. Hydrocodone : analgésique stupéfiant que l'on trouve aux États-Unis par exemple dans le Vicodin. Cette molécule n'est pas autorisée en France. Oxycodone : molécule vendue sous la marque (entre autres) OxyContin.

aux pics qu'elle avait connus dans les années 1960 et 1970. Mais quand la consommation – et l'addiction – aux médicaments à base d'opiacés grimpa en flèche au début des années 2000, les trafiquants d'héroïne se découvrirent une nouvelle clientèle tout à fait séduite par leur produit : il était significativement meilleur marché et plus facile à trouver que les comprimés sur ordonnance. D'après les National Institutes of Health, environ 80 % des Américains qui deviennent aujourd'hui dépendants de l'héroïne commencent par se voir prescrire des opiacés.

Le danger s'aggrava en 2013 lorsque le fentanyl, un opiacé de synthèse particulièrement meurtrier – il est cinquante fois plus puissant que l'héroïne –, arriva de Chine et pénétra les chaînes d'approvisionnement en héroïne. Le Centre de prévention et de contrôle des maladies (CDC), à Atlanta, estime que 72 000 décès par overdose sont survenus en Amérique pendant la seule année 2017. Un chiffre près de deux fois supérieur à ce qu'il était dix ans plus tôt. Et dans un rapport de 2018, le CDC a montré que les décès dus aux opiacés étaient toujours en augmentation dans à peu près toutes les catégories de la population américaine.

Lorsque j'étais procureure générale, j'ai fait de la lutte contre les opiacés l'une de mes principales priorités. En 2011, nous avons démantelé une vaste organisation de trafiquants de drogue et nous avons proposé une loi visant à rendre plus difficile l'impression d'ordonnanciers illégaux. Nous nous sommes attaqués aux moulins à pilules et nous avons fermé de prétendus « centres de rétablissement » qui prescrivaient en réalité des opiacés à tour de bras – et voyaient certains de leurs patients mourir. Lorsque mon bureau a perdu le financement de son programme de surveillance des substances addictives, nous avons mené un combat acharné jusqu'à ce que je récupère ce budget. Le système permettait aux prescripteurs et aux pharmaciens d'accéder à l'historique des ordonnances délivrées aux patients, afin de vérifier que ces derniers n'essayaient pas de se procurer les mêmes antalgiques chez différents médecins dans un laps de temps réduit. Nous nous sommes aussi attaqués aux malfrats qui vendaient des opiacés sur le site de petites annonces Craigslist, et nous avons traîné en justice une compagnie pharmaceutique qui avait gonflé les prix de son traitement pour l'addiction aux opiacés.

Comment le gouvernement fédéral a-t-il répondu à la crise ? Pas comme on pourrait l'espérer. D'après une enquête de 2017 menée conjointement par l'émission *60 Minutes* et le *Washington Post*, le Congrès a « concrètement dépouillé la DEA[1] de son arme la plus efficace contre les grands laboratoires pharmaceutiques soupçonnés de déverser des stupéfiants sur ordonnance dans nos rues [...]. Cette loi aura été le couronnement d'une campagne menée sur plusieurs fronts par l'industrie du médicament pour affaiblir les opérations agressives de la DEA contre les distributeurs qui fournissaient des médecins et des pharmaciens corrompus arrosant le marché noir de stupéfiants. »

En 2017, la nouvelle administration déclara que la crise des opiacés était une urgence de santé publique. Très bien, sauf qu'elle attribua à la lutte contre ce problème un budget qui s'élevait à – je ne plaisante pas – 57 000 dollars. C'est-à-dire moins d'un dollar par Américain mort d'un surdosage de médicaments cette seule année. De la pure inconscience. Si les républicains avaient réussi, par-dessus le marché, à faire abroger l'Obamacare, ils auraient privé trois millions de personnes de couverture pour le traitement de leur addiction.

Cette crise mérite une mobilisation d'ampleur au niveau fédéral. Nous devons déclarer l'état d'urgence national afin de disposer sans délai de budgets pour agir – pour permettre à des lieux comme Chillicothe, dans l'Ohio, de financer le traitement de l'addiction, d'améliorer leurs services hospitaliers, de recruter du personnel qualifié et ainsi de suite.

Nous devons nous attaquer à ce problème sous toutes ses facettes, en commençant notamment par fournir des programmes d'accompagnement aux personnes qui se trouvent, comme disent

1. La Drug Enforcement Administration, l'agence fédérale de lutte contre le trafic et la distribution de drogues.

les spécialistes, au stade de la « précontemplation » – c'est-à-dire qui n'estiment pas avoir de problème d'addiction et ne sont donc pas encore prêtes à se soigner.

Nous devons nous assurer que les personnes dépendantes des opiacés ont accès à un traitement médicamenteux – avec des produits comme la buprénorphine, qui prévient le manque et les symptômes de sevrage sans procurer l'euphorie de l'héroïne ou de l'OxyContin. De nombreuses compagnies d'assurances couvrent les ordonnances d'opiacés mais font payer plus de deux cents dollars par mois la buprénorphine. Il faut que cela change. Nous devons avancer dans cette direction.

En même temps, nous devons établir une norme fédérale pour l'offre de traitement des troubles liés à l'usage de substances stupéfiantes. Aujourd'hui, dans de nombreux États, il est possible d'ouvrir un centre de traitement de l'addiction sans avoir la moindre qualification. Il n'existe pas de conditions requises en matière de formation des soignants ou de validation scientifique des soins susceptibles d'être proposés. En conséquence, trop d'Américains qui réussissent à trouver le courage et la force d'entamer une cure de désintoxication entrent dans un centre ou un autre pour découvrir que, malgré la dépense importante à laquelle ils doivent consentir, ils ne sont pas correctement accompagnés et le traitement ne fonctionne pas.

Nous devons aussi redonner toute son autorité à la DEA afin qu'elle attaque les grands fabricants et distributeurs de médicaments pour le rôle qu'ils ont joué dans la création et dans l'entretien de cette crise. Et nous devons investir des ressources dans la lutte contre l'approvisionnement en fentanyl en provenance de la Chine.

Enfin nous devons comprendre qu'il s'agit fondamentalement d'un problème de santé publique, et non d'un problème judiciaire. Nous ne pouvons pas continuer à répéter les erreurs de la guerre perdue contre la drogue qui a jeté tant et tant de personnes accros au crack en prison. C'est un comportement humain normal que de vouloir cesser d'éprouver de la douleur, que celle-ci soit physique ou psychique, et les gens trouveront toujours des solutions pour y parvenir. Parfois cela les conduit à essayer de se faire aider, parfois à devenir dépendants de l'héroïne. Notre tâche n'est pas de punir nos amis, nos voisins et les membres de notre famille en les jetant en prison. Il faut leur ouvrir un chemin pérenne sur lequel ils pourront mieux traiter leur souffrance.

L'état de santé de ma mère se dégradant, elle eut besoin de davantage de soins que nous ne pouvions lui en apporter nous-mêmes. Nous voulions engager une aide à domicile – une bonne solution pour elle, et qui me soulagerait aussi.

Elle refusa. « Je vais bien. Je n'ai besoin de personne », disait-elle alors qu'elle était à peine capable de quitter son lit. Il y avait une bataille à mener sur ce front, mais je ne voulais pas m'y engager. Le cancer, la maladie qu'elle avait consacré sa vie à vaincre, ravageait à présent son corps. Et son corps lâchait peu à peu. Les médicaments l'empêchaient de fonctionner – d'être elle-même. Je ne voulais pas être celle qui la priverait de sa dignité.

Alors nous avons continué à nous débrouiller. Je lui cuisinais des repas savoureux, emplissant la maison des arômes de l'enfance, qui nous rappelaient à toutes les deux une époque plus heureuse. Quand je n'étais pas au bureau, j'étais le plus souvent avec elle, à lui parler, à lui tenir la main, à l'aider à supporter le supplice de la chimiothérapie. Je lui ai acheté des chapeaux lorsqu'elle a perdu ses cheveux, et des vêtements aux tissus doux pour qu'elle se sente aussi à l'aise que possible.

Il n'y a pas de déclin en douceur, régulier, devais-je découvrir. Le processus d'aggravation n'est pas graduel. L'état de ma mère restait stable, sur un certain plateau, pendant des semaines ou même des mois, puis d'un jour à l'autre, semblait-il, elle basculait vers le plateau inférieur. Lors d'une période particulièrement difficile, je réussis à la convaincre de passer deux semaines au Jewish Home for the Aged, une maison de personnes âgées réputée pour la gentillesse de son personnel et la qualité de ses soins, où elle pourrait avoir l'attention de tous les instants dont elle avait besoin. Nous préparâmes ses affaires et la conduisîmes là-bas. Dès la première minute, l'accueil fut remarquable. Ma mère eut droit à une visite de l'ensemble de l'établissement, puis découvrit sa chambre et fit connaissance avec les médecins et les infirmières qui lui expliquèrent le déroulement quotidien des soins qu'elle recevrait.

À un moment, l'une des médecins me prit à part et me demanda sans préambule : « Et ma procureure de district, comment va-t-elle ? » Cela me déstabilisa complètement. J'étais tellement focalisée sur le bien-être de ma mère que je n'avais gardé d'espace pour rien d'autre. Mais cette question perça la carapace dont j'avais réussi à m'entourer en faisant tout pour la cacher. Ma gorge se contracta. J'avais peur. J'étais triste. Par-dessus tout, je n'étais pas prête.

Elle me demanda si j'avais déjà entendu parler du « deuil anticipé ». Je ne connaissais pas l'expression, mais elle se comprenait bien. Il y avait tant de déni en moi. Je n'arrivais pas à me résoudre à l'idée que j'allais devoir dire adieu. Mais quelque part, bien sûr, j'en étais consciente. Et j'avais déjà commencé à être en deuil de ma mère. Cette expression m'apportait une sorte de confirmation, une meilleure compréhension de ce qui m'arrivait. Mettre des mots sur les choses peut aider à les affronter, ai-je découvert. Cela n'empêche pas de ressentir les émotions qui vont avec, mais, lorsque l'on peut nommer les choses, on peut aussi les poser quelque part. Et maintenant je pouvais faire cela.

La visite terminée, j'ouvris la valise de ma mère pour l'aider à s'installer. Mais elle avait une autre idée en tête. Elle était là, assise les jambes croisées sur le lit, un mètre cinquante et des poussières, lorsqu'elle me dit d'un ton ferme : « Très bien, c'était agréable. Allons-nous-en.

— Tu vas passer deux semaines ici, maman, tu te souviens ?

— Non. Sûrement pas. Nn-nnnon. Je ne resterai pas ici deux semaines. » Elle tourna la tête vers l'équipe médicale qui se trouvait encore dans la chambre. « C'était formidable. Merci. Nous partons. »

Et c'est ce que nous fîmes.

Il fallut l'hospitaliser peu après. Et ce fut à ce moment-là que je commençai à remarquer un autre changement chez elle. Aussi loin que remontaient mes souvenirs, ma mère aimait regarder les informations à la télévision et lire la presse. Lorsque Maya et moi étions enfants, elle tenait à ce que nous nous installions devant le journal de Walter Cronkite sur CBS chaque soir avant le dîner. Elle adorait prendre connaissance de tout ce qui se passait dans le monde. Mais voilà que tout à coup, elle s'en désintéressait. Son puissant esprit avait décidé que cela suffisait.

Cependant, elle avait encore de la place pour nous. Je me souviens qu'un jour, alors que je venais d'entamer ma campagne pour devenir procureure générale de l'État, elle me demanda comment les choses se passaient.

« Maman, répondis-je, ils promettent tous de me botter les fesses. »

Elle était au lit, allongée sur le côté. Subitement elle se redressa, me dévisagea, et un immense sourire éclaira son visage. Elle savait qui elle avait élevé. Elle savait qu'elle m'avait transmis toute sa combativité.

Lorsque vint le temps de passer aux soins terminaux, nous la ramenâmes à la maison. Et elle accepta enfin que nous prenions une aide. Maya et moi n'arrivions toujours pas à croire qu'elle pouvait mourir. À tel point que lorsqu'elle nous a annoncé qu'elle voulait aller en Inde, nous avons réservé des billets d'avion et commencé à préparer le voyage. Nous nous sommes organisées pour la faire installer dans l'avion, en recrutant une infirmière qui devait nous accompagner. Nous étions dans une espèce de délire – surtout moi. Je ne pouvais pas me résoudre à dire non à ma mère. Pas parce qu'elle n'aurait pas pu le supporter, mais parce que *moi*, je ne pouvais pas supporter cela. Qu'il s'agisse de faire venir une infirmière à la maison, ou de l'installer dans une clinique, ou de partir en Inde, je ne voulais pas accepter ce que lui dire non aurait signifié. Je ne voulais pas accepter le fait qu'elle n'avait que très peu de temps devant elle.

Un soir, Maya, Tony, Meena et moi étions ensemble chez ma mère lorsque Tante Mary et Tante Lenore nous rendirent visite. Elles avaient pris l'avion pour venir la voir. Je décidai de me mettre à cuisiner. Je n'oublierai jamais cette soirée – j'ai utilisé la recette de ragoût de bœuf d'Alice Waters, la célèbre restauratrice. J'avais déjà fait dorer les cubes de bœuf, et ils mijotaient dans le vin rouge, lorsque tout à coup mon cerveau a assimilé ce qu'il se passait autour de moi. J'ai commencé à paniquer. Ma respiration est devenue haletante et j'avais l'impression d'être au bord de l'évanouissement. Subitement, mon délire venait de prendre fin. Je devais affronter la réalité. J'allais perdre ma mère et je n'y pouvais rien du tout.

Nous avions appelé notre oncle, en Inde, pour le prévenir qu'elle était trop faible pour faire ce voyage. Il prit l'avion de Delhi pour la voir. Je me rends compte aujourd'hui qu'elle attendait qu'il vienne, qu'elle voulait lui dire au revoir. Elle décéda le lendemain matin.

L'une des dernières questions qu'elle posa à l'aide à domicile, la dernière préoccupation qu'elle eut à l'esprit, ce fut : « Est-ce que tout ira bien pour mes filles ? » Elle est restée notre mère jusqu'au tout dernier moment.

Elle me manque chaque jour, mais elle est avec moi partout où je vais. Je pense à elle tout le temps. Parfois je lève les yeux et je lui parle. Je l'aime tant. Il n'y a aucun titre, aucun honneur sur cette Terre que je préférerais à celui de dire que je suis la fille de Shyamala Gopalan Harris. De toutes les vérités que je veux dire, c'est la plus chère à mon cœur.

8

Le coût de la vie

Pour me préparer à écrire ce livre, j'ai passé pas mal de temps à feuilleter des albums de photographies, à évoquer avec Maya nos souvenirs de jeunesse et à ouvrir de vieux cartons, y compris d'objets que ma mère avait conservés. Et ce fut une bénédiction. J'ai ainsi eu l'occasion de me remémorer de bons moments qui ne remontaient pas souvent au premier plan de mes pensées.

Lorsque nous étions petites, ma mère préparait toujours des *chiles rellenos* au moment de Noël. Après sa mort, j'ai tenu absolument à en retrouver la recette. J'ai cherché partout où j'ai pu, y compris sur Internet, mais rien de ce que je lisais ne correspondait à la délicieuse version de ces piments farcis que savait mitonner ma mère. Je me sentais vaincue, comme si j'avais perdu davantage que la saveur de sa cuisine. Puis un jour, alors que j'examinais mes livres de cuisine, je suis tombée sur un carnet de notes, et aussitôt que je l'ai ouvert, la recette que je cherchais est tombée d'entre ses pages pour se poser à mes pieds. Rien que de voir l'écriture de ma mère sur le papier, j'étais transportée. C'était comme si elle était encore là, avec moi, pour combler mes besoins.

J'ai aussi retrouvé quelques cache-pots en laine que Maya et moi avions tissés sur de petits métiers en plastique – les lecteurs qui ont grandi dans les années 1970 verront sans doute de quoi je parle… Notre mère veillait à ce que nous ayons toujours les mains occupées, surtout devant la télévision. C'est là que j'ai perfectionné mon point de coquille au crochet.

Notre mère parlait avec les mains et ne cessait jamais de se servir de ses mains – pour cuisiner, pour nettoyer, pour réconforter. Elle avait constamment de l'occupation. Le travail était une valeur en soi – le travail intensif surtout. Et elle veilla à ce que nous, ses filles, intériorisions ce message et l'importance de travailler en ayant un but.

Elle nous montra de bien des façons à quel point elle accordait de la valeur à tout travail – pas seulement au sien. Lorsqu'il lui arrivait quelque chose de satisfaisant au labo, elle rentrait à la maison avec des fleurs pour notre baby-sitter.

« Je n'aurais pas pu faire ce que j'ai fait si vous ne faisiez pas ce que vous faites, lui disait-elle. Merci pour tout. »

À ses yeux, il y avait toujours de la dignité dans le travail, les efforts dont la société avait besoin pour fonctionner. Elle estimait que chacun méritait d'être respecté pour son labeur, et que l'effort devait être récompensé et salué.

J'entendais la même chose au Rainbow Sign, où les intervenants parlaient de la marche pour les pauvres organisée par Martin Luther King, de son idée que « tout travail a de la dignité », et des efforts qu'il fournissait pour la faire accepter.

C'est dans cette optique que le Dr King se rendit à Memphis, en 1968, afin de soutenir des éboueurs qui se battaient pour avoir droit à un minimum de respect. Jour après jour, ces travailleurs sillonnaient la ville dans leurs bennes pour ramasser les ordures. La municipalité ne leur fournissant pas d'uniformes, ils étaient obligés de souiller leurs propres vêtements. Ils travaillaient de longues heures sans pouvoir boire un verre d'eau, sans avoir nulle part où se laver les mains. « La plupart des poubelles avaient des trous, se souviendrait l'un d'eux. Les ordures vous dégoulinaient dessus. » Lorsque les hommes rentraient chez eux le soir, raconterait-il aussi, ils retiraient leurs vêtements et leurs chaussures à la porte. Il en tombait des asticots.

Pour ce travail pénible et indispensable, ils touchaient à peine plus que le salaire minimum. Les heures supplémentaires ne leur étaient pas payées. Ils n'avaient pas droit aux congés maladie.

S'ils se blessaient au travail et avaient besoin de temps pour récupérer – comme cela arrivait souvent –, ils étaient susceptibles d'être renvoyés. Et si le mauvais temps empêchait la collecte des ordures, ils étaient renvoyés chez eux sans salaire. Beaucoup avaient besoin des allocations sociales du gouvernement pour nourrir leurs familles.

Lorsque la ville refusa de dédommager les familles de deux éboueurs qui avaient été tués par leur benne à ordures, leurs collègues décidèrent qu'ils n'en pouvaient plus. Avec beaucoup de courage, 1 300 éboueurs de Memphis se mirent en grève et firent connaître leurs revendications : des conditions de travail plus sûres, de meilleurs salaires et avantages sociaux, ainsi que la reconnaissance de leur syndicat. Ils se mirent en grève pour leurs familles, pour leurs enfants, et pour eux-mêmes. C'était par-dessus tout un combat pour la dignité. Les pancartes qu'ils brandissaient aux manifestations disaient simplement : JE SUIS UN HOMME.

Lorsque King arriva au Bishop Charles Mason Temple[1], à Memphis, le 18 mars 1968, 25 000 personnes s'étaient rassemblées pour l'écouter.

« Si souvent nous négligeons le travail et l'importance de ceux qui n'ont pas une profession intellectuelle supérieure, de ceux qui n'ont pas un de ces bons métiers, comme on dit, déclara-t-il. Mais ce soir, laissez-moi vous dire que chaque fois que vous vous engagez dans un travail qui sert l'humanité et l'édification de l'humanité, ce travail a de la dignité, et il a de la valeur. »

« Nous sommes fatigués, affirma encore King à Memphis. Nous sommes fatigués que nos enfants soient obligés de fréquenter des écoles surpeuplées, inférieures, de moindre qualité. Nous sommes fatigués de devoir vivre dans des logements médiocres et délabrés [...]. Nous sommes fatigués d'arpenter les rues en quête d'emplois qui n'existent pas [...], de nous épuiser au travail et de trimer chaque jour et de ne même pas empocher un salaire suffisant pour nous procurer les choses indispensables de la vie. »

1. Le siège de l'Église de Dieu en Christ, une dénomination évangélique pentecôtiste.

Seize jours plus tard, King revint à Memphis au nom des grévistes – et se rendit de nouveau au Mason Temple où il prononça son célèbre discours « Je suis monté sur la montagne ». Le lendemain soir, le 4 avril 1968, il fut assassiné. Deux mois après, le 5 juin, Robert F. Kennedy fut tué à son tour. Les voix les plus claires, les personnalités les plus puissantes de notre nation en faveur du combat pour la justice économique avaient tout à coup, irrévocablement, été réduites au silence.

C'était il y a un demi-siècle. Depuis, d'une certaine manière nous avons fait beaucoup de chemin. Mais en même temps nous avons à peine bougé. Je rappelle parfois à mes interlocuteurs que, rapporté l'inflation, le salaire minimum fédéral est aujourd'hui inférieur, à vrai dire, à ce qu'il était en 1968 lorsque le Dr King parlait de « salaires de famine ». Qu'est-ce que cela dit de la valeur que notre pays accorde au caractère sacré et à la dignité du travail ?

Les Américains sont des bosseurs. Nous sommes fiers de notre éthique du travail. Depuis des générations, la plupart d'entre nous ont été élevés à croire qu'il y a peu de choses plus honorables que d'abattre une bonne journée de travail pour pourvoir aux besoins de sa famille. Nous avons grandi en accordant foi à l'idée que si nous travaillons dur et agissons bien, nous serons récompensés pour nos efforts. Mais la vérité, c'est que pour la plupart des Américains, depuis affreusement longtemps, les choses ne fonctionnent plus comme cela.

Chaque fois qu'une campagne de quelque ampleur fait pression sur le Congrès pour qu'il légifère dans le bon sens, des militants et des responsables élus exhortent le peuple américain à appeler et à écrire à leurs représentants au Sénat ou à la Chambre des représentants. De nos jours, les lignes téléphoniques sont submergées par des Américains qui se livrent à cette chose extraordinaire : l'exercice de la démocratie. Et dans un certain nombre de cas, cela joue vraiment un rôle. Je crois que l'abrogation de l'Obamacare a échoué en 2017 parce que les républicains du Congrès s'étaient emparés d'une question qui transcendait les partis – l'accès à des soins de santé abordables – pour en faire un problème de politique partisane. Or le peuple américain n'était tout simplement pas d'accord. Mobilisés et aiguillonnés, quantité de citoyens décidèrent de répliquer. Et grâce à la pression qu'ils firent peser sur certains sénateurs clés, l'intérêt du peuple américain prévalut. Cela signifie que des millions de gens ont encore une couverture maladie parce que des Américains ont, chacun de leur côté, décroché le téléphone et envoyé des courriers.

La lecture de ces lettres ne m'est pas seulement utile pour connaître la position des électeurs sur les grandes questions politiques. Elle me permet de comprendre les vies qu'ils mènent, avec leurs joies et leurs craintes. Lorsque les gens m'écrivent, c'est souvent en dernier recours. Ils ont de sérieux ennuis, et ils ne s'en sortent pas, aucune des solutions qu'ils ont pu essayer n'a fonctionné. Alors ils se tournent vers moi et me confient les choses qui mettent leurs existences sens dessus dessous.

Chère sénatrice Harris,

Mon mari et moi travaillons à plein temps, mais nous avons du mal chaque semaine à joindre les deux bouts. Pour mon fils de deux ans, j'ai une couverture [santé] qui rembourse tous les soins qu'il faut, et pour ça je remercie Dieu chaque jour. Mais je ne comprends pas pourquoi mon mari et moi nous n'avons droit qu'à la couverture [santé] minimum.

[...] Nous ne pouvons pas toucher d'aide pour la crèche parce que nos revenus sont « trop élevés », pourtant nous n'arrivons même pas à payer les 50 dollars par mois de la crèche. Alors il faut compter sur la famille, [mais] bien sûr ils ont tous leurs propres problèmes, alors ce qui arrive trop souvent, c'est que nous perdons de l'argent parce que nous ne pouvons pas aller travailler, lui ou moi, comme nous n'avons pas de baby-sitter.

[...] Sur ma vie, je vous en supplie, il faut que ça change !! S'il vous plaît pour l'amour de Dieu À L'AIDE !! C'est tout

simplement pas possible. Je suis perdue, en colère, déçue, et je me sens tellement trahie par notre gouvernement ! Je ne demande JAMAIS d'aide, sauf si j'en ai besoin, et là j'en ai vraiment besoin !!

Chaque lettre se suffit à elle-même. Mais, prises ensemble, elles racontent une seule et même histoire : celle d'Américains prisonniers d'une crise du coût de la vie où chaque poste – logement, santé, garde des enfants, enseignement – revient beaucoup plus cher qu'autrefois alors que les salaires demeurent aussi bas qu'ils l'étaient déjà il y a des décennies. Les lettres que je reçois racontent invariablement l'histoire de la régression de la classe moyenne, et d'un quotidien défini par d'immenses difficultés économiques.

Lorsque je me réveille au milieu de la nuit tarabustée par une pensée ou une autre, je sais que, dans des millions de foyers à travers le pays, d'autres personnes sont aussi en proie à l'insomnie. Et j'imagine que la majorité d'entre elles retournent dans leur tête leurs plus grandes peurs : Vais-je réussir à offrir une vie satisfaisante à mes enfants ? Et si je n'arrive pas à joindre les deux bouts ? Comment faire pour terminer le mois ?

Les Américains n'ont pas renoncé au rêve américain. Je sais que c'est vrai. Mais si vous n'arrivez plus à dormir la nuit, comment pouvez-vous rêver ?

Comment pouvez-vous rêver lorsque la crèche de votre enfant coûte en moyenne, dans les deux tiers des États américains, 9 500 dollars par an ? Comment pouvez-vous rêver alors que le coût des études supérieures en Amérique a augmenté plus de trois fois plus vite que les salaires depuis que j'ai fait mes études dans les années 1980 ? Comment pouvez-vous rêver si votre dette d'étudiant vous poursuit pendant des années et des années ?

Comment pouvez-vous rêver si vous touchez le salaire minimum pour quarante heures de travail par semaine, sachant que votre revenu, dans 99 % des comtés américains, ne vous permet pas de louer un deux-pièces moyen au prix du marché ?

Comment pouvez-vous rêver quand votre salaire évolue à peine, même si vous travaillez beaucoup et très bien, tandis que tout ce que vous avez à payer ne cesse d'augmenter ? Comment pouvez-vous rêver si, voyant votre fils tomber malade, vous n'avez pas les moyens de payer la franchise de votre assurance maladie ou le reste à charge des soins ?

La vie de la classe moyenne n'est plus ce qu'elle était. Et surtout, elle n'est pas ce qu'elle est censée être. Appartenir à la classe moyenne, cela devrait signifier vivre dans une situation financière stable et tranquille. Mais comment est-ce possible quand le coût de la vie est si élevé que vous êtes constamment à un incident près de la catastrophe ? Une blessure. Une maladie. Une dépense imprévue. Personne ne s'attend à ce que l'existence soit toujours aisée, mais elle n'est quand même pas censée se transformer en crise irrémédiable dès que l'embrayage de la voiture tombe en panne.

Et pourtant, c'est le cas pour de très nombreux Américains. Un revers, un seul, et les économies s'envolent. Un second problème et c'est le compte d'épargne-retraite qui disparaît à son tour. Bientôt vous tirez sur la carte de crédit plus que vous ne devriez, et vous le savez, mais quelle autre solution avez-vous ? Il faut bien réparer la voiture pour aller au travail. Il y a le loyer ou la mensualité du crédit immobilier à payer.

D'après un sondage, 57 % des Américains n'ont pas assez d'argent en réserve pour couvrir une dépense inattendue de 500 dollars. C'est l'une des raisons pour lesquelles j'ai déposé au Sénat, en janvier 2019, le projet de loi LIFT the Middle Class[1]. Il propose de créer un crédit d'impôt substantiel, pour la classe moyenne, qui permettrait aux familles éligibles de toucher jusqu'à 6 000 dollars par an – soit l'équivalent de 500 dollars par mois. Les familles pourraient recevoir ce crédit d'impôt sous forme de versement mensuel, durant l'année en cours, au lieu d'avoir

1. LIFT the Middle Class Act – loi de SOUTIEN à la classe moyenne, où LIFT est aussi l'acronyme de Livable Incomes for Families Today (Revenus viables pour les familles d'aujourd'hui).

à attendre un remboursement l'année suivante. C'est un filet de sécurité d'un genre particulier, qui éviterait à tous les Américains qui travaillent d'être exclus de la classe moyenne, ou leur donnerait une véritable chance d'y accéder avec leurs familles. Voilà le genre d'allégement fiscal que nous pouvons proposer si nous cessons d'accorder sans fin des réductions d'impôts aux grandes entreprises et aux plus riches.

Je pense à M. et Mme Shelton. Elle était puéricultrice, il travaillait dans le bâtiment, et avec leurs revenus ils ont pu acheter une maison à deux chambres qui était tout ce dont ils rêvaient, et tout ce pour quoi ils avaient travaillé. Mais au moment où j'écris ces lignes, cette même maison est mise en vente, sur le site immobilier Zillow, à 886 000 dollars : une somme qui serait absolument impossible à envisager, aujourd'hui, avec les salaires d'une éducatrice de jeunes enfants et d'un maçon. Je sais bien que la Californie est devenue extraordinairement onéreuse, mais le problème touche les grandes zones métropolitaines de tout le pays. D'après une analyse de l'entreprise de courtage immobilier Redfin, en 2018, dans certaines villes comme Denver ou Phoenix, moins de 1 % des biens disponibles sur le marché étaient abordables pour le salaire moyen d'un enseignant.

Dans les zones rurales, l'accès à la propriété immobilière n'est pas aussi difficile, mais des communautés entières sont terrassées par le manque d'emplois à pourvoir. Depuis le début du XXIe siècle, selon un rapport récent, 3 % seulement des nouveaux emplois se trouvent dans les zones rurales. Cela oblige les gens à trouver du travail loin de chez eux, et donc à affronter un dilemme terrible : endurer jusqu'à plusieurs heures de trajets aller-retour chaque jour, ou quitter le lieu où leur famille vit depuis au moins une génération, le lieu où ils ont leurs amis, où leurs gamins jouent au base-ball, où ils vont à l'église depuis toujours.

Je pense aussi à certains travailleurs que j'ai rencontrés, au fil de ma carrière, qui sont gravement sous-estimés dans notre système économique. Il y a plusieurs années, j'ai fait connaissance avec une femme qui s'appelait Wendy, par le biais du syndicat

SEIU, avec laquelle j'ai pu passer une journée pour observer ses conditions de travail. Elle avait changé de métier pour devenir aide de soins à domicile, lorsque sa mère âgée était tombée malade, de façon à pouvoir s'occuper d'elle. De jour comme de nuit, elle faisait tout – elle sortait sa mère du lit le matin, elle l'habillait, elle la nourrissait, elle l'accompagnait aux toilettes, elle prenait son pouls et sa tension, elle lui faisait avaler ses médicaments, elle l'installait dans son fauteuil roulant pour l'emmener se promener, et tout cela en essayant constamment de lui parler et de stimuler ses facultés intellectuelles. C'était un travail complexe et éprouvant – sur le plan physique comme sur le plan psychologique.

Et pourtant : en 2017, une aide à domicile ne gagnait pas, en moyenne, aux États-Unis, de quoi faire vivre un foyer de quatre personnes au-dessus du seuil de pauvreté. Et ces travailleurs étant souvent des indépendants, ils n'ont pas toujours droit aux mêmes avantages sociaux que les employés. Je trouve cela franchement scandaleux. Aujourd'hui que les baby-boomers prennent leur retraite, nos besoins en aides à domicile s'accroissent – il nous en faudra 1,2 million de plus d'ici 2026. Et c'est de cette façon que nous sommes prêts à les traiter ? Qu'est-ce que cela dit sur la valeur que nous accordons au bien-être des Américains âgés ? Qu'est-ce que cela dit sur notre façon d'honorer nos aînés ?

La crise du coût de la vie est particulièrement dure pour les femmes. Le salaire des femmes est encore, en moyenne, de 80 cents pour chaque dollar touché par les hommes – un écart qui est encore plus punitif pour les Noires américaines, puisqu'elles ne touchent de leur côté que 63 cents. Comme le fait remarquer l'organisation de défense des droits des femmes National Women's Law Center, cela veut dire qu'une femme noire qui travaille à temps plein gagne chaque année 21 000 dollars de moins que son collègue masculin blanc. Et cet écart affecte bien entendu tous les membres de son foyer. C'est encore pire pour les femmes latinos qui ne touchent, elles, que 54 cents pour chaque dollar gagné par un homme.

Les politiciens adorent palabrer sur la valeur du travail et des travailleurs. Mais il est temps de parler vrai. La vérité, c'est que l'économie a cessé il y a déjà longtemps de récompenser et de valoriser la plus grande partie de ce que font les travailleurs. Et nous devons le reconnaître si nous comptons changer les choses.

Commençons par examiner de quelle façon nous en sommes arrivés là.

Après la Seconde Guerre mondiale, pendant plusieurs décennies, les travailleurs ont obtenu des augmentations de salaire quand les entreprises se portaient bien. Et le gouvernement donnait des coups de main aux Américains – il vota par exemple le GI Bill qui finança les études universitaires ou la formation professionnelle des anciens combattants. Les gains de productivité nécessaires au développement de l'économie étaient remarquables. Au cours des trois décennies de l'après-guerre, la productivité augmenta de façon stupéfiante de 97 %. La différence par rapport à aujourd'hui, c'était que tout le monde obtenait sa part de la richesse produite. Pendant cette période, les salaires des travailleurs augmentèrent de 90 %. C'est ainsi que les États-Unis réussirent à bâtir la plus vaste classe moyenne du monde.

Mais dans les années 1970 et 1980, l'Amérique des affaires décida de faire cavalier seul. Au lieu de continuer à investir leurs profits dans les revenus des travailleurs, les entreprises se mirent en tête qu'elles n'avaient d'obligation qu'envers leurs actionnaires. Du point de vue des grandes sociétés, c'étaient les détenteurs de leurs actions qui méritaient la part du lion de leurs bénéfices – pas les personnes qui les faisaient fonctionner. Et ainsi, alors que la productivité s'améliora de 74 % entre 1973 et 2013, la rémunération des travailleurs augmenta de tout juste 9 %.

Dans les années 1980, le président Reagan fit de cette conception des choses le cœur du programme économique du Parti républicain. Il fallait baisser les impôts des entreprises. Baisser les impôts des actionnaires. S'opposer à l'augmentation du salaire minimum. S'opposer à l'idée même d'un salaire minimum. Démanteler les syndicats, aussi, qui avaient été jusqu'alors les mieux à même de défendre les intérêts des travailleurs à Washington. Réduire la surveillance du gouvernement sur les sociétés. Et enfin, ignorer les dégâts collatéraux de tout cela.

Ces dispositions firent entrer le pays dans une nouvelle ère d'égoïsme et de cupidité. Avec une terrifiante efficacité. Depuis quarante ans, les profits des entreprises ont explosé, mais les travailleurs américains n'ont pas obtenu d'augmentation de salaire significative. Et pourtant il n'est pas honteux, apparemment, que des PDG gagnent trois cents fois plus, et parfois davantage, que le salaire moyen de leurs employés.

Le but de la croissance économique est de faire grossir le gâteau de la richesse. Mais s'il n'en reste que des miettes pour les travailleurs, quel genre d'économie fabriquons-nous vraiment ?

C'est dans ce contexte que nous sommes entrés dans le XXIe siècle. Le peuple américain s'est trouvé pris en sandwich, surtout à partir de 2008, entre des forces sur lesquelles il n'avait aucun contrôle : d'un côté une externalisation et une délocalisation de l'économie qui éviscérait le secteur manufacturier, de l'autre la pire récession vécue par le pays depuis la Grande dépression des années 1930. Tout à coup, les emplois se sont volatilisés. Des localités entières se sont transformées en villes fantômes.

Je lis tant de lettres qui soulignent ce que le passage du temps peut signifier. Un homme de soixante-deux ans qui a tout perdu dans la crise de 2008, à qui il ne reste rien de côté pour sa retraite et qui n'a plus beaucoup d'années à travailler. Un couple, confronté à un grave problème de santé, qui ne peut plus assumer ses frais médicaux tout en continuant de payer son loyer. Ces gens ont besoin d'une aide immédiate. Ils ne peuvent pas attendre. Quiconque souffre de problèmes financiers désespérants vous dira que le temps presse. Il est impossible de remettre à demain. Le dîner doit arriver sur la table. Il faut faire le plein de la voiture pour aller travailler. Les factures sont elles aussi à payer dès maintenant. Et le loyer, à la fin de la semaine. Il n'y a vraiment pas une minute à perdre.

Tout au long de cette période, nous avons vu pulluler les prédateurs, dans le monde des affaires, qui ont profité de la vulnérabilité des gens – souvent pour achever de les ruiner. Parmi les pires exemples de ces affreux, on peut citer les écoles supérieures privées qui sont devenues les chouchous de Wall Street au cours des dernières décennies. Depuis des générations, on a répété aux Américains que leur meilleure chance de s'ouvrir de nouvelles opportunités, c'était de faire des études. Et beaucoup ont pris ce conseil à cœur pour se lancer dans une formation ou une autre, parfois en assumant une dépense considérable pour eux-mêmes et leurs familles.

> *Chère sénatrice Harris,*
> *À un moment, j'ai pensé prendre un deuxième travail pour pouvoir nous faire vivre, mon fils et moi. Mais j'ai fini par me dire que la meilleure solution était que je reprenne des études et continue de travailler, en touchant le salaire minimum, pour que mon fils et moi puissions encore avoir du temps ensemble. J'ai décidé que je supporterais la pauvreté le temps qu'il faudra pour terminer mes études. C'est ça la réalité de beaucoup d'Américains.*

Le problème, c'est que d'innombrables personnes se sont inscrites dans des écoles privées qui leur promettaient une formation extraordinaire et un avenir radieux quand, en réalité, les diplômes qu'elles offraient ne valaient pas grand-chose.

Lorsque j'étais procureure générale de Californie, nous nous sommes attaqués à Corinthian Colleges Inc., l'une des plus grosses arnaques du pays dans le domaine de l'enseignement supérieur privé. Pour convaincre étudiants et investisseurs de s'engager vis-à-vis d'elle, cette entreprise mentait sur tous les plans. Elle prétendait devant les investisseurs qu'elle plaçait plus de 60 % de ses étudiants à des postes stables à l'issue de leur formation. Elle réclamait des sommes considérables aux étudiants pour les différents diplômes qu'elle proposait, en affirmant que certains de ses programmes avaient un taux d'insertion de 100 % sur le marché du travail. Alors que rien ne prouvait qu'un seul de ses diplômés ait jamais trouvé un emploi. Elle faisait aussi la publicité de forma-

Le soir des élections de novembre 2010. Mon adversaire se déclara vainqueur, mais nous savions qu'il était trop tôt. Les résultats étaient serrés, nous avons vérifié les décomptes jusque tard dans la nuit. Il faudra finalement vingt et un jours pour que je devienne procureure générale de Californie. Chaque vote compte ! De gauche à droite : Justin Erlich, Dereck Johnson, Tony West, moi-même, Meena, Maya, Ace Smith et Brian Brokaw.

Je prête serment en tant que procureure générale devant Tani Cantil-Sakauye, juge à la Cour suprême de Californie, au California Museum de Sacramento. Maya tient la bible de Mme Shelton.

Le gouverneur Jerry Brown ratifie notre Déclaration des droits du propriétaire emprunteur. John Pérez, le président de l'Assemblée de l'État, Darrell Steinberg, le président du Sénat, et Nancy Skinner, une élue de l'Assemblée, ont énormément contribué à faire passer cette loi.

Avec mon équipe, à Mexico, pour un projet de lutte contre les organisations criminelles transnationales. De gauche à droite : Mateo Munoz, Travis LeBlanc, moi-même, Michael Troncoso, Brian Nelson et Larry Wallace, qui dirigeait la division des forces de police au département de la Justice de Californie.

Le 28 juin 2013, je célèbre le mariage de Sandy Stier (à gauche) et Kris Perry (à droite) sur le balcon de la mairie de San Francisco.

Le 30 septembre 2013, lancement de notre initiative contre l'absentéisme scolaire en Californie à la fondation California Endowment. J'explique ici que 82 % des détenus américains ont décroché au lycée. Ce jour-là, mon équipe a aussi fait connaissance avec Doug.

Le 10 octobre 2013, j'annonce que nous portons plainte contre Corinthian Colleges, une entreprise qui a escroqué étudiants et investisseurs partout en Californie. Nous avons demandé, et obtenu, que les prêts des étudiants soient annulés.

Le jour où j'ai épousé Doug, mon bien-aimé, a été l'un des plus joyeux de ma vie.
Nous nous sommes mariés au palais de justice de Santa Barbara, Californie, le 22 août 2014.

Le jour de notre mariage, avec ma famille. De gauche à droite : Tony, Tante Chinni, Maya, moi-même, Tante Sarala, Oncle Subash (le mari de Chinni) et Meena.

En novembre 2014, Doug me félicite pour ma réélection comme procureure générale de Californie. Nous sommes à la fondation Delancey Street, dirigée par ma chère amie Mimi Silbert.

Visite à la prison Pitchess pour le lancement de Back on Track-Los Angeles, un programme créé en partenariat avec le département du shérif et la fondation Ford pour proposer des options de réinsertion aux détenus.
De gauche à droite : moi-même, le shérif de Los Angeles, Jim McDonnell, Dan Suvor, Doug Wood et Jeff Tsai.

Balade matinale en mars 2015 au bord de la baie de San Francisco avec ma chère Ella.

En avril 2016, avec Venus Johnson, mon assistante à la procureure générale – ma cheffe de cabinet, dans les faits. Je ne la remercierai jamais assez pour son efficacité.

En campagne sénatoriale à bord du bus *Fearless for the People* (« Sans peur pour le peuple »), décoré à l'arrière du « Kamoji » – un émoji à mon effigie – qui salue les passants. Mon équipe (de gauche à droite) : Juan Rodriguez, Ellie Caple, Sean Clegg, Jill Habig et Daniel Lopez.

Chrisette Hudlin, ma meilleure amie, a transmis à ses enfants Helena et Alexander (qui sont aussi mes filleuls) l'esprit de la campagne. Helena est devenue bénévole au QG de campagne, où elle a créé une newsletter – jamais je n'ai eu intervieweuse plus coriace !

Doug et moi sautant du bus le dernier jour de la campagne, le 7 novembre 2016. Et en avant !

Nathan Barankin et moi avons parcouru un tel chemin ensemble ! Il était mon bras droit au bureau de la procureure générale à Sacramento, puis il m'a accompagnée à Washington comme chef de cabinet.

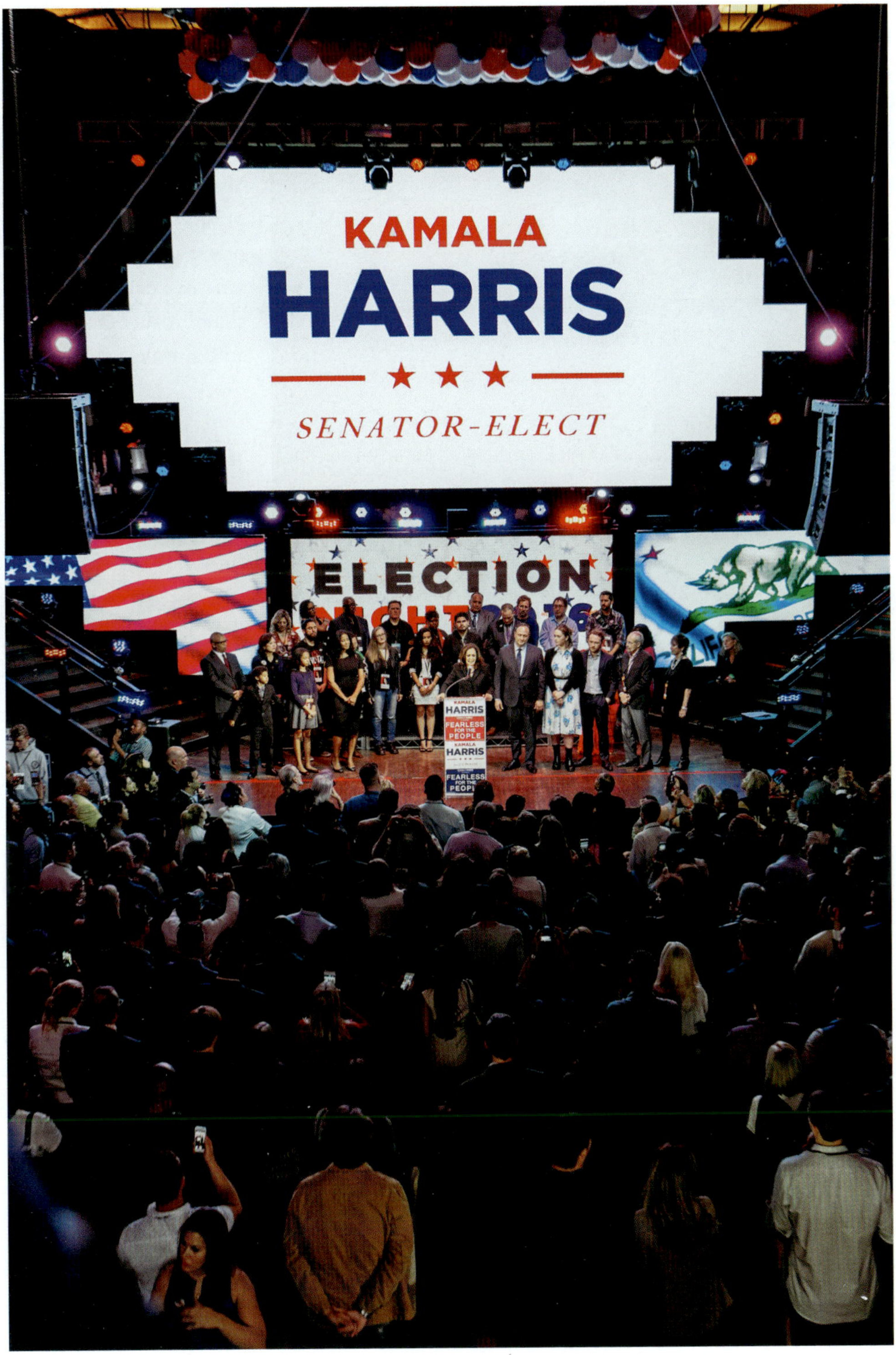

Soirée électorale à l'Exchange Los Angeles le 8 novembre 2016.

3 janvier 2017, Washington. Le vice-président Biden me fait prêter serment comme sénatrice dans l'ancienne chambre du Sénat, au Capitole.

Plusieurs élues du Congrès ont participé à la Marche des femmes de Washington, le 21 janvier 2017. De gauche à droite, les représentantes démocrates Brenda Lawrence (Michigan), Yvette Clarke (New York), Barbara Lee (Californie), Sheila Jackson Lee (Texas), Grace Meng (New York). À ma gauche, en manteau rose, la présidente du comité d'action politique EMILY's List, Stephanie Schriock, et les représentantes démocrates de Californie Jackie Speier et Doris Matsui.

Je suis fière d'être diplômée de l'université Howard, une institution qui inspire, motive, élève ses étudiants, et les pousse à devenir des personnalités influentes. Ici, le 13 mai 2017, j'ai eu l'honneur de prononcer le discours de cérémonie de remise des diplômes de ma chère *alma mater*.

Cole, le fils aîné de Doug, diplômé du Colorado College le 22 mai 2017. Son père, sa mère et moi étions là pour fêter cela avec lui.

Les dévastations causées par l'incendie Tubbs en Californie du Nord en octobre 2017 sont indescriptibles.

En visite auprès des secouristes pendant l'incendie Tubbs qui détruisit Santa Rosa. Ce pompier a perdu sa maison dans le feu qu'il combattait. Son courage et son sacrifice étaient profondément émouvants. Je ne l'oublierai jamais.

Avec une délégation à Porto Rico, en novembre 2017, devant les ravages de l'ouragan Maria. Il me semblait essentiel de voir par moi-même la catastrophe subie par nos concitoyens.

Avec John Laird, le directeur de l'Agence des ressources naturelles de Californie, en visite au lac Oroville. Des pluies torrentielles, début 2017, ont endommagé le déversoir du barrage et créé un risque d'inondations catastrophiques qui a nécessité l'évacuation de 100 000 personnes.

20 mars 2018. La commission du Renseignement présente à la presse les résultats de nos recherches et nos recommandations sur les menaces affectant notre infrastructure électorale. De gauche à droite : le sénateur Richard Burr (républicain, Caroline du Nord), la sénatrice Susan Collins (républicaine, Maine), moi-même, les sénateurs Mark Warner (démocrate, Virginie), James Lankford (républicain, Oklahoma), Martin Heinrich (démocrate, Nouveau-Mexique), Joe Manchin (démocrate, Virginie-Occidentale) et Angus King (indépendant, Maine).

Le 24 mars 2018, j'ai participé avec des millions de personnes à travers tout le pays à la March for Our Lives (« Marche pour nos vies ») pour promouvoir le contrôle des armes à feu. J'étais présente à la marche de Los Angeles où j'ai rencontré des jeunes militants de la Brotherhood Crusade, qui alerte sur les conséquences des violences par arme à feu sur la communauté.

Opposée à la pratique barbare de la séparation des familles migrantes, j'ai visité le 22 juin 2018 la prison d'Otay Mesa, en Californie du Sud, où étaient détenues des mères privées de leurs enfants. À ma gauche, une leader d'exception, la directrice de la CHIRLA (organisation de défense des droits des immigrés de Los Angeles), Angelica Salas.

Juin 2018, avec Doug et Meena à la marche des Fiertés de San Francisco.

Le 15 janvier 2018 au défilé de Los Angeles du Martin Luther King Day.
De gauche à droite : Heather Hutt, Areva Martin, moi-même, le rabbin Jonathan Klein, Doug, Cole, Ella et Angelica Salas.

Parmi ces gens se trouvent des victimes d'abus sexuels qui ont refusé de se taire et ont osé affronter des forces puissantes pour dire la vérité. Leur courage m'inspire.

© Zoe Ghertner

En compagnie de quelques Dreamers. Trouvons toujours le temps, entre les manifestations et les cris, de danser, de chanter et de rire – d'être de joyeux guerriers !

Sauf indication contraire, toutes les photos sont la propriété de l'auteure.

tions qu'en réalité elle n'offrait pas – et elle sanctionnait ses télévendeurs s'ils révélaient la vérité aux étudiants qu'ils contactaient.

Plus immorale encore était Corinthian dans sa façon de s'en prendre à des gens vulnérables. L'entreprise ciblait des personnes vivant sous le seuil de pauvreté, des personnes qui avaient décidé de reprendre des études et de décrocher un diplôme dans l'espoir de mieux subvenir à leurs besoins et à ceux de leurs proches, des personnes qui, ayant perdu leur emploi à cause de la crise de 2008, se disaient qu'elles auraient de meilleures chances sur le marché du travail si elles acquéraient de nouvelles compétences. Les documents internes de Corinthian en disaient long sur la philosophie de ses cadres : ils traitaient les hommes et les femmes des catégories démographiques qu'ils visaient d'individus « esseulés », « impatients », qui avaient « peu d'amour-propre » et « peu de monde dans leur entourage pour se préoccuper d'eux », qui étaient « coincés là où ils sont » et « incapables d'envisager et de planifier correctement » leur propre avenir. De mon point dc vue, la conduite des dirigeants de Corinthian n'était pas différente de celle d'autres sortes de prédateurs que je connaissais dans mon métier : leur mode opératoire consistait à cibler expressément les plus fragiles et les plus démunis.

Bien sûr, la plupart des sociétés privées n'ont pas ce genre de comportement prédateur. Mais ce principe central de la gouvernance d'entreprise moderne qui revient à dire « créons de la valeur pour les actionnaires, même si c'est au détriment des travailleurs » a causé à lui seul beaucoup de dégâts.

Pour faire grimper le prix de leur action, par exemple, des dirigeants se livrent à ce l'on appelle le « buyback », ou rachat d'actions, une pratique qui consiste à ce que l'entreprise rachète ses propres actions sur le marché dans le seul but de provoquer une hausse de leur valeur. Sans entrer dans le débat de la légitimité de cette démarche, examinons le degré extrême auquel a été portée l'utilisation du buyback.

Entre 2003 et 2012, les compagnies listées à l'indice boursier S&P 500 ont dépensé 91 % de leurs profits en rachats d'actions et en dividendes pour leurs actionnaires. Cela veut dire qu'il leur est resté 9 % de ces profits, pas davantage, à investir dans leur fonctionnement – depuis la recherche et développement jusqu'aux salaires des employés.

Quelles conséquences à tout cela ? C'est formidable pour le 1 % le plus riche des foyers américains, qui possède désormais 40 % de la richesse nationale, soit à peu près 40 000 milliards de dollars. Mais c'est un cauchemar financier pour la classe moyenne. Selon une étude menée par l'organisation United Way, 43 % des foyers américains n'ont pas de quoi assumer les dépenses essentielles : le logement, l'alimentation, la garde des enfants, les transports, un téléphone portable.

Des gens qui sont ainsi laissés sur le carreau, que sont-ils censés penser de leur gouvernement ? Qu'est-on censé se dire lorsqu'on se noie, sans être aidé par personne, et qu'en allumant la télévision on entend dire que l'économie se porte très bien ? Très bien pour qui ?

Pas pour les gens, en tout cas, qui sont obligés de s'installer à des heures de trajet de leur emploi pour trouver un logement abordable. Pas pour les gens, en tout cas, qui doivent renoncer à travailler parce qu'ils n'ont pas de quoi payer la garderie de leur enfant. Pas pour les gens, en tout cas, qui renoncent à leur rêve de faire des études parce qu'ils savent qu'ils n'en ont pas les moyens.

Et pourtant, alors que des millions d'Américains étaient au bord du gouffre, la Maison Blanche élue en novembre 2016 a fait ce qu'il fallait pour les pousser dans le vide. En 2017, le gouvernement a réduit les impôts de ceux qui n'avaient pas besoin de ce cadeau, et augmenté ceux de gens qui ne pouvaient se permettre d'en payer davantage. Il a saboté l'Obamacare, provoquant une hausse des prix des assurances maladie. Il a déclenché une guerre commerciale susceptible de faire grimper les prix de choses que nous achetons tous, depuis les produits alimentaires jusqu'aux voitures. Il a nommé des juges déterminés à enterrer les syndicats. Il a annulé une augmentation de salaires prévue pour l'ensemble des fonctionnaires fédéraux – les agents de sûreté aéroportuaire, les inspecteurs de l'hygiène alimentaire, les rangers des parcs nationaux, le personnel soignant et ainsi de suite. Il a même arrêté le programme d'allégement de la dette que nous avions mis en place pour aider les victimes de Corinthian. Et pour faire bonne mesure, il a aussi tiré un trait sur la neutralité du Net, ce qui permettrait aux fournisseurs d'accès à Internet, à moyen terme, de surtaxer certains sites web très fréquentés – donc d'ajouter de nouveaux frais inacceptables à la facture des consommateurs.

Chère sénatrice Harris,

Je suis au lycée, et pour la plus grande partie de mon travail j'ai besoin d'Internet et des outils qu'on y trouve. Mon lycée est petit et n'a pas de gros moyens, en plus je vis dans un milieu assez défavorisé, mes parents ont du mal à joindre les deux bouts. Si vous ne protégez pas la neutralité du Net, cela reviendra en gros à nous priver de tous les outils qu'Internet nous apporte, à moi et à tous les lycéens, pour nous permettre de réussir notre scolarité, et cela créera des problèmes supplémentaires pour toutes les familles pauvres du pays.

Nous manquons de temps. Voilà la vérité. Et pas seulement pour ce qui est de régler les problèmes qui ont besoin de solutions extrêmement urgentes. Nous manquons de temps pour traiter les grands bouleversements qui s'annoncent. Avec le développement de l'intelligence artificielle, il est probable que nous allons affronter une crise de l'automatisation, dans ce pays, qui menacera des millions d'emplois.

Les industries se métamorphosent. Les camions autonomes pourraient coûter leur travail à trois millions et demi de routiers. Des pans entiers des services comptables, tel celui de la préparation des déclarations fiscales, pourraient disparaître aussi. Selon le McKinsey Global Institute, 375 millions de personnes à travers le monde vont devoir changer de métier en raison de l'automatisation des tâches, et 23 % des heures travaillées aujourd'hui pourraient être automatisées d'ici 2030. Une autre analyse suggère que l'automatisation pourrait supprimer 2,5 millions d'emplois par an à moyen terme. Nous avons déjà pu observer le coût humain de la suppression d'emplois en grand nombre. Mais rien ne nous a encore préparés à ce qui se profile.

Nous devrons aussi faire face aux réalités du changement climatique, qui est une crise aussi bien économique qu'environnementale. En 2017, les événements climatiques extrêmes en Amérique – ouragans, tornades, sécheresses, inondations – ont tué plus de 362 personnes, en ont déplacé plus d'un million, et ont provoqué pour plus de 300 milliards de dollars de dégâts. Selon les spécialistes, ces catastrophes vont se multiplier et empirer dans l'avenir. Avec de terribles conséquences économiques qui affecteront le plus durement les États du Sud et de la partie sud du Midwest. Après l'ouragan Harvey qui s'est abattu sur la côte du golfe du Mexique en 2017, une étude a montré qu'à Houston, Texas, trois habitants affectés par la catastrophe sur dix prenaient du retard dans le paiement de leur loyer ou de leur emprunt immobilier. Et 25 % avaient des difficultés à payer leurs courses alimentaires.

Le changement climatique met aussi les entreprises en danger. Les modifications des températures et des courants des océans affectent déjà négativement l'industrie de la pêche. L'agriculture a devant elle de multiples problèmes : l'augmentation des espèces invasives, des nuisibles, des champignons et des maladies, les modifications des régimes climatiques qui entraîneront des baisses de rendement, et la peur constante de la sécheresse.

Franchement, un énorme travail nous attend. Un travail difficile. Un travail indispensable. Nous disposons de tous les ingrédients de base, pour bâtir une économie du XXIe siècle équitable, solide, et qui récompensera le travail de ceux qui la portent. Mais nous devons nous dépêcher. Et il nous faut pour cela accepter de parler vrai.

Nous devons reconnaître que les emplois du futur vont demander des travailleurs qui ont étudié au-delà du secondaire – soit à l'université, soit dans une formation technique supérieure. Ce n'est plus facultatif. Et si nous voulons respecter le principe selon lequel chaque Américain a droit à une formation publique, nous ne pouvons pas cesser de financer ces études à la fin du lycée. Nous devons investir dans notre main-d'œuvre, aujourd'hui et à l'avenir, et cela signifie qu'il va nous falloir investir davantage dans la formation supérieure. Cela signifie, entre autres choses, que pouvoir faire des études supérieures sans s'endetter auprès des banques doit devenir une réalité.

Parlons vrai, aussi, au sujet de l'accessibilité au logement. Notre société ne peut pas fonctionner correctement si les gens sont dans l'incapacité d'y trouver des logements abordables. La crise de l'immobilier n'est pas un problème que nous pouvons mettre de côté comme s'il était indépendant de notre volonté. Il faut que nous produisions un effort d'ampleur sur plusieurs fronts – depuis la modification des règles d'urbanisme pour encourager la construction de nouveaux logements abordables, jusqu'au soutien financier à apporter d'urgence aux personnes qui ont des difficultés à payer leur loyer. Dans cette optique, j'ai déjà présenté au Sénat un projet de loi qui permettrait de soulager les locataires accablés par le coût de leur logement. Toute personne qui débourse plus de 30 % de son revenu en loyer et charges recevrait un nouveau crédit d'impôt remboursable qui l'aiderait à couvrir ses dépenses. Mais il y a beaucoup d'autres mesures à prendre.

Parlons vrai au sujet de la garde des enfants. Si nous ne trouvons pas une solution pour proposer des crèches et des garderies abordables, non seulement nous accablons tous les parents qui ont des difficultés financières, mais nous compliquons aussi la vie des femmes qui souhaitent continuer à travailler. Le problème de la garde des enfants est l'une des barrières systémiques au développement et au succès des femmes dans le monde du travail. Nous devons la faire tomber.

Et parlons vrai au sujet de ce qu'il nous faut construire. Pour mettre les gens au travail, dans des emplois bien rémunérés, et pour éviter que notre économie ne prenne du retard, nous devrions investir pour rebâtir les infrastructures de notre pays. Nous avons d'innombrables routes et ponts qui ont besoin d'être construits et réparés sur l'ensemble de notre réseau national. Nous avons des zones rurales qui sont encore privées de l'Internet à haut débit – il est essentiel de le leur apporter. Nous avons des parcs éoliens, et les lignes électriques qui vont avec, à construire. Nous avons des aéroports à moderniser et des réseaux de métro qui ont besoin d'être sérieusement remis en état. Sinon pour nous-mêmes, ne devrions-nous pas faire ce travail pour nos enfants et nos petits-enfants ?

Parlons vrai aussi au sujet des syndicats, que le Parti républicain s'applique depuis des décennies à démanteler. Aujourd'hui, moins de 7 % des travailleurs du secteur privé sont représentés par un syndicat, et un jugement de la Cour suprême de 2018 a porté un coup pour ainsi dire fatal aux syndicats de la fonction publique. Aux yeux de beaucoup de gens, la nécrologie du syndicalisme en Amérique est déjà écrite. Mais nous ne pouvons pas accepter cela. Ce sont les syndicats qui font pression sur les législateurs, à Washington, pour le bien exclusif des travailleurs. Ils sont les seuls à donner du pouvoir aux employés, dans tous les secteurs, sur leur lieu de travail. Contre les efforts des républicains pour faire régresser la classe moyenne, ce sont toujours les syndicats qui ont réussi à contraindre le patronat à consentir à de meilleurs salaires et avantages sociaux. Nous avons besoin d'une renaissance du syndicalisme en Amérique.

Et pour ce qui est de parler vrai, voici une dernière vérité à énoncer : les grandes entreprises et les plus riches citoyens du pays le plus riche du monde peuvent se permettre de payer leur juste part d'impôts pour que nous réussissions à remettre l'économie sur pied. Il est nécessaire, légitime et raisonnable d'exiger cela.

9

Une sécurité bien pensée

En entrant au Sénat, je fus surprise d'apprendre qu'un siège était disponible à la commission du Renseignement. Je demandai donc une explication à ma prédécesseure, la sénatrice sortante Barbara Boxer. Elle me dit que le travail effectué par cette commission était passionnant, sérieux et du plus haut intérêt pour le pays, mais restait pour l'essentiel très confidentiel. Ses membres ne pouvaient parler publiquement de leurs activités, car l'étude des dossiers les plus sensibles des services de renseignement américains nécessitait les plus hauts niveaux d'habilitation de sécurité. Par conséquent, précisa-t-elle, les médias ne s'intéressaient pas beaucoup, en général, à cette commission.

Cela m'était égal. Je savais qu'en tant que sénatrice, je pouvais facilement trouver un bouquet de micros devant lequel m'exprimer si j'avais quelque chose d'important à dire. Pour ce qui concernait les missions du Congrès, en revanche, j'aimais autant être informée en temps réel des menaces auxquelles étaient confrontés mes électeurs et le pays.

Aussi, je rejoignis la commission du Renseignement en m'attendant à ce que ses travaux restent dans l'ombre, à l'écart des journalistes et du point de mire quotidien du débat national. Mais quelques jours seulement après ma prestation de serment en tant que sénatrice des États-Unis, mes attentes furent quelque peu bouleversées. Le 6 janvier 2017, la communauté du renseignement révéla dans un rapport d'évaluation que la Russie avait mené de multiples cyberopérations contre les États-Unis, dans l'intention d'influencer l'issue de l'élection présidentielle de 2016. Tout à coup, le travail de notre commission – qui consistait pour cette affaire à essayer de comprendre comment les choses avaient pu si mal tourner – allait devenir l'une des missions les plus importantes de l'histoire du Sénat.

L'essentiel de ce que je fais à la commission du Renseignement touchant à des informations classifiées, ce que je peux écrire ici est très limité. Mais il arrive de temps en temps que la communauté du renseignement fasse connaître ses opinions au grand public – sans mentionner, bien sûr, les sources et les méthodes qui lui ont permis d'obtenir ses informations, et en rédigeant ses rapports avec un soin immense, de façon à ne rien révéler qui puisse compromettre la sécurité nationale ou mettre des vies en danger. Et il y a aussi des moments où notre commission collabore étroitement avec la communauté du renseignement pour faire connaître ses propres opinions, de façon à trouver un équilibre entre la nécessité absolue, pour le peuple américain, de savoir ce qui se passe du côté des élus qui supervisent le monde du renseignement, et la nécessité tout aussi absolue de garder le secret sur les missions de collecte de renseignement des États-Unis. Je peux, et je vais ici, faire référence à cette collaboration.

Deux fois par semaine, pendant deux heures par séance, les membres de la commission du Renseignement se réunissent à huis clos pour parler avec les hommes et les femmes qui dirigent nos dix-sept agences de renseignement et, à ce titre, sont constamment au fait des plus récentes informations sensibles. Je ne peux vous livrer les détails de nos discussions, mais je peux vous dire à quoi ressemblent ces séances. Pour commencer, le type de salle où nous nous réunissons s'appelle un SCIF (Sensitive Compartmented Information Facility). Le SCIF est un local isolé du monde extérieur, conçu pour protéger ses occupants des écoutes indiscrètes de toutes sortes. Avant d'y entrer, nous devons déposer nos téléphones portables dans un placard. À l'intérieur, nous prenons nos notes à la main – et ces notes étant elles-mêmes classifiées, elles ne sortent pas du SCIF.

Lorsque notre commission organise une audience publique, nous nous installons avec une certaine solennité, les sénateurs démocrates d'un côté, les républicains de l'autre, sur l'estrade faisant face aux personnes qui viennent témoigner, ainsi qu'au public et aux médias. Mais dans le SCIF où aucun objectif ne pénètre jamais, l'atmosphère est bien différente. Souvent les sénateurs tombent la veste. Nous nous asseyons ici ou là. Et nous nous mettons au boulot. Ce n'est pas seulement l'absence de caméras et notre répartition les uns par rapport aux autres qui créent une dynamique différente. C'est la nature du travail à accomplir. L'esprit partisan qui paralyse tant de choses à Washington semble en quelque sorte s'évanouir à la porte de ce local. Chaque membre de la commission est très conscient de l'importance de la mission qui nous est confiée. Et des conséquences qu'elle peut avoir. Ici, il n'y a tout simplement pas de place pour d'autres considérations que notre sécurité nationale et la protection de l'autonomie et des libertés civiles des Américains. Aucun public ne peut être présent, ni les médias, ni les sénateurs qui ne font pas partie de la commission. Nous sommes seuls – chargés de superviser une activité, le renseignement, qui a une portée mondiale. C'est un travail stimulant, et même enthousiasmant. C'est une scène que j'aimerais que le peuple américain puisse voir, ne serait-ce qu'un moment. Elle rappelle que même à Washington, certaines choses peuvent être plus grandes que la politique politicienne.

Mon travail à la commission du Renseignement et à la commission de la Sécurité intérieure couvre un large éventail de sujets : l'élaboration et le maintien d'une capacité antiterroriste sur le territoire national et à l'étranger, les opérations visant à perturber et à détruire l'État islamique, la protection et la sécurisation de nos frontières, le danger de la prolifération nucléaire, ou encore l'équilibre toujours délicat entre la collecte de renseignements et la protection des libertés civiles. Mais plutôt que de dérouler la longue liste des questions que nous traitons dans toute leur complexité, je vais me concentrer sur quelques-unes des menaces qui me privent de sommeil certaines nuits.

En tout premier lieu, je pense à la cybersécurité – un front nouveau dans un nouveau type de combat. Si nous pouvions avoir, jour après jour, une représentation visuelle des cyberattaques que nous subissons sans cesse – une représentation sous la forme, par exemple, d'explosions au milieu de nos villes survolées par des bombardiers russes, chinois, nord-coréens et iraniens –, le peuple américain, bien conscient que l'avenir de la nation est menacé, insisterait pour que nous répliquions. Mais la guerre cybernétique est silencieuse, et ses effets sont souvent difficiles à saisir avant que le mal ne soit fait. J'en parle souvent comme d'une guerre sans effusion de sang : il n'y a pas de soldats au front, pas de balles ni de bombes. Ce qui est bien réel, cependant, c'est que la cyberguerre vise à utiliser les infrastructures comme des armes et pourrait, dans ses pires manifestations, faire des morts. Imaginez par exemple une cyberattaque contre des systèmes d'aiguillage ferroviaire, des générateurs électriques d'hôpitaux ou une centrale nucléaire.

La communauté du renseignement et les entreprises privées mènent chaque minute qui passe une bataille défensive contre les cyberattaques. Mais la réalité, c'est que nous sommes encore mal préparés à ce terrain d'affrontement d'un genre nouveau. Nos systèmes et nos infrastructures ont besoin d'être sérieusement améliorés.

Nous sommes assaillis en ce moment même. Nos processus électoraux, d'abord, sont menacés, surtout quand on sait les attaques viles – et efficaces – qui ont déjà été menées par le gouvernement russe. Le rapport de la communauté du renseignement de janvier 2017 précisait que « le président Vladimir Poutine a ordonné une campagne d'influence, en 2016, visant l'élection présidentielle américaine. Les objectifs de la Russie étaient de saper la confiance de la population dans le processus démocratique américain, de dénigrer la secrétaire d'État Hillary Clinton, et de nuire à sa capacité à se faire élire et à son éventuelle présidence ». Le sujet a été tellement ressassé dans les médias que beaucoup de gens y sont devenus presque insensibles, mais il est difficile d'exagérer l'importance de cette découverte. La communauté du renseignement a déterminé, avec un degré élevé de certitude, que les services de renseignement russes ont mené des cyberopérations pour pirater la campagne présidentielle américaine et pour diffuser des données qu'ils avaient collectées dans l'intention d'influencer l'issue du scrutin.

Les agents et propagandistes russes ont tiré parti de réseaux sociaux américains comme Facebook, Twitter et YouTube pour propager des informations mensongères et dévastatrices sur la candidate Hillary Clinton, et attiser les divisions aux États-Unis. Et à mon sens, il y a quelque chose de très révélateur dans leur mode opératoire.

Ils se sont focalisés sur des questions brûlantes dans notre pays, telles que les discriminations raciales, les droits des LGBTQ ou l'immigration. Cela signifie qu'ils savent très bien que le racisme et d'autres formes de haine sont, depuis toujours, le talon d'Achille de notre nation. Ils savent précisément où frapper, et ils ont délibérément porté le fer sur certains des aspects les plus douloureux et conflictuels de notre histoire.

Je fis pour la première fois cette observation lors d'une réunion de la commission du Renseignement. Quelques jours plus tard, j'eus une surprise alors que je venais de m'asseoir à mon bureau dans la chambre du Sénat – l'avant-dernier sur le flanc de l'aile démocrate, que j'avais choisi pour deux raisons : primo il n'était pas dans le champ des caméras de C-SPAN, le réseau de chaînes de télévision parlementaires, ce qui me permettait de me concentrer plus facilement sur le travail en cours, secundo, et plus important encore, c'était l'un des bureaux les plus proches du tiroir à bonbons[1].

Tout à coup je vis James Lankford, un sénateur républicain de l'Oklahoma qui était aussi membre de la commission du Renseignement, traverser la salle pour venir à ma rencontre.

1. Une tradition du Sénat instaurée en 1968 par un sénateur républicain, George Murphy, qui aimait les bonbons et en proposait souvent à ses collègues : le tiroir du bureau d'un sénateur proche de l'une des entrées de la chambre est constamment rempli de confiseries. (Chacun des cent sénateurs dispose dans la chambre, depuis le XIXe siècle, d'un bureau individuel à plan incliné avec rabat, tiroir et encrier.)

« Kamala, dit-il, quand vous avez parlé des questions raciales qui sont notre talon d'Achille, je crois que vous avez mis le doigt sur quelque chose d'important. Pour ma part, je pense que cela commence par la question “Avez-vous reçu chez vous une famille d'une couleur de peau qui n'était pas la vôtre ? Avez-vous jamais eu ce genre d'interaction ?” Il me semble que c'est un bon point de départ.

— Je suis heureuse de vous entendre dire cela, répondis-je. Il faut commencer quelque part. »

Lankford et moi nous asseyions l'un en face de l'autre lors des séances restreintes de la commission. Il y avait peu de sujets sur lesquels nous étions du même avis dans le domaine politique, mais je le trouvais réellement gentil et sérieux. Il ne nous fallut pas longtemps pour devenir amis.

Avec nos autres collègues de la commission, nous avons consacré plus d'une année, en travaillant avec la communauté du renseignement, à étudier les données qui avaient permis de produire l'analyse de janvier 2017 sur les attaques russes. Me paraissait particulièrement intéressante la menace de pénétration de notre matériel électoral. En mai 2018, nous avons publié nos résultats préliminaires sur la question de la sécurité électorale. Il fallait que la population américaine soit informée qu'en 2016, le gouvernement russe avait mené une cybercampagne coordonnée contre les infrastructures électorales d'au moins dix-huit, et peut-être jusqu'à vingt et un États de l'union. D'autres États avaient observé des activités malveillantes, mais la communauté du renseignement n'avait pu imputer celles-ci à la Russie. Ce que nous savons, c'est que des agents russes ont sondé nos bases de données électorales à la recherche de vulnérabilités. Ils ont essayé de pénétrer leurs systèmes informatiques. Et dans certains cas, ils ont effectivement réussi à pénétrer dans les fichiers d'électeurs. Heureusement, notre commission n'avait pas trouvé la preuve, au moment de la publication de nos premiers résultats, que les décomptes de voix ou les fichiers d'électeurs avaient été modifiés. D'un autre côté, comme nous disposions de très peu d'informations sur les vérifications et les diagnostics techniques menés par les différents États sur leurs propres infrastructures électorales, nous ne pouvions pas exclure que certaines activités d'espionnage dont nous n'avions pas encore connaissance aient été menées à bien.

Dans notre rapport, nous avons fait part de nos inquiétudes concernant un certain nombre de vulnérabilités qui demeurent dans notre infrastructure électorale. Les systèmes de vote électroniques utilisés dans notre pays sont dépassés, et beaucoup d'entre eux ne gardent pas de trace écrite des scrutins. Sans ces documents papier, il est impossible de contrôler, si nécessaire, les décomptes de voix pour confirmer que les chiffres n'ont pas été modifiés. Trente États, avons-nous découvert, utilisent des machines à voter sans papier dans certaines circonscriptions, et cinq États les utilisent dans toutes leurs circonscriptions – les unes et les autres étant donc susceptibles d'être sujettes à des manipulations irrémédiables. Nous avons aussi trouvé que nombre de nos systèmes de vote sont connectés à Internet, ce qui les expose aux piratages informatiques. Même les systèmes qui ne sont pas constamment branchés sur le Web sont mis à jour avec des logiciels qui, eux, sont téléchargés par Internet.

Il est trompeur de laisser entendre, comme l'a fait la Maison Blanche en juillet 2017, qu'il est possible de créer un système de « cybersécurité impénétrable ». Nous devons avoir pour priorité, constamment, de savoir déceler, dissuader, traiter, atténuer les effets et nous défendre de chaque action malveillante engagée par une puissance extérieure à notre encontre. Comme le dit cette plaisanterie sinistre : C'est quoi la différence entre subir un piratage et ne pas subir de piratage ? Savoir qu'on a subi un piratage. La vérité fait mal – mais nous ne pouvons tout simplement pas nous permettre d'être naïfs.

Afin d'aider les élus du Congrès et leurs équipes à comprendre la nature du risque encouru, j'ai invité un jour un professeur de génie informatique de l'université du Michigan pour qu'il nous montre avec quelle facilité un hackeur pouvait agir sur le résultat d'une élection. Nous nous sommes rassemblés dans une salle du centre d'accueil, un lieu que connaissent bien les touristes qui visitent le Capitole, où le professeur avait installé une machine à voter sans papier qui est utilisée dans de nombreux États, notamment des États clés, susceptibles de basculer dans l'un ou l'autre camp pour très peu de voix, comme la Floride, la Pennsylvanie et la Virginie. Quatre sénateurs étaient présents – James Lankford, Richard Burr, Claire McCaskill et moi –, et nous étions entourés de nombreux assistants désireux de mieux comprendre le problème.

Le professeur simula une élection présidentielle où nous eûmes à choisir entre George Washington et le tristement célèbre Benedict Arnold, traître à la cause des États-Unis pendant la guerre d'Indépendance. Comme vous pouvez l'imaginer, nous votâmes tous les quatre pour George Washington. Mais la machinc, au terme du scrutin, déclara Benedict Arnold vainqueur. Le professeur avait piraté son logiciel en y ajoutant un bout de code malveillant qui faisait que la victoire d'Arnold était certaine indépendamment de nos votes à tous les quatre.

Il nous expliqua que la machine était très facile à pirater. À tel point qu'il avait pu, lors d'une autre démonstration, la transformer en borne d'arcade pour y jouer à Pac-Man. Imaginez un peu.

L'infrastructure électorale de l'Amérique se compose de machines dépassées et de responsables locaux dont la plupart sont insuffisamment, sinon pas du tout formés aux cybermenaces. Lorsque l'on songe au nombre de grandes entreprises qui sont victimes de violations de données alors qu'elles investissent dans les meilleurs systèmes de sécurité que l'argent puisse acheter, notre vulnérabilité devient encore plus évidente. D'aucuns pensent peut-être que c'est un discours alarmiste, mais je crois que nous devrions nous préparer au pire scénario envisageable : celui où des acteurs étrangers cibleront ces machines démodées pour manipuler les décomptes de voix. Lorsque l'on voit l'effort sans précédent entrepris par la Russie pour saper la confiance des Américains dans notre système démocratique tout en essayant d'interférer dans le résultat d'une élection présidentielle, on peut être certain que le Kremlin se sent désormais enhardi – comme d'autres acteurs étatiques ou privés – et essaiera de recommencer.

Au moment de ces travaux, le sénateur Lankford et moi étions les seuls membres du Sénat à siéger à la fois à la commission du Renseignement et à la commission de la Sécurité intérieure. Aussi étions-nous particulièrement bien placés pour travailler ensemble, nonobstant nos appartenances politiques respectives, à l'élaboration d'une loi de lutte contre ce type de cyberattaques. À la fin du mois de décembre 2017, avec les sénatrices Amy Klobuchar et Lindsey Graham, nous déposâmes un projet, le Secure Elections Act, pour protéger les États-Unis de futures interférences de l'étranger dans nos processus électoraux.

Cette loi, inspirée par des témoignages entendus lors d'auditions organisées par les deux commissions, Renseignement et Sécurité intérieure, visait à améliorer le partage d'informations, dans le domaine de la cybersécurité, entre les agences fédérales et les agences d'États. Elle devait instaurer une procédure par laquelle les responsables des opérations électorales se verraient accorder une habilitation de sécurité de niveau top secret qui leur permettrait d'avoir accès, en temps voulu, à certains documents classifiés (dans le cas, par exemple, où nous apprendrions que la Russie avait attaqué leurs machines). Elle devait établir des directives claires pour la sécurisation des systèmes de vote – dont la nécessité de disposer de copies papier des bulletins. La Russie était peut-être capable de hacker une machine de vote à distance, mais elle ne pouvait pas pirater une feuille de papier. La loi prévoyait aussi 386 millions de dollars de subventions pour améliorer la cybersécurité.

Elle devait enfin établir ce que l'on appelle une prime aux bogues (ou un *bug bounty*) pour notre infrastructure électorale. D'utilisation courante dans les entreprises technologiques, les primes aux bogues sont des incitations rémunérées, pour les hackeurs altruistes, à identifier les failles des systèmes informatiques. C'est une méthode efficace sur le plan économique pour écarter rapidement certains bogues susceptibles d'être exploités par des entités malveillantes. Nous nous devons à nous-mêmes de continuellement tester la sécurité de nos systèmes informatiques, un peu comme nous testons parfois le détecteur de fumée à notre domicile. Personne ne veut attendre que la maison prenne feu pour se rendre compte qu'il fallait changer la pile.

Mais, chose remarquable, alors que le projet de loi était soutenu par deux démocrates et deux républicains et avait l'assentiment de nombreux sénateurs des deux camps, la procédure n'aboutit pas. Nous étions plus d'un an avant les élections de mi-mandat de 2018, mais la Maison Blanche s'opposa à notre loi et le chef de la majorité républicaine refusa de la porter au vote. Au moment où j'écris ces lignes, j'ai des insomnies lorsque je pense à l'ampleur de nos vulnérabilités, sachant que certaines mesures que nous devrions prendre sans délai sont empêchées sans la moindre justification.

Il est aussi important de se souvenir que nous ne sommes pas vulnérables aux interférences de l'étranger dans le seul domaine des élections et des machines de vote.

En mars 2018, par exemple, le département de la Sécurité intérieure et le FBI ont publié une alerte conjointe qui révélait que des hackeurs russes avaient réussi à pénétrer les systèmes informatiques d'organisations et d'institutions gouvernementales américaines de différents secteurs – depuis l'énergie et l'eau jusqu'à l'aviation et l'industrie manufacturière. Le document disait à propos des actions de ces hackeurs qu'il s'agissait d'une « campagne d'intrusion multiétape de cyber-intervenants du gouvernement russe qui ont ciblé les réseaux d'infrastructures commerciales pour y implanter du code malveillant et mener des opérations de harponnage, et qui sont parvenus à prendre le contrôle à distance de réseaux du secteur de l'énergie ». Une fois entrés dans ces systèmes, les Russes y ont mené des missions de reconnaissance poussées. Ils ont réussi à entrer dans le système de pilotage d'au moins une centrale électrique. Et ils ont placé des outils, dans les systèmes qu'ils visaient, qui devaient leur permettre, dans certains cas, de fermer des centrales électriques à volonté.

C'est la preuve, bien entendu, d'une vulnérabilité extraordinaire. Des millions d'Américains se souviennent de la grande panne de 2003, lorsqu'une surtension électrique fit sauter le réseau alimentant une immense partie du nord-est du pays, sur huit États. De grandes villes furent plongées dans l'obscurité. Les pompiers durent se hâter de libérer des gens prisonniers dans des ascenseurs alors que la température grimpait dans les immeubles. Des centaines de trains s'arrêtèrent en pleine voie, et il fallut secourir des milliers de passagers dans des tunnels de métro privés de lumière. Des usines de traitement des déchets s'arrêtèrent. Dans la seule ville de New York, près de deux milliards de litres d'eaux usées non traitées se déversèrent dans la nature. Les réseaux de téléphonie mobile furent perturbés. Les distributeurs de billets cessèrent de fonctionner. Les hôpitaux durent se reposer sur leurs générateurs électriques pour les soins des patients les plus vulnérables. Des analystes conclurent par la suite qu'à New York, les taux de mortalité avaient grimpé de 28 % pendant les deux jours de cette panne de courant.

En 2018, dans son évaluation annuelle des menaces mondiales, la communauté du renseignement a détaillé l'augmentation des risques posés à nos infrastructures critiques pour l'année suivante. « Le recours aux cyberattaques comme outil de politique étrangère en l'absence de conflit militaire est resté limité, pour l'essentiel, jusqu'à maintenant, à des attaques sporadiques de faible intensité, expliquait le rapport. Cependant, la Russie, l'Iran et la Corée du Nord s'essaient à des cyberattaques plus agressives qui constituent une menace croissante pour les États-Unis et leurs partenaires. »

De l'Iran, qui a déjà hacké une grande entreprise américaine et réussi à y voler des données personnelles, on s'attend à ce qu'il continue ses tentatives de pénétration des infrastructures numériques des États-Unis. La Corée du Nord, qui a mené une cyberattaque destructrice contre Sony en novembre 2014, et dont le gouvernement américain estime qu'elle est responsable d'un énorme piratage, au Royaume-Uni, qui a paralysé le système de santé du pays, devrait utiliser ses hackeurs pour voler de l'argent en cas de sanctions, comme elle l'a fait en 2016 en prélevant 81 millions de dollars dans la Banque centrale du Bangladesh. La Chine, quant à elle, développe depuis 2015 ses propres capacités offensives pour la cyberguerre, et conduit des attaques contre le secteur privé aux États-Unis, en particulier contre des entreprises des secteurs de la défense, de l'informatique et des communications dont les produits et les services assurent le fonctionnement de réseaux mondiaux. Une enquête du Bureau du représentant américain au commerce a montré que le vol de propriété intellectuelle par la Chine nous coûte plus de 200 milliards de dollars chaque année.

Et puis il y a les acteurs non étatiques. Comme on peut le lire dans l'évaluation annuelle des menaces mondiales de la communauté du renseignement, « les criminels transnationaux continueront à se livrer à des actions à but lucratif facilitées par Internet, par exemple le vol et l'extorsion à l'encontre des réseaux américains ». C'est un problème coûteux : en février 2018, le fournisseur de logiciels de sécurité McAfee et le groupe de réflexion Center for Strategic and International Studies ont publié un rapport qui estime les pertes dues à cette cybercriminalité, en Amérique du Nord, entre 140 et 175 milliards de dollars. Et nous pouvons aussi nous attendre à trouver des acteurs étatiques pour financer cette forme d'activité criminelle, qui est pour eux un moyen peu onéreux et réfutable de poursuivre leurs objectifs malfaisants.

La cybersécurité doit devenir l'une de nos principales priorités dans le nouvel âge qui commence. Il ne suffit pas de s'assurer que nos troupes ont les meilleures armes sur le champ de bataille. Nous devons aussi faire en sorte que nos forces armées, notre communauté du renseignement et le secteur privé disposent des toutes meilleures cyberdéfenses pour se protéger contre ces menaces nouvelles et en évolution constante. Comme l'a souligné en 2016 le général Keith Alexander, l'ancien directeur de la NSA[1] qui fut aussi le premier commandant de l'US Cyber Command (le commandement interarmées chargé de la guerre cybernétique), des

1. La National Security Agency (Agence nationale de la sécurité), qui dépend du département de la Défense, chargée du renseignement numérique et de la sécurité informatique du gouvernement américain.

pirates informatiques abordent les systèmes du département de la Défense environ 250 000 fois par heure. Cela fait six millions de tentatives de hacking chaque jour.

Dans un monde où la technologie peut être utilisée comme une arme, nous devons déployer les meilleures technologies possibles de façon à être en mesure de répliquer. Cela veut bien dire constamment intensifier nos efforts pour garder toujours une longueur d'avance.

Je me souviens que lorsque j'ai été élue pour la première fois procureure générale de Californie, en 2011, j'ai été choquée de découvrir tout ce qu'il manquait aux services de police de notre État dans le domaine technologique. Alors j'ai constitué une équipe, dirigée par mon adjoint spécial à la procureure générale Travis LeBlanc, pour remanier et moderniser notre système afin de nous permettre de mieux lutter contre le crime à l'ère de l'information. Pendant la première année de mon mandat, nous avons mis sur pied une « Unité e-criminalité », composée de juristes et d'enquêteurs, pour traiter les crimes facilités par la technologie comme le vol d'identité et la cyberexploitation sexuelle. Pendant le reste de mon mandat, je me suis appliquée à tirer parti des avantages technologiques de la Californie au bénéfice de nos institutions. Ces efforts ont été couronnés par la création de notre « Cyber Crime Center », qui offre des capacités de criminalistique numérique dernier cri à tous nos agents engagés dans la lutte contre le crime facilité par la technologie – et qui fait de la Californie l'un des premiers États à être ainsi équipés.

Pour assurer notre cybersécurité, cependant, non contents de déployer dès à présent nos meilleures technologies, nous devons aussi bien sûr investir dans les innovations et les découvertes dont nous aurons besoin pour rester protégés sur le long terme. C'est l'une des raisons pour lesquelles j'ai défendu un projet de loi de financement de la recherche en informatique quantique, une technologie d'avenir qui mettrait les États-Unis en tête de la course à la supériorité technologique. La quête de l'innovation ne peut être envisagée du seul point de vue de la prospérité économique.

Elle compte également pour notre sécurité nationale. C'est d'ailleurs une des raisons pour lesquelles je crois que notre pays doit accueillir les étudiants et les professionnels hautement qualifiés du monde entier, afin qu'ils étudient dans nos universités et travaillent dans nos entreprises.

En fin de compte, je crois qu'il nous faudra développer une cyberdoctrine. Par principe, nous devrons décider quand et si une cyberattaque est un acte de guerre, et quelle sorte de réponse elle justifie.

Le 12 janvier 2017, Mike Pompeo se présenta devant la commission sénatoriale du Renseignement pour son audition de confirmation en tant que directeur de la CIA. Lors des audiences publiques, par tradition, les sénateurs posent leurs questions par ordre d'ancienneté. Nouvelle membre de la commission, je fus donc la dernière à interroger Pompeo. Tout au long des séances, j'écoutai mes collègues lui poser bien des questions touchant à des sujets classiques pour un futur patron de la CIA, depuis le partage et la collecte de renseignements jusqu'à la prévention des attaques terroristes sur le sol américain comme à l'étranger. Quand mon tour arriva enfin, je me concentrai sur un sujet qui sembla surprendre Pompeo et d'autres membres de la commission. En matière de changement climatique, la position revendiquée par Pompeo était celle du déni. Il rejetait l'analyse des scientifiques. Je voulus savoir quel impact cette opinion serait susceptible d'avoir sur son rôle au sommet de l'appareil du renseignement américain.

Les experts de droite de la chaîne Fox et de la Heritage Foundation[1] prirent un malin plaisir à qualifier mes questions de « ridicules », « idiotes » et « à côté de la plaque ». Bien sûr, ils jugeaient mes interrogations sans rapport avec la sécurité nationale et typiques d'une membre du Parti démocrate. Mais ils se trompaient. Il ne

1. Célèbre centre de réflexion conservateur basé à Washington.

s'agissait sûrement pas, ici, de politiser le renseignement, mais de faire preuve d'objectivité dans l'analyse. La CIA avait déjà publié une évaluation déclassifiée de la menace que faisait peser le changement climatique sur les États-Unis. Or, d'après tout ce qu'il avait pu déclarer jusqu'alors, Pompeo ne tenait absolument aucun compte de ce genre de document. Comment informerait-il le président ? Laisserait-il ses jugements personnels dominer les observations des professionnels de la CIA sur le changement climatique ? En ce cas, quelles implications cela pourrait-il avoir pour d'autres graves menaces contre notre nation ?

Le changement climatique peut être envisagé sous de nombreux angles. Pour certaines personnes, il s'agit uniquement d'un problème environnemental : elles évoquent la destruction des habitats, la fonte des calottes glaciaires, l'extinction de masse des espèces qui advient aujourd'hui. Pour d'autres, il s'agit d'un problème de santé publique qui exige de travailler pour un monde d'air pur et d'eau potable à la disposition de tous. Il y a aussi la dimension économique du changement climatique : interrogez les agriculteurs sur la complexité de leur métier, sur l'attention qu'ils accordent aux variations de la météo, sur les écarts incroyablement faibles qui peuvent faire la différence entre une bonne récolte et une récolte perdue, et vous comprendrez vite que les événements climatiques extrêmes et les modifications imprévisibles des conditions météorologiques ne sont pas des sujets à ignorer.

Si vous parlez avec des généraux, de hauts responsables du renseignement ou des spécialistes des conflits internationaux, vous découvrirez qu'ils considèrent tous le changement climatique comme une menace pour notre sécurité nationale – comme un « multiplicateur de menaces », disent-ils, qui exacerbera la pauvreté et l'instabilité politique, créant des conditions favorables à la violence, au désespoir et même au terrorisme. Un climat instable et imprévisible va engendrer un monde instable et imprévisible.

Le changement climatique provoquera par exemple des sécheresses. Les sécheresses se traduiront par des famines. La famine poussera des populations désespérées à quitter leurs zones d'habitation à la recherche de meilleures conditions de vie. Les flux massifs de personnes déplacées déclencheront des crises de réfugiés climatiques qui créeront des tensions et de l'instabilité aux frontières.

Le changement climatique accroîtra aussi les risques de pandémies mortelles globales. Le Centre de prévention et de contrôle des maladies (CDC) a rapporté qu'entre 2006 et 2016, le nombre d'Américains infectés par des virus comme le West Nile et Zika, ou atteints de maladies comme la maladie de Lyme, a plus que triplé. Avec l'augmentation des températures, des maladies prospèrent dans des régions de l'Amérique où elles n'auraient pas pu survivre dans le passé. Le CDC a déjà identifié neuf types d'infections qui n'avaient jamais été vues auparavant aux États-Unis.

La dure vérité, c'est que le changement climatique va engendrer un désespoir et une précarité terribles, qui mettront en péril la sécurité nationale de l'Amérique. C'est pourquoi, comme l'a souligné John Brennan qui a dirigé la CIA avant Pompeo, les experts de l'agence mettent en avant le changement climatique comme l'une des causes profondes de l'instabilité croissante du monde. C'est pourquoi la stratégie de sécurité nationale du président Obama identifiait le changement climatique comme une menace de première importance pour notre sécurité nationale. C'est pourquoi le Pentagone a pris une longueur d'avance dans le domaine de la résilience face aux effets du changement climatique, notamment en développant des stratégies de protection pour les dizaines de bases militaires qui seront affectées par la montée du niveau de la mer et les événements climatiques extrêmes. Et c'est pourquoi je n'ai pas hésité à demander à l'homme qui devait devenir le nouveau directeur de la CIA si le changement climatique entrerait en ligne de compte, et de quelle façon le cas échéant, dans sa stratégie pour protéger le peuple américain.

Il ne s'agit pas ici de science-fiction ou d'un roman dystopique situé dans un avenir plus ou moins lointain. La crise du changement climatique se manifeste et s'aggrave déjà. Fin 2017, les réserves d'eau sont tombées si bas au Cap, en Afrique du Sud, que cette ville de plus de trois millions d'habitants, la seconde du pays, a failli voir l'eau cesser de couler de ses robinets. Des gens ont commencé à se doucher dans des baquets de façon à pouvoir réutiliser l'eau pour leurs lessives. Les agriculteurs ont dû laisser dépérir environ un quart de leurs récoltes.

C'est un problème auquel nous serons également confrontés chez nous, et c'est une question de sécurité nationale que de nous y préparer. Nous avons besoin d'une stratégie diversifiée, dans le domaine de l'eau, pour nous assurer un approvisionnement fiable et durable. Ayant grandi en Californie, j'ai appris très jeune que les réserves d'eau sont précieuses et fragiles. À l'école primaire, mes camarades et moi avions déjà des leçons d'écologie. Je me souviens de ma mère souriant quand elle dut m'expliquer qu'un *conservateur* pouvait être autre chose qu'un adepte du *conservatisme*. J'ai vu la sécheresse de 1976-1977 avec les yeux d'un enfant : la chasse d'eau qu'il ne fallait pas tirer, la douche express, les pelouses desséchées. Je pense beaucoup au problème de la sécurité de l'eau, et je ne tiendrai jamais la chose pour acquise.

Notre stratégie diversifiée devrait opérer sur de multiples fronts simultanément. La conservation de l'eau est la solution la moins onéreuse et la plus efficace pour accroître nos ressources. Mais nous avons aussi besoin de moderniser nos infrastructures de transport vieillissantes, d'améliorer nos capacités de récupération et de stockage des eaux pluviales, et d'investir astucieusement dans le traitement, la purification et le dessalement de l'eau.

Nous avons beaucoup à apprendre auprès d'amis et de partenaires qui ont déjà produit ce genre d'efforts – en particulier Israël, qui est un leader mondial en matière de sécurité de l'eau. En visite dans ce pays en février 2018, j'ai pu découvrir son usine de dessalement de Sorek, qui utilise la technique de l'osmose inverse pour produire de l'eau potable à partir d'eau de mer. J'en ai goûté un verre. Elle était parfaitement bonne.

Et ce n'est pas tout. Comme cela a été beaucoup dit, les Israéliens ont fait fleurir le désert. Ils ont réussi cette prouesse, pour une part, parce qu'ils ont appris à traiter 86 % de leurs eaux usées pour en faire de l'eau agricole. En comparaison, les États-Unis, qui produisent 120 milliards de litres d'eaux usées municipales chaque jour, n'en réutilisent que 7 à 8 %. Nous pouvons sûrement faire mieux que cela.

Conserver l'eau et nous prémunir contre les pénuries doit être une priorité absolue. Mais on peut en dire autant, en ces temps de changement climatique, de la nécessité de nous protéger contre les inondations. En Inde, au Bangladesh et au Népal, les inondations de l'été 2017 ont fait 1 200 morts et ont affecté plus de 40 millions de personnes. Près d'un million de foyers ont été détruits. En 2010, des inondations ont couvert presque le quart de la superficie du Pakistan, faisant plus de 1 700 morts et affectant au moins 12 millions de personnes. Ici en Amérique, la force destructrice de l'ouragan Maria a ravagé notre île de Porto Rico. Je m'y suis rendue, en novembre 2017, et j'ai vu les dégâts de mes propres yeux – les maisons pour ainsi dire aplaties, les routes effondrées et détruites, la communauté en crise. C'était démoralisant. Le bilan officiel, d'abord largement sous-estimé, a été réévalué à 2 900 victimes, mais un rapport de l'École de santé publique T. H. Chan de Harvard estime que l'ouragan et ses conséquences ont été responsables de la mort d'au moins 4 600 citoyens américains à Porto Rico.

Et si ce ne sont pas les inondations, viennent les incendies. Ceux-ci ne sont pas déclenchés par le changement climatique, bien sûr, mais exacerbés par ses conséquences. Les températures en hausse et l'allongement des périodes sans pluie transforment nos forêts en petit bois sec. La Californie a toujours connu des incendies, mais avec le changement climatique ils deviennent plus fréquents – et de plus en plus vastes. Lorsque j'étais procureure générale, on m'a invitée à découvrir l'un d'eux à bord d'un hélicoptère. Du ciel, j'ai pu mesurer toute l'ampleur de la catastrophe. Il y avait des rues, des quartiers entiers totalement détruits par les flammes. J'avais l'impression de survoler un gigantesque cimetière, avec les cheminées des maisons comme pierres tombales.

En août 2018, je suis rentrée en Californie pour rencontrer des pompiers et des personnes évacuées de zones affectées par le Mendocino Complex Fire, un énorme incendie à deux foyers qui ravagea pendant plus de trois mois près de 1 900 kilomètres carrés de territoire.

En arrivant dans le comté de Lake, je me rendis dans un centre des congrès où des familles évacuées étaient temporairement hébergées. Certaines savaient qu'elles avaient perdu leur maison et tous leurs biens. D'autres ignoraient encore ce qu'il en était par chez elles. Je parlai avec une femme qui était enceinte de son troisième enfant. Elle s'efforçait de remonter le moral des siens. Je me souviens de sa fille me montrant avec fierté comment elle avait bien disposé les draps des lits de camp de la Croix-Rouge sur lesquels ils allaient passer la nuit.

Un an plus tôt, j'avais parlé avec un pompier qui venait de perdre sa maison dans un incendie qu'il combattait. Il m'avait dit : « J'ai toujours cru que je comprenais la douleur de ceux qui perdaient tout, parce que je l'ai vu arriver à d'autres si souvent. Mais c'est tellement pire, en fait, que ce que j'imaginais. » Cependant, avait-il précisé, « je n'oublie pas que ce n'est pas aussi dramatique pour moi que pour les familles qui apprennent qu'un mari ou un fils a rejoint tous les collègues qui ont déjà perdu la vie cette année ».

Il y a un point commun entre tous ces grands problèmes – la cybersécurité, le changement climatique ou la lutte contre certains agresseurs comme la Russie et la Corée du Nord. Bien que les États-Unis soient une superpuissance, il y a des limites à ce que nous pouvons faire seuls. Pour assurer la sécurité des citoyens américains, pour faire en sorte que nos intérêts et notre pays soient bien protégés, nous devons travailler en partenariat avec nos alliés – dans les domaines économiques, diplomatiques et militaires. Nous devons protéger l'Otan, le traité de défense le plus important que le monde a jamais connu, surtout face à l'agressivité de plus en plus flagrante de la Russie. Nous devons revenir dans l'accord de Paris, car c'est seulement en collaborant les uns avec les autres que nous pourrons inverser la tendance du changement climatique et prévenir certaines de ses conséquences les plus terrifiantes. Et nous devons nous souvenir que le travail que nous fournissons pour protéger le peuple américain doit aussi être au service des valeurs américaines. Ayons bien conscience que nos actions montrent au monde entier qui nous sommes.

C'est cette dernière évidence que j'avais à l'esprit lorsque Gina Haspel se présenta devant notre commission, environ un an et demi après Mike Pompeo, pour son audition de confirmation au poste de directrice de la CIA. Ayant derrière elle une carrière de trente-trois ans au sein de l'agence, Haspel avait connu l'époque où certains de ses prisonniers avaient été torturés[1]. Logiquement, plusieurs sénateurs l'interrogèrent sur cet aspect du travail de la CIA – en particulier pour déterminer si ses propres actions avaient été légales, et si elle autoriserait à nouveau le même genre de pratiques.

Lorsque vint mon tour de parler, je soulignai d'abord que cette audition ne portait ni sur l'importance considérable et incontestable du service rendu et du sacrifice consenti par les hommes et les femmes de la CIA, ni sur la mission de l'agence – toutes choses que je soutiens sans réserve aucune. L'audition, précisai-je, portait sur la question de savoir si elle, Gina Haspel, était faite pour diriger la CIA. Et il incombait au Sénat de bien comprendre qui nous choisissions, car cette nomination envoyait un signal fort, non seulement aux hommes et aux femmes de l'agence, mais aussi au peuple américain et au monde entier, sur nos valeurs et notre autorité morale. Cela étant dit, j'entamai un échange qui devint progressivement, à mon avis, très révélateur :

---

1. L'époque en question est celle de la décennie qui suivit les attentats du 11 septembre 2001, pendant laquelle la CIA se livra à la torture de prisonniers dans le cadre de la « guerre contre le terrorisme » des États-Unis. Ces pratiques, quand elles furent découvertes, firent l'objet d'une longue enquête et d'un rapport (approuvé en 2012) de la commission du Renseignement. Au moment de sa nomination, Gina Haspel était soupçonnée d'avoir eu parfaitement connaissance de ces pratiques, sinon de les avoir supervisées, en tant que cadre de la CIA. En 2002 elle avait dirigé notamment une prison secrète de l'agence, en Thaïlande, où ont été torturés des suspects.

« Il y a donc une question à laquelle je ne vous ai pas entendue répondre, et qui est : Pensez-vous que ces techniques d'interrogatoire passées étaient immorales ? »

Haspel prit quelques instants pour réfléchir. « Sénatrice, je crois que les agents de la CIA auxquels vous faites allusion...

— C'est oui ou non, la question est simple. Pensez-vous que ces techniques d'interrogatoire étaient immorales ? Je ne vous demande pas si vous pensez qu'elles étaient légales. Je vous demande si vous pensez qu'elles étaient immorales. »

Elle garda de nouveau le silence un moment. « Sénatrice, je crois que la CIA a fait un travail extraordinaire pour empêcher de nouvelles attaques contre ce pays, considérant les outils juridiques que nous étions autorisés à utiliser.

— S'il vous plaît répondez par oui ou non. Pensez-vous, avec le recul, que ces techniques étaient immorales ?

— Sénatrice, ce que je pense, assise devant vous aujourd'hui, c'est que je soutiens les critères moraux élevés auxquels nous avons décidé de nous attacher.

— Pouvez-vous, je vous prie, répondre à la question ?

— Sénatrice, je pense avoir répondu à la question.

— Non. Pensez-vous que les techniques de l'époque – aujourd'hui, avec le recul – pensez-vous qu'elles étaient immorales ? Oui ou non ?

— Sénatrice, je crois que nous devons respecter les critères moraux définis par le manuel de terrain de nos armées. »

Peu après ce refus caractérisé de Haspel de répondre à la question, feu le sénateur John McCain, qui avait été brutalement torturé durant les cinq années qu'il avait passées comme prisonnier de guerre au Vietnam, annonça dans un communiqué qu'il ne soutiendrait pas sa confirmation au poste de directrice de la CIA.

« Comme beaucoup d'Américains, je comprends l'urgence qui a motivé la décision d'avoir recours à ce que l'on appelle les méthodes d'interrogatoire renforcées après que notre pays a été attaqué, avait écrit McCain. Je sais que ceux qui ont utilisé les méthodes d'interrogatoire renforcées et ceux qui les ont approuvées voulaient protéger les Américains. Je mesure leur dilemme et la pression du devoir qui était le leur. Mais, comme je l'ai expliqué de nombreuses fois, les méthodes que nous employons pour assurer la sécurité de notre nation doivent être aussi fondées et justes que les valeurs que nous aspirons à respecter et à promouvoir dans le monde.

« Je crois que Gina Haspel est une patriote qui aime notre pays et a consacré sa vie professionnelle à le servir et à le défendre, poursuivait-il. Néanmoins, le rôle de supervision de Mme Haspel dans l'utilisation de la torture par des Américains est troublant. Son refus de reconnaître l'immoralité de la torture est une condition disqualifiante. Je crois que le Sénat devrait remplir son devoir d'avis et de consentement pour rejeter cette nomination. »

Nous vivons dans un monde d'incertitude, un monde de complexité et de dangers multiples. Des défis nouveaux et variés nous attendent à l'avenir, qui exigeront que nous mobilisions notre intelligence, pas que nous écoutions notre peur. Il y aura des décisions difficiles à prendre, c'est certain, et d'un genre nouveau, auxquelles nous n'aurons jamais été confrontés auparavant. Et pourtant, il nous sera fort utile de nous souvenir de ce qui nous a aidés à protéger le peuple américain, et à assurer la paix, tout au long des générations qui auront précédé cette nouvelle période. Nous devons nous le rappeler, nous sommes une nation de lois, nous défendons la primauté de la loi. Nous devons nous souvenir de ce pour quoi nous avons œuvré et parfois versé notre sang : un ordre international qui promeut la paix et la coopération, un engagement ferme envers la démocratie ici et autour du monde, et le rejet des despotes, des tyrans, des dictateurs qui gouvernent leurs pays en fonction de leur propre intérêt, pas dans l'intérêt des peuples qu'ils sont censés servir. Aussi imparfaits ayons-nous été par le passé, notre histoire est celle de la recherche d'un monde meilleur, plus sûr et plus libre. Dans les années à venir, face à tous les défis qui s'annoncent, nous ne pouvons pas perdre de vue qui nous sommes et qui nous pouvons être.

10

Ce que j'ai appris

Au début de ma carrière de procureure, à Oakland, l'une des premières affaires que j'eus à traiter, dans la salle d'audience du juge Jeffrey Horner, fut un accident avec délit de fuite. Pour illustrer mon argumentaire, j'avais imprimé un plan sur une feuille de grand format que je fixai avec des pinces à un tableau sur pied. Ce plan m'était nécessaire pour présenter au jury le trajet suivi par le conducteur.

Les détails de l'affaire m'échappent à présent, mais je me souviens du plan parce que je m'emmêlais sans cesse les pinceaux, pendant que je parlais, entre le nord, le sud, l'est et l'ouest. À un moment, pour montrer que j'étais consciente de mes maladresses, je me moquai de moi-même devant les jurés. Pendant la pause, le juge Horner me convoqua dans son bureau. « Ne refaites plus jamais cela, dit-il. Débrouillez-vous. Trouvez une solution. »

Ses paroles m'ont marquée, comme tant d'autres qui m'ont servi de leçon au cours de ma vie : je pense à la sagesse fondatrice de ma mère, aux encouragements et aux conseils de membres de ma famille, d'amis et de personnes de confiance qui furent pour moi des mentors. Il y a aussi tous les moments forts auxquels j'ai assisté, bons ou mauvais, qui ont façonné ma compréhension de ce qui est nécessaire pour diriger de façon efficace, de ce qu'il faut pour atteindre les objectifs que l'on se fixe, et de ce que nous nous devons les uns aux autres tout au long du chemin.

Ces leçons ont donc été complétées par ma propre expérience de la vie, et enrichies par l'utilisation que j'en ai faite au fil de ma carrière. Aujourd'hui je peux les résumer par une série de courtes formules... que les membres de mon équipe entendent si souvent qu'ils riront sans doute en lisant ces pages. Une année, je me souviens, ils ont même fait imprimer PAS DE FAUX DILEMMES en lettres blanches sur des balles antistress.

Bien sûr, il n'est pas possible de réduire le leadership, la complexité du rôle du leader, à quelques incantations. Mais mon équipe et moi utilisons ces formules comme des sortes de boussoles – comme des points de départ à nos conversations de travail et comme des outils qui nous servent à déterminer si nous sommes sur la bonne voie. Je les partage ici parce qu'elles en disent beaucoup sur ma philosophie et ma méthode. Peut-être vous aideront-elles d'une façon ou d'une autre à façonner votre pensée, comme la sagesse que j'ai tirée d'autres personnes a contribué à façonner la mienne.

TESTER SES HYPOTHÈSES

Lorsque j'étais enfant, j'accompagnais parfois ma mère à son labo où elle me donnait des petites tâches à accomplir. Le plus souvent je nettoyais les éprouvettes. Je crois qu'elle a compris de bonne heure que je ne la suivrais pas sur la voie scientifique. Très tôt, ce sont les lettres et les arts qui m'ont attirée – même si j'étais bien sûr en admiration devant ma mère, ses collègues et le travail qu'ils accomplissaient.

Quand vous êtes la fille d'une scientifique, la science finit tout de même par influencer votre façon de penser. Notre mère nous parlait souvent de la méthode scientifique, à Maya et à moi, comme s'il s'agissait d'un mode de vie. Lorsque je lui demandais pourquoi une chose était ce qu'elle était, elle ne se contentait pas de me donner une réponse. Elle voulait que je formule ma propre hypothèse, en fasse un point de départ pour aller plus loin dans mon interrogation, et remette en question mes propres suppositions. C'était ainsi qu'elle travaillait au labo. Les expériences qu'elle menait jour après jour servaient à déterminer si ses idées restaient valables après avoir été éprouvées. Il fallait s'assurer que le système tenait la route. Elle rassemblait les données, les analysait, et tirait les conclusions qui s'imposaient. Si les résultats ne validaient pas l'hypothèse de départ, elle révisait celle-ci.

L'innovation, c'est la poursuite de ce qui peut être sans le poids de ce qui a été. Et nous poursuivons sur la voie de l'innovation non pas parce que nous nous ennuyons, mais parce que nous voulons que les choses soient plus rapides, plus performantes, plus efficaces, plus précises. Dans les sciences, en médecine, dans le domaine technologique, nous soutenons la culture de l'innovation – avec ses hypothèses, ses expériences, tout ce qu'il faut. Nous savons que des erreurs seront commises et souhaitons simplement éviter de répéter la même erreur plusieurs fois. Nous savons aussi que tout ne sera pas parfait. Cela nous semble même évident. En informatique, par exemple, nous nous sommes habitués à l'idée que les logiciels ont besoin d'être révisés et mis à jour. L'idée de « déboguer » et le concept de « version améliorée » ne nous choquent en rien. Nous savons que plus nous testons le produit ou le processus, mieux nous comprenons ce qui fonctionne bien, ce qui ne fonctionne pas, et meilleur il sera au bout du compte.

Mais dans le domaine des politiques publiques, nous avons du mal, semble-t-il, à ouvrir les bras à l'innovation. C'est en partie parce que lorsque vous visez un mandat et vous présentez devant les électeurs, vous n'êtes pas censé débarquer avec des hypothèses. Les gens s'attendent à ce que vous ayez *le* programme à poser sur la table. Malheureusement, lorsque vous mettez en œuvre pour la première fois une innovation, une politique, une mesure quelle qu'elle soit, il est probable que des pépins de démarrage vont survenir – et comme vous êtes une personnalité publique, ces pépins ont toutes les chances de faire les gros titres des médias. En 2013, lorsque le site web du système de santé du gouvernement fédéral

HealthCare.gov est tombé en panne deux heures après son lancement, le problème, bien que temporaire, a permis aux détracteurs du président Obama de remettre le couvert à propos de la « folie » de son projet d'assurance maladie abordable pour tous les Américains.

Le fait est que lorsque l'on a un mandat politique, il est vraiment très risqué d'entreprendre des actions courageuses. Malgré tout, je crois que nous avons l'obligation de le faire. Cela va de pair avec le serment que nous prononçons.

La raison d'être d'un responsable élu, c'est de trouver des solutions aux problèmes qui se posent, surtout aux problèmes insolubles, et d'avoir une vision de l'avenir. J'ai toujours dit que le capital politique ne rapporte aucun intérêt. Il faut le dépenser, et être prêt à assumer les conséquences de ses actes. Il faut être décidé à éprouver chaque hypothèse, à voir si la solution envisagée fonctionne sur la base de mesures et de données fiables. S'en tenir aveuglément à la tradition, au statu quo, ne devrait jamais être un indicateur de réussite.

Michael Tubbs, le maire de Stockton, Californie, comprend cette idée mieux que personne. En janvier 2017, à l'âge de vingt-six ans, il devint l'édile d'une ville pilonnée par la crise des saisies immobilières et contrainte de se déclarer en faillite. Stockton était confrontée à une pauvreté et à une criminalité élevées, et les loyers ne cessaient d'augmenter. Tubbs demanda à une équipe de chercheurs de réfléchir à des solutions inédites pour l'aider à combattre la pauvreté. L'une des propositions qu'ils lui firent consistait à créer un revenu minimum garanti. L'idée, c'est que verser régulièrement une certaine somme d'argent aux gens pouvait à la fois leur permettre de joindre les deux bouts et stimuler l'économie locale. Tubbs se dit prêt à tester cette hypothèse. La ville mit sur pied un programme pilote prévu pour démarrer en février 2019 : cent personnes sélectionnées au hasard devaient recevoir, pendant un an et demi, une allocation mensuelle de cinq cents dollars qu'elles pourraient dépenser comme bon leur semblerait. Les chercheurs à l'origine du projet suivraient les participants à intervalles réguliers, et tireraient de l'expérience un trésor de données susceptibles d'aider la municipalité – ainsi que d'innombrables autres dirigeants politiques – à évaluer la pertinence de la notion de revenu minimum garanti.

Une autre idée dont il est beaucoup question, pour ce qui est d'aider la main-d'œuvre américaine, consisterait à créer un programme de garantie universelle à l'emploi. Plutôt que de distribuer un revenu minimum aux gens, il s'agirait ici que le gouvernement fédéral assure à quiconque souhaite travailler d'avoir un emploi digne et bien rémunéré. C'est une idée qui nous vient de la Seconde Déclaration[1] des droits proposée en 1944 par le président Franklin Roosevelt. Est-elle réellement envisageable ? Fonctionnerait-elle ? Si vous l'avez incluse dans le programme dont vous avez promis à vos électeurs qu'il allait tout arranger, vous n'avez pas le choix, vous devez répondre oui. Mais la réponse qu'il vaut mieux donner, c'est : « Regardons ce qu'elle peut donner. » J'ai soutenu un projet, au Sénat, visant à créer un programme modèle qui nous aidera à aller dans cette direction. Et je suis persuadée que, d'une façon ou d'une autre, les données que livrera un tel programme éclaireront notre lanterne.

Aller voir sur place

En Californie du Sud, il y a une petite ville, Mira Loma, qui est située sur la rive nord du fleuve Santa Ana, dans l'angle nord-ouest du comté de Riverside et à environ quatre-vingts kilomètres à l'est de Los Angeles. Mira Loma fut très longtemps une communauté rurale de vignobles et de fermes laitières, un lieu où les gens appréciaient de monter à cheval et d'élever leurs enfants à l'écart de la grande métropole et de son air vicié par la pollution

1. La première étant la Déclaration des droits de 1789, qui comprend les dix premiers amendements à la Constitution américaine. Roosevelt estimait qu'elle n'avait pas fait assez pour garantir l'égalité de tous les citoyens dans la « poursuite du bonheur », l'idéal de la Déclaration d'indépendance.

industrielle. Mais à la fin des années 1980, la vie des habitants de Mira Loma commença à changer.

Le développement de la mondialisation avait pour conséquence que les États-Unis commençaient à importer bien davantage de produits qu'auparavant des quatre coins du monde, et une bonne partie des conteneurs arrivant d'Asie par cargo aboutissaient dans les ports de la Californie du Sud. Le comté de Riverside, dont la frontière ouest n'était pas très éloignée de la côte, approuva la construction de gigantesques entrepôts et centres de distribution où des camions viendraient déposer les conteneurs débarqués des cargos dans les ports, et charger les conteneurs à convoyer vers d'autres destinations. Au début des années 2010, lorsque je fus élue procureure générale de Californie, on comptait environ quatre-vingt-dix méga-complexes de ce genre à Mira Loma.

L'existence des 4 500 familles de la ville fut transformée. Les cultures furent arrachées et les terres bétonnées. Le trafic routier devint insupportable. La paisible communauté rurale se retrouva piégée dans un maillage serré d'entrepôts industriels. Et la qualité de l'air vira au toxique. Chaque jour on dénombrait plus de 15 000 trajets de semi-remorques, sur les routes de la commune, qui apportaient de la suie et diverses particules. Bientôt la ville enregistra le plus haut taux de pollution aux moteurs diesel de l'État – un taux bien au-delà des normes fédérales et californiennes de qualité de l'air.

Une étude menée par des chercheurs de l'université de Californie du Sud montra que cette pollution entraînait des troubles du développement pulmonaire et d'autres maladies graves chez les enfants de Mira Loma. Auparavant, l'agence de Protection de l'environnement des États-Unis s'était déjà déclarée inquiète de la menace que cette atmosphère viciée représentait pour la communauté. Mais la situation ne cessait d'empirer.

Je fus informée du calvaire de Mira Loma après que le comté eut approuvé la construction d'un nouveau complexe d'entrepôts qui permettrait 1 500 rotations quotidiennes supplémentaires de camions traversant la commune. Cette fois, les habitants de la ville portèrent l'affaire devant la justice, exigeant l'arrêt du programme. Le comté, disaient-ils, ne prenait pas au sérieux les menaces qui pesaient sur leur santé, et n'avait rien fait pour atténuer les conséquences négatives de ce nouveau projet alors que les précédents avaient déjà de très néfastes conséquences. Ils affirmaient aussi que le comté ne respectait pas les normes en vigueur en Californie pour la protection de communautés comme la leur. Après avoir examiné le dossier, je partageai leur opinion.

« Je veux participer à ce procès, dis-je à mon équipe. Nous allons montrer à ces familles que l'État les soutient. »

Cela aurait pu suffire. J'étais sûre qu'avec les ressources de l'État dans leur camp, les habitants de Mira Loma seraient suffisamment pourvus pour l'emporter. Mais non, justement. Décider de rejoindre leur action en justice ne me suffisait pas. Découvrir la situation de cette communauté par les pièces du dossier et quelques conversations avec des juristes ne me suffisait pas. Il fallait que j'aille voir sur place.

Sur l'autoroute, tandis que nous approchions de Mira Loma, je vis comme un énorme champignon de pollution qui recouvrait et enveloppait la communauté et ses environs. Les rayons du soleil traversaient ce nuage toxique – mais réfractés, avec de sinistres reflets gris. Quand je descendis de la voiture, la pollution me piqua les yeux. Je la sentais dans l'air, je la sentais aussi sur ma langue. Toutes les surfaces étaient couvertes d'une pellicule de poussière et de suie qui noircissait les doigts quand on y touchait.

Dans une petite salle de réunion, je rencontrai des membres de la communauté qui avaient accepté de se réunir pour me raconter leur histoire. Un homme me dit que chaque jour, quand le vent tournait, les gaz d'échappement des camions lui remplissaient les poumons. Une femme me dit que les enfants ne pouvaient plus jouer dehors, c'était tout simplement trop dangereux. Plus de la moitié des foyers de la ville avaient des enfants mineurs – et ils étaient donc enfermés chez eux. Une femme à la voix très douce me dit qu'elle était contente que je sois venue, parce qu'ils se battaient depuis longtemps et personne ne semblait jamais les écouter.

Un homme me dit qu'ils étaient obligés de laver à grande eau la suie qui se déposait autour de leurs maisons – de frotter les fils à linge, aussi, avant d'étendre les lessives. Il s'inquiétait pour les arbres de son jardin, qui avaient cessé de donner des fruits et se mouraient. Et il parla de ses craintes pour les membres de la communauté qui souffraient de cancers, d'asthme et de maladies cardio-vasculaires. À Mira Loma, les taux de ces maladies étaient plus élevés qu'ailleurs.

La première fois qu'il prit la parole, il ne dit que cela. Mais un peu plus tard le micro lui revint entre les mains et le groupe l'encouragea à livrer son histoire, celle qui l'avait amené à la réunion.

« C'est difficile, pour moi, d'en parler, dit-il. Mais enfin... Bon, je vais le faire pour aider tout le monde. »

Des larmes lui venaient aux yeux. Il poursuivit : « J'avais une fille, et... elle est morte, elle n'avait pas encore quinze ans. Au lieu de préparer son quinzième anniversaire, j'ai dû organiser ses obsèques... Elle est morte d'un cancer du poumon. Y a des jours, c'est dur d'en parler. Mais si ça peut aider, voilà, c'est exactement ce qui s'est passé. »

Cela nous aidait, bien sûr. Pour la bataille contre le comté qui allait se dérouler dans des salles de conférence et des salles d'audience, nous ne pouvions pas être simplement les représentants juridiques de ces gens. Nous devions faire nôtre leur message. Pour comprendre réellement la souffrance endurée par une communauté, il ne suffit pas d'imaginer ce que doit être sa situation. On ne crée pas de politiques intelligentes depuis le haut d'une tour d'ivoire, et les faits seuls ne suffisent pas à emporter la discussion. Ce qui compte au moins autant, c'est d'être sur place chaque fois que c'est possible, d'observer la situation les yeux et les oreilles grands ouverts, en parlant avec les personnes qui sont au plus près des problèmes. Il était important pour moi d'être là, à Mira Loma, et d'entendre le récit de ce père bouleversé et les témoignages des autres familles.

Il était tout aussi important que je me rende en Irak, comme je l'ai fait, pour rencontrer des soldats qui attendaient leur prochaine mission, et qu'à San Diego je fasse connaissance avec des marins qui se préparaient à partir plusieurs mois en opération à bord d'un sous-marin nucléaire. Parler des besoins des forces armées ou des services de renseignement en salle de réunion au Sénat est une chose. Aller voir sur place et avoir des échanges authentiques avec les hommes et les femmes qui servent le pays en est une tout autre. J'ai passé beaucoup de temps avec nos troupes, et j'ai parlé avec eux de leurs spécialités et de leur formation, des difficultés de leurs missions et du mélange de courage et de sens du devoir qui les avait conduits à s'engager. Mais nous avons aussi abordé d'autres questions : les petites choses de la vie qui leur manquaient le plus, la peur qu'ils éprouvaient parfois, tout ce qu'ils avaient laissé derrière eux, les sacrifices que devaient accepter leurs familles pendant leur absence. Ces conversations personnelles ont toujours compté pour moi.

Il était important, de même, que j'aille dans un camp de réfugiés syriens, en Jordanie, pour voir de mes propres yeux la vie des personnes piégées là-bas – dont 70 % sont des femmes et des enfants. Nous avons d'abord roulé à travers le camp, qui semblait s'étirer à l'infini dans toutes les directions, chaque tente ou habitation de fortune abritant une famille qui avait fui la guerre et les massacres. Puis, comme j'insistais pour que nous descendions de voiture, nous avons longé une rue bordée d'étals de produits alimentaires et de vêtements que les réfugiés avaient baptisée, non sans humour, les Champs-Élysées.

Tout à coup, trois gamins ont accouru vers moi et ont engagé la conversation. L'un d'eux, un garçon de dix ans qui portait un maillot de foot bleu, a décidé qu'il m'aimait bien. Nous avons pris un selfie ensemble, puis il m'a demandé, avec l'aide des interprètes, si je voulais venir rencontrer sa famille. J'ai dit oui, bien sûr, et l'ai suivi à travers le camp jusqu'à l'endroit où il vivait.

Une famille nombreuse, visiblement étendue, m'accueillit là. Elle disposait de deux modestes habitations entre lesquelles elle avait créé une petite cour intérieure avec une planche en guise d'auvent. Les grands-parents du garçon – la matriarche et le patriarche de la famille – paraissaient enchantés de me recevoir.

« Resterez-vous pour le thé ? me demanda le grand-père.

— J'en serais honorée », répondis-je.

La grand-mère passa derrière la maisonnette, où se trouvaient un robinet et un petit réchaud à gaz. Quelques minutes plus tard, elle apporta de magnifiques verres, une assiette de confiseries et une théière sur un plateau.

Tous assis en tailleur, nous commençâmes à boire le thé. J'étais prête à entendre leur histoire – comment ils avaient abouti ici, leur vécu dans ce camp de réfugiés –, lorsque le grand-père fit signe qu'il allait parler.

« Bon, fit-il. Je vous ai invitée chez moi. Je vous ai offert à boire et à manger. Maintenant, dites-moi. Qui êtes-vous ? »

Entrer dans les détails

Bill Gates adore les engrais. « Je participe à des rencontres où il s'agit d'un sujet de conversation sérieux, écrit-il. Je lis des livres sur leurs bienfaits et sur les problèmes que pose leur surutilisation. C'est le genre de sujet dont je dois me souvenir de ne pas trop parler aux soirées mondaines, parce que la plupart des gens ne le trouvent pas aussi intéressant que moi. » Pourquoi cette fascination ? Gates explique que 40 % des êtres humains, aujourd'hui, doivent leur existence à des productions agricoles à rendement élevé qui ont été rendues possibles par les engrais. Les engrais ont été le combustible de la Révolution verte qui a contribué à sortir des centaines de millions de personnes de la pauvreté. Ce que Gates a compris, c'est que, entre annoncer avoir la volonté d'éradiquer la faim dans le monde et régler effectivement ce problème, il y a un gouffre. Et pour espérer franchir ce gouffre, il faut se pencher sur les détails de la question, même ceux qui paraissent terre à terre comme les engrais, la météo ou la hauteur du blé – car ce sont ceux-ci qui seront déterminants.

En politique, les grandes déclarations prennent souvent le pas sur le travail minutieux et l'attention aux détails qui permettent de concrétiser tout projet de quelque importance. Il ne s'agit pas de dire que les grandes déclarations sont fondamentalement mauvaises. Pour bien diriger, il faut avoir une vision et des aspirations. Il faut mettre des mots sur des idées courageuses qui poussent les gens à agir. Mais c'est souvent la maîtrise de détails en apparence accessoires, l'exécution précise de tâches fastidieuses, et le dévouement au labeur exécuté dans le calme, loin des caméras, qui rendent possibles les changements que nous souhaitons voir advenir.

Entrer dans les détails, cela signifie aussi prendre soin de vérifier que les solutions apportées fonctionnent bel et bien pour les gens qui en ont besoin. Lorsque j'étais procureure générale, par exemple, et que je me suis attaquée à Corinthian Colleges Inc., je m'inquiétais pour l'avenir des étudiants qui avaient été escroqués. Ils avaient le droit, selon les cas, d'être transférés vers une autre école, d'obtenir une annulation de leur emprunt ou de récupérer les sommes qu'ils avaient versées, mais les procédures étaient assez compliquées et nécessitaient beaucoup de paperasse. La plupart des étudiants ne savaient pas par où commencer – voire, ignoraient même qu'ils avaient ces diverses possibilités.

Nous avions remporté le procès, mais les étudiants ne verraient pas les bénéfices de cette victoire, ou ne seraient pas soulagés sur le plan financier, s'ils n'arrivaient pas à trouver leur chemin dans le dédale administratif. Aussi mon bureau a-t-il créé un site web qui les guidait pas à pas jusqu'au bout de cette procédure complexe. Et je l'ai voulu aussi simple que possible pour que chaque personne concernée soit réellement en mesure d'exercer ses droits et de recevoir de l'aide. Pendant le développement du site, j'ai demandé plusieurs fois à mon équipe de me le présenter, et j'ai pris la souris en main pour tester moi-même la procédure. Plus d'une fois je suis tombée sur un os. Je leur disais : « Si moi je ne comprends pas, comment les étudiants vont-ils faire ? » Cela signifiait que l'équipe devait replancher sur l'interface et les textes explicatifs. Aussi fastidieux cet exercice fut-il, il a fini par livrer un outil dont la qualité avait été améliorée. Prendre le temps de peaufiner les détails a rendu le site plus pertinent pour les étudiants qui en avaient besoin.

Ce que je veux dire, c'est qu'il faut relever ses manches pour les petites choses, parce qu'il s'avère parfois que ces petites choses sont en fait de grandes choses. J'ai lu un article, un jour, sur la directrice d'une école primaire de Saint-Louis qui voulait s'attaquer à l'absentéisme galopant de ses élèves. En interrogeant les parents, elle se rendit compte que beaucoup d'enfants n'avaient pas de vêtements propres. Soit ils n'avaient pas accès à une machine à laver, soit les familles n'avaient pas les moyens de payer la lessive, soit le courant leur avait été coupé. Les enfants avaient honte de se présenter à l'école dans des vêtements sales. « Je crois que les gens, ils ne parlent pas de leurs vêtements sales, parce que s'ils le font, ils vont avoir envie de pleurer, ou de rentrer chez eux, ou de disparaître, lui expliqua un élève. On ne se sent pas bien, quoi. »

Alors la directrice fit installer une machine à laver et un sèche-linge à l'école, et elle invita les élèves qui manquaient la classe plus de dix jours à faire leur lessive sur place. Durant la première année de l'expérience, d'après le magazine en ligne *CityLab*, l'absentéisme chuta de façon spectaculaire pour plus de 90 % des élèves suivis.

Les mots comptent

Les mots ont le pouvoir de donner des ailes et de tromper, d'apaiser et de blesser. Ils peuvent diffuser des idées importantes ou des aberrations. Ils peuvent pousser les gens à l'action, pour faire le bien comme pour faire le mal. Les mots ont une force incroyable, et les personnes qui sont au pouvoir, dont les mots portent le plus loin et le plus vite, ont l'obligation – le devoir – de les employer avec justesse et sagesse. Les Écritures nous disent :

« Qui a de la science est maître de ses paroles, et qui est calme d'esprit fait preuve d'intelligence. »

Je suis extrêmement consciente du pouvoir susceptible de résider dans mes propos – dans mes propos d'élue qui représente des millions de personnes et essaie de donner une voix à ceux qui en sont privés. Lorsque je m'exprime, par conséquent, je n'oublie jamais que les mots que je choisis comptent.

Premièrement, le nom que nous prêtons aux choses, la définition que nous en donnons, façonne l'idée que les gens se font de ces choses. Trop souvent, des mots sont utilisés pour atténuer la perception que nous avons de certains problèmes, ou les uns des autres. C'est pourquoi j'ai insisté pour améliorer la terminologie utilisée dans le travail que j'ai fait auprès des mineurs exploités sexuellement. Il n'était pas correct de les qualifier d'« ados prostitués ». Il s'agissait de jeunes gens qui étaient exploités et victimes de prédateurs adultes.

Lorsque j'étais procureure générale, j'ai fait accuser et juger un homme qui avait lancé un site web, UGotPosted.com, sur lequel il invitait les internautes à mettre en ligne des contenus sexuellement explicites sur leurs anciens partenaires sexuels. Lorsque les personnes ainsi exposées voulaient faire retirer les images les concernant, le propriétaire du site exigeait de leur part une somme d'argent. Aujourd'hui, dans la presse comme dans le langage courant, le fait de poster sur Internet des photos ou des vidéos d'un ex-partenaire sexuel est appelé *revenge porn* ou « porno vengeur ». À mon bureau, l'équipe évoquait l'affaire en disant « le dossier *revenge porn* ».

Cela ne me plaisait pas du tout. La vengeance, c'est quelque chose que vous voulez faire subir à quelqu'un qui vous a causé du tort. Ces personnes dont la nudité était mise en ligne n'avaient fait aucun tort à leurs ex-partenaires. Il ne s'agissait pas de vengeance. De pornographie non plus d'ailleurs. Les victimes n'avaient jamais eu l'intention que les images soient rendues publiques. Il s'agissait purement et simplement de malveillance et d'extorsion sur Internet, et nous devions donc parler de cyberexploitation. J'ai expliqué à mon équipe qu'il n'était plus question d'utiliser l'expression *revenge porn*. J'ai encouragé les médias, de même, à y renoncer. Et j'ai fait cela pour une bonne raison : les mots comptent.

Ensuite, comme je dis souvent : je parle vrai. Même si c'est dérangeant. Même si cela met les gens mal à l'aise. Lorsque vous parlez vrai, vos interlocuteurs ne vous quittent pas toujours très satisfaits – et parfois la réaction que vous suscitez n'est pas agréable pour vous. Mais au moins, tout le monde se sépare en sachant que la conversation a été sincère.

Cela ne veut pas dire pour autant que toute vérité est embarrassante, ou qu'il faut sciemment mettre les gens mal à l'aise. Bien des vérités portent en elles un formidable espoir. Je dis simplement que le travail d'un responsable élu n'est pas de chanter des berceuses et d'apaiser le pays en le caressant dans le sens du poil. Son travail, c'est de parler vrai, même dans les moments qui ne semblent pas propices à ce que la vérité soit dite.

Montrer la logique des choses

Nous sommes nombreux à nous souvenir de contrôles de maths, à l'école primaire, où il ne suffisait pas de cocher la case de la réponse correcte. Il fallait montrer comment l'on procédait pour aboutir à tel ou tel résultat. L'institutrice observait ainsi notre raisonnement pas à pas. Si nous parvenions à la bonne solution, elle savait que nous n'avions pas eu un simple coup de chance. Et si nous nous trompions, elle pouvait voir exactement où et pourquoi – et nous aider à corriger notre erreur.

« Montrer la logique des choses », c'est une approche que je défends depuis le début de ma carrière. Déjà, c'est une méthodologie qui nous aide, mon équipe et moi, à tester nos propositions et nos solutions. Quand nous nous forçons à les décortiquer, nous constatons bien souvent que certains de nos raisonnements contiennent des arguments qui ne fonctionnent pas. Alors nous faisons marche arrière pour revoir nos positions et notre développement, et aller plus profondément dans les choses. Ainsi, lorsque nous sommes prêts à présenter un projet, nous pouvons être sûrs de sa solidité.

Et puis je pense que tout élu ou responsable qui demande à la population de lui accorder sa confiance a le devoir, aussi, d'exposer la logique des choses. Nous ne pouvons pas prendre les décisions des gens à leur place, mais il faut que nous soyons capables de montrer comment nous sommes parvenus aux nôtres.

C'est ainsi que, lorsque j'apprenais à de jeunes procureurs à préparer leurs plaidoiries finales, je leur disais toujours qu'il ne suffisait pas de s'avancer vers le jury et d'affirmer : « Débrouillez-vous pour arriver à huit. » Leur travail, c'était d'exposer les faits de façon à démontrer aux jurés que deux fois deux fois deux, cela fait nécessairement huit. Je leur disais de diviser l'opération en toutes ses parties. D'expliquer ce qu'il y avait de logique dans leur argumentation. De montrer à ces jurés comment ils parvenaient à leur conclusion.

Lorsque vous exposez la logique des choses aux gens, vous leur donnez les outils pour décider par eux-mêmes s'ils sont d'accord avec la solution. Et même s'ils ne sont pas d'accord avec tout, ils constateront peut-être bien qu'ils sont du même avis que vous sur beaucoup de choses – et c'est une forme de « crédit partiel », en matière de prise de décision, qui peut constituer la base d'une collaboration constructive.

Personne ne devrait avoir à se battre seul

Au printemps 1966, César Chávez prit la tête d'une marche d'ouvriers agricoles latinos et philippins, sur 550 kilomètres, depuis la vallée centrale de Californie jusqu'à la capitale de l'État, Sacramento, dans le but de faire réagir et d'attirer les regards de tous les Américains sur leurs épouvantables conditions de vie et de travail. Cet été-là, le syndicat United Farm Workers fut créé. Sous la direction de Chávez, il deviendrait l'une des organisations de défense des droits des travailleurs et des droits civiques les plus importantes du pays.

Au même moment, à trois mille kilomètres de là, Martin Luther King dirigeait la campagne Chicago Freedom Movement : des discours, des rassemblements, des manifestations, des rencontres où il exigeait tout pour les Noirs, de la fin de la discrimination au logement et à un enseignement de qualité.

En septembre 1966, King envoya un télégramme à Chávez. Il y citait les nombreux fronts sur lesquels le combat pour l'égalité devait être mené – « dans les taudis urbains, dans les usines et les champs aux conditions de travail épouvantables. Nos deux combats n'en sont en réalité qu'un seul – c'est un combat pour la liberté, pour la dignité, et pour l'humanité ».

C'est un sentiment, je crois, que nous devons tous partager. Il y a tellement de combats menés en ce moment dans ce pays – contre le racisme et le sexisme, contre la discrimination fondée sur la religion, l'origine nationale ou l'orientation sexuelle. Chacun de ces combats est unique. Chacun mérite qu'une attention et des efforts particuliers lui soient accordés. Et ce serait une erreur de laisser dire que ce qui les différencie n'a pas d'importance, ou qu'ils pourraient être tous résolus ensemble, avec une solution unique. Mais en même temps, nous devrions tous nous rallier à l'argument que King souligna pour Chávez : ce que ces combats ont en commun, c'est la quête de la liberté, de la dignité humaine fondamentale. Le mouvement Black Lives Matter ne peut être un cri de ralliement pour les seuls Noirs. Il doit être une bannière sous laquelle toutes les personnes convenables se dresseront. Le mouvement #MeToo ne pourra pas provoquer de changements structurels durables pour les femmes sur le lieu de travail si les hommes ne se joignent pas à cet effort. Les victoires d'un groupe peuvent conduire aux victoires d'autres groupes, devant les juges et dans la société dans son ensemble. Aucun de nous – personne – ne devrait avoir à se battre seul.

Et si nous avons la chance d'être en situation d'influencer les gens, d'avoir du pouvoir, si notre voix et nos actes peuvent mobiliser en faveur du changement, n'avons-nous pas une obligation particulière en ce sens ? Soutenir une cause, cela ne peut pas se résumer à hocher la tête quand quelqu'un énonce une idée avec laquelle nous sommes d'accord – aussi important ce hochement de tête puisse-t-il être par ailleurs. Il faut aussi agir. Notre travail, c'est de représenter ceux qui ne sont pas autour de la table où sont prises les décisions qui peuvent transformer la vie des citoyens. Et pas seulement ceux qui nous ressemblent. Et pas seulement ceux qui ont besoin de ce dont nous avons besoin. Et pas seulement ceux qui ont réussi à se faire entendre de nous. Notre devoir est de travailler à l'amélioration de la condition humaine – de toutes les façons possibles, pour tous ceux qui en ont besoin.

SI C'EST UNE CAUSE QUI VAUT LA PEINE, C'EST UN COMBAT QUI VAUT LA PEINE

« Lundi je suis venue devant votre bureau, s'exclama une militante, Ana Maria Archila, devant le sénateur républicain Jeff Flake, de l'Arizona, alors qu'il entrait dans un ascenseur. J'ai raconté l'histoire de mon agression sexuelle. Je l'ai racontée parce que j'ai entendu dans le témoignage du Dr Ford qu'elle disait la vérité. Ce que vous faites, là, c'est permettre à quelqu'un qui a réellement violenté une femme d'entrer à la Cour suprême. Ce n'est pas acceptable ! »

Le sénateur Flake l'écoutait les yeux baissés, hochant la tête. Puis une autre victime, Maria Gallagher, prit la parole : « J'ai été agressée sexuellement et personne ne m'a crue. Je n'en ai parlé à personne. Vous dites à toutes les femmes qu'elles ne comptent pas, qu'elles devraient se taire parce que, si elles vous parlent de ce qui leur est arrivé, vous les ignorerez. C'est ce qui m'est arrivé, et c'est ce que vous dites à toutes les femmes en Amérique, qu'elles ne comptent pas. »

Le sénateur Flake gardait toujours les yeux baissés. « Regardez-moi quand je vous parle ! s'écria-t-elle d'une voix fêlée. Ce que vous dites, c'est que mon agression ne compte pas, que ce qui m'est arrivé ne compte pas, et que vous allez donner du pouvoir à des gens qui font ces choses-là. C'est ce que vous dites en votant pour lui. Ne détournez pas les yeux ! » Les portes de l'ascenseur se refermèrent et le sénateur Flake gagna la salle où la commission des Affaires judiciaires du Sénat organisait un vote pour décider de la suite à donner à la procédure de nomination de Brett Kavanaugh.

En entrant dans cette commission dix mois plus tôt, je m'étais attendue à participer, un jour ou l'autre, au processus de confirmation d'un juge de la Cour suprême. Mais lorsque le juge Anthony Kennedy avait annoncé, le 27 juin 2018, qu'il prenait sa retraite, j'avais compté parmi les millions de gens effarés par la nouvelle – surtout quand nous avions appris, peu après, que la Maison Blanche avait choisi le juge fédéral Brett Kavanaugh pour le remplacer.

Avant même d'avoir entendu parler de la psychologue et universitaire Christine Blasey Ford, nous savions d'après les déclarations publiques, les écrits et les jugements de Kavanaugh qu'il était hostile aux droits civiques, aux droits de vote et aux droits liés à la santé reproductive. Nous pouvions aussi lui faire confiance pour se prononcer contre les syndicats, contre l'environnement et contre la réglementation des entreprises.

Nous savions, dès avant les premières séances de son audition de confirmation, qu'il y avait quelque chose dans son passé que le juge Kavanaugh et la Maison Blanche essayaient de cacher. Nous le savions, parce que 90 % des documents concernant la carrière de cet homme avaient été dissimulés à la commission des Affaires judiciaires.

Après ces premières séances, nous savions que Brett Kavanaugh, sous serment, avait induit le Sénat en erreur : au sujet de son rôle dans la disparition des documents relatifs à sa carrière, au sujet de son travail avec des membres de la magistrature controversés et au sujet de son rôle dans les écoutes non autorisées de la NSA à l'époque du président George W. Bush.

Nous savions tout cela, déjà. Puis nous avons découvert le nom de cette femme. Et l'histoire qu'elle avait à raconter. La confirmation de Kavanaugh fut reportée : la commission des Affaires judiciaires voulait entendre son témoignage.

Nous avons alors appris que lorsqu'elle était lycéenne, en 1982, Christine Blasey Ford s'était rendue à une fête dans une maison où se trouvaient un certain nombre de jeunes gens – et que là, Brett Kavanaugh s'était couché de force sur elle, s'était frotté contre elle et l'avait pelotée en essayant de la déshabiller. Nous avons appris que lorsqu'elle avait essayé de crier, il avait plaqué une main sur sa bouche. Elle avait cru qu'il allait la violer. Elle avait eu peur qu'il ne la tue par accident.

« J'ai réussi à me lever et à fuir de la chambre, expliqua le Dr Ford devant la commission. Juste en face de la chambre, il y avait une petite salle de bains. Je m'y suis précipitée et j'ai mis le verrou à la porte. J'ai entendu Brett et Mark sortir de la chambre en riant et descendre bruyamment l'escalier, qui était très étroit, en s'amusant à rebondir contre le mur.

« J'ai attendu, et puis, comme je ne les entendais pas remonter l'escalier, je suis sortie de la salle de bains, j'ai couru jusqu'en bas, j'ai traversé le salon et je suis sortie de la maison. Je me souviens de m'être retrouvée dans la rue en éprouvant un immense soulagement d'avoir réussi à m'échapper, et de savoir que Brett et Mark ne me pourchassaient pas. »

J'éprouvai un respect immense pour le Dr Ford en l'écoutant livrer son histoire. En face d'elle se tenaient les vingt et un membres de la commission des Affaires judiciaires du Sénat, qui la dominaient de l'estrade surélevée. Derrière son dos était assis un public nombreux d'inconnus. À sa gauche se trouvait Rachel Mitchell, une procureure de l'Arizona qui devait la questionner à la place des membres républicains de la commission – uniquement des hommes –, qui doutaient apparemment d'être capables de s'acquitter eux-mêmes de cette tâche. Il y avait des gardes du corps dans la salle, aussi, car le Dr Ford avait désormais besoin de protection. Et bien sûr il y avait les caméras de télévision qui diffusaient chaque échange, chaque geste, chaque mot prononcé et chaque larme versée pour l'auditoire national. Ce n'était vraiment pas un cadre facile, pour quiconque, où raconter le pire jour de sa vie.

Et pourtant cette femme était là, devant nous et le reste du monde – après avoir reçu des menaces de mort, après avoir été obligée de déménager avec toute sa famille, après avoir été la cible d'une multitude d'attaques indignes sur Internet. Christine Blasey Ford était venue à Washington pour faire, comme elle le disait, son devoir civique, et par son témoignage elle offrait une des démonstrations de courage les plus extraordinaires qu'il m'eût jamais été donné de voir.

Puis, le même jour, le juge Kavanaugh se présenta à nouveau devant la commission. Et répliqua avec colère :

« Tout ce qu'il s'est passé ces deux dernières semaines, c'est une tentative calculée et orchestrée d'assassinat politique, derrière laquelle on trouve une colère bouillonnante, semble-t-il, contre le président Trump et l'élection de 2016, des inquiétudes injustement mises en relief concernant ma carrière judiciaire, un désir de vengeance au nom des Clinton, et des millions de dollars de groupes militants de gauche ! » Fulminant, il déclara aussi que « le comportement de plusieurs membres démocrates de cette commission aux séances de l'audition, il y a quelques semaines, a été très gênant ». Il continua sur cette lancée pendant trois quarts d'heure. Et ce n'était que sa déclaration introductive.

« J'aime la bière. J'aime la bière, dit Kavanaugh en réponse à une question du sénateur Sheldon Whitehouse, un démocrate de Rhode Island. Je ne sais pas pour vous. Aimez-vous la bière, sénateur, ou pas ? Quelle boisson aimez-vous ? Sénateur, quelle boisson aimez-vous ? »

La sénatrice du Minnesota Amy Klobuchar, également démocrate, demanda : « Vous dites, donc, qu'il ne vous est jamais arrivé de boire à tel point que vous ne vous souveniez pas de ce qu'il s'était passé, ou d'une partie de ce qu'il s'était passé, la veille au soir ?

— C'est… votre question porte sur, je ne sais pas, le trou noir, dit-il d'un air agacé. Je ne sais pas. Et vous ?

— Pourriez-vous répondre à la question, juge Kavanaugh ? J'ai simplement demandé s'il ne vous est jamais arrivé de boire à tel point que vous ne vous souveniez pas de ce qu'il s'était passé, ou d'une partie de ce qu'il s'était passé, la veille au soir. Alors vous dites que ce n'est pas arrivé. Est-ce votre réponse ?

— Ouais, dit-il avec morgue. Et je serais curieux de savoir ce qui a pu vous arriver, à vous.

— Je n'ai pas de problème d'alcool, juge Kavanaugh », dit-elle.

Quelques minutes plus tôt, elle avait expliqué comment l'alcoolisme avait affecté la vie de son père.

« Ouais, moi non plus », rétorqua-t-il. Ce fut un échange assez révélateur pour un homme qui jurait ses grands dieux qu'il traitait toujours les femmes avec respect.

Vers la fin de la séance, mon tour vint de questionner le juge. Comme tout le monde le savait, le Dr Ford s'était soumise – avec succès – au détecteur de mensonges. Elle avait aussi sollicité les témoignages d'experts et de diverses personnes. Par-dessus tout, elle avait réclamé une enquête du FBI. Je demandai à Kavanaugh s'il accepterait d'en faire autant. Il éluda plusieurs fois la question – comme il avait écarté auparavant de nombreuses questions de mes collègues. Le contraste entre la sincérité du Dr Ford et la réticence du juge Kavanaugh était frappant.

Comme était frappante la volonté de cet homme d'induire la commission en erreur. Il livra des réponses de toute évidence trompeuses au sujet de la signification de commentaires troublants qu'il avait fait paraître autrefois dans l'annuaire de son lycée. Il minimisa certains aspects essentiels de sa consommation d'alcool. Il fut malhonnête au sujet des rassemblements et fêtes auxquels il avait participé au lycée.

Et ce tempérament. L'attitude emportée du juge Kavanaugh tranchait tellement avec l'équanimité habituelle des professionnels de la justice que, dans les jours qui suivirent l'audition, l'American Bar Association décida de revoir le jugement qu'elle portait sur lui. Et plus de 2 400 universitaires adressèrent une lettre ouverte au Sénat pour dire qu'ils étaient « unis, en tant que professeurs de droit et spécialistes de l'institution judiciaire, dans l'idée que [Kavanaugh] ne possède pas l'impartialité et la modération requises pour siéger à la plus haute cour de notre nation ».

Et pourtant, à pcinc la séancc terminée il apparut que les républicains avaient envie de poursuivre la procédure sans tenir compte plus que cela de la performance de Kavanaugh et du témoignage du Dr Ford. Et les républicains étaient majoritaires. Ils annoncèrent que la commission voterait dès le lendemain matin, vendredi 28 septembre 2018, la décision de porter la confirmation de Kavanaugh au vote de l'ensemble du Sénat.

L'une des nombreuses raisons pour lesquelles les victimes de violences sexuelles ne parlent pas, c'est qu'elles craignent de ne pas être crues. Comme le dit ce matin-là le Dr Ford à propos de sa décision de témoigner : « Je me suis demandé chaque jour, en termes de coûts et bénéfices, si j'avais vraiment intérêt à m'exprimer, si je n'allais pas me jeter devant un train qui continuerait sur sa lancée, quoi qu'il arrive, et m'anéantirait. »

Lorsque les sénateurs républicains choisirent d'aller de l'avant, cette peur ne parut que trop justifiée. Ces sénateurs choisissaient de ne pas croire Christine Blasey Ford, alors même qu'elle avait tout risqué pour les prévenir de ce qu'elle savait. Alors même qu'elle s'était fait connaître avant que le juge Kavanaugh n'ait été nommé. Alors même qu'elle n'avait aucune raison de mentir.

Ils choisissaient de ne pas croire le Dr Ford tout en refusant de mener une véritable enquête, alors qu'elle disposait d'informations qui confirmaient ses affirmations, et alors qu'elle n'était pas la seule à accuser le juge Kavanaugh. Pour les défenseurs de cet homme, le prix à payer pour la croire – le prix de la vérité elle-même – était tout simplement trop élevé.

« Il s'agit pour certains de montrer leur pouvoir, déclarai-je le lendemain matin devant les médias après avoir incité le groupe démocrate à quitter la réunion de la commission. Cela se voit dans la séance de ce matin, et cela se voit depuis le début de la procédure de confirmation [...]. C'est un échec de cette assemblée à être ce qu'elle a toujours prétendu être, c'est-à-dire une assemblée délibérante. »

Lorsque je regagnai la salle de la commission, certaines rumeurs commençaient à courir. Il s'avérait que le sénateur Flake avait été touché par les rescapées d'agression sexuelle qui l'avaient apostrophé dans cet ascenseur. Après avoir parlé avec le sénateur Chris Coons, un démocrate du Delaware, et d'autres collègues, Flake demandait à présent un report du vote final du Sénat, afin que le FBI ait une semaine de plus pour son enquête. Cela nous donna un répit inattendu.

Nous savons maintenant que cette victoire ne fut que passagère, mais elle reste importante. Deux victimes d'agression sexuelle avaient apparemment réussi à faire réfléchir un sénateur que beaucoup de gens considéraient comme inflexible, permettant la poursuite d'une enquête du FBI et interrompant une procédure de confirmation insensée. À ce moment-là, devant cet ascenseur, ces deux femmes courageuses avaient été plus puissantes que tous les sénateurs démocrates de la commission des Affaires judiciaires. Ensemble, elles avaient contraint l'histoire à marquer le pas – et nous avaient donné un dernier espoir de l'emporter.

Mais la Maison Blanche avait encore une carte à jouer. Le gouvernement limita la portée de l'enquête, dictant au FBI à qui il pouvait parler, empêchant même ses agents de s'appuyer sur les témoignages du Dr Ford et du juge Kavanaugh. Malgré cela, le simple fait qu'une enquête ait été ordonnée suffisait visiblement à certains sénateurs clés. Le 6 octobre 2018, dans la chambre du Sénat, j'assistai impuissante au vote de confirmation du juge Kavanaugh.

J'ai écrit ces pages depuis lors. Comme beaucoup d'Américains, je suis encore sous le choc de ce que cette décision implique pour notre pays. Mais, pour le moment, je dirai juste ceci : ce serait une erreur de minimiser la signification de l'entrée du juge Kavanaugh à la Cour suprême. Avec ce poste à vie, et allié aux juges conservateurs déjà majoritaires, il aura le pouvoir d'invalider l'Obamacare, de miner les bases juridiques de la réglementation des grandes entreprises, de détricoter les droits fondamentaux des citoyens à voter, à se marier et à protéger leur vie privée, et de mettre un terme au droit des femmes à choisir pour elles-mêmes tel que nous le connaissons aujourd'hui.

Je suis inquiète de voir son esprit partisan et son mauvais caractère contaminer la Cour suprême, gouverner ses propres décisions et désavantager au bout du compte tant et tant de personnes qui cherchent à obtenir justice devant les tribunaux. Je suis inquiète de ce que la Cour suprême elle-même risque de devenir en comptant parmi ses juges un homme accusé de façon crédible d'agression sexuelle. Je suis inquiète du message que cette nomination a pu envoyer, une fois de plus, aux Américains et au monde entier : que dans notre pays, aujourd'hui, une personne peut vitupérer, attaquer, refuser de rendre des comptes, et malgré tout se voir accorder un pouvoir extraordinaire sur la vie de ses concitoyens.

Mais voici en revanche ce que je ne crains pas : je ne crains pas pour notre engagement à nous battre pour rendre notre pays meilleur. Je ne crains pas que cet épisode nous ait fait perdre en volonté. Nous avons choisi ce combat non pas parce que nous étions sûrs de gagner, mais parce que nous sommes sûrs qu'il est juste. Car c'est tout ce qui doit compter. Et je sais que ce n'est pas une banale consolation de dire aussi ceci, qui est absolument vrai : même si nous n'avons pas gagné, ce combat était important.

Le Dr Ford n'a pas témoigné en vain. Comme l'a dit le sénateur Patrick Leahy au sujet de sa décision de s'exprimer : « Le courage est contagieux. » Les caméras et les micros que le Dr Ford a attirés sur elle sans les avoir jamais cherchés ont porté son histoire et son message bien au-delà de la salle de notre commission, et quantité de femmes et d'hommes y ont trouvé la force de raconter à leur tour leurs propres expériences d'agression sexuelle – pour la première fois pour beaucoup d'entre eux. Le jour où le Dr Ford a témoigné, la hot-line de RAINN, la plus grande association américaine d'aide aux personnes victimes d'agressions sexuelles, a enregistré 200 % d'appels de plus que d'habitude. Des femmes téléphonaient aussi à C-SPAN, le réseau de chaînes de télévision parlementaires, pour partager leurs expériences. Et elles écrivaient des articles. Elles parlaient à leurs maris et à leurs pères. Elles révélaient leur vérité, et rendaient ainsi plus évidente que jamais l'omniprésence des violences sexuelles.

Ces victimes ne prenaient aucun plaisir à revivre leurs souffrances. Beaucoup de celles qui se firent connaître n'avaient aucune intention de chercher réparation auprès de la justice, et s'attendaient encore moins à obtenir justice. Mais elles parlèrent, comme les victimes de Harvey Weinstein, de Larry Nassar et de Bill Cosby, comme les victimes d'abus sexuels dans l'Église catholique, pour contribuer à ce que cette conversation ne se limite plus jamais à des murmures. Les violences sexuelles sont une réalité. Et une réalité affreuse. Elles affectent aussi les hommes. Et personne ne devrait souffrir en silence. Les visages, les voix, les foules qui ont empli la salle d'audience, le Hart Building[1] et le parvis de la Cour suprême, les personnes qui ont inondé les réseaux sociaux de messages exprimant leur solidarité et leur angoisse, toutes et tous nous commandent d'écouter, de respecter, de croire et d'agir. Leurs voix, comme celle du Dr Ford, porteront longtemps.

De fait, si cette bataille particulière est derrière nous, la portée de ses conséquences n'est pas encore connue. L'histoire a montré que la volonté d'une seule personne à se dresser en faveur de ce qui est juste peut servir de déclencheur à de profonds changements. Le témoignage d'Anita Hill n'a pas suffi à empêcher Clarence Thomas d'accéder à la Cour suprême en 1991, mais il a fait entrer l'expression « harcèlement sexuel » dans le langage courant et provoqué un débat national. Moins de deux mois après avoir entendu Hill, le Congrès a voté le Civil Rights Act de 1991 et a étendu les recours disponibles

1. L'un des immeubles occupés par le Sénat américain, qui accueille diverses commissions et une vaste salle d'audience.

aux victimes de harcèlement sexuel. L'année suivante, des femmes démocrates ont pris d'assaut les élections de 1992, pour doubler le nombre d'élues à la Chambre des représentants et le tripler au Sénat.

Je ne suis pas naïve. Au Capitole, j'emprunte les couloirs où un sénateur républicain a conseillé à des victimes d'agression sexuelle de « grandir », et où un autre a qualifié un groupe de manifestantes de « clique » pendant que le président qu'il servait encourageait ses partisans à humilier le Dr Ford. Je sais – nous savons tous – qu'il reste beaucoup de chemin à parcourir avant que les femmes ne se voient accorder le respect entier et la dignité qu'elles méritent. Mais je me sens optimiste quand je vois le nombre sans précédent de femmes qui se présentent aux élections, et la multitude de femmes qui sont politiquement engagées et dynamiques. Je me sens optimiste quand je vois les nouveaux liens qui se forgent par-delà les frontières de la race, de l'âge, des origines, du vécu et du genre, hommes et femmes se tenant côte à côte pour défendre la justice, l'égalité et les droits fondamentaux.

Ce progrès est le résultat d'un mouvement. Un mouvement qui a commencé bien avant qu'Anita Hill ne témoigne, et qui continuera bien après que le Dr Ford sera devenue l'héroïne des livres d'histoire de nos enfants. Chaque épisode nous rend plus forts, même si nous devons essuyer des revers. Chaque leçon, même si elle est difficile, nous apporte de la sagesse. Nous faisons face à l'avenir avec la conviction qu'il est possible de changer les choses – et que la vérité prévaut toujours, aussi sûrement que le soleil se lève au matin pour un nouveau jour.

Vous serez peut-être les premiers, faites en sorte de ne pas être les derniers

Pendant que je menais ma première campagne de procureure de district, je reçus un jour un coup de téléphone d'une ancienne camarade de classe, Lisa, qui travaillait comme conseillère en orientation dans une fac de droit de la région. Elle avait fait la connaissance d'une jeune femme noire, Venus Johnson, qui avait grandi à Oakland, qui était fille d'une immigrée et qui rêvait de devenir procureure. En écoutant Venus, Lisa avait naturellement pensé à moi.

Nous nous organisâmes pour passer une journée ensemble à l'automne 2003. Dès l'instant où je serrai la main de Venus, je sentis que nous avions énormément de points communs. Je me reconnaissais en elle. Elle eut la gentillesse de me suivre ici et là, tout au long de cette journée, aussi bien pour les différents rendez-vous au programme de ma campagne que pendant que je faisais quelques courses perso. En milieu de matinée, nous cherchâmes un cadeau de mariage pour une bonne amie à moi. (Je décidai de lui offrir des draps.) Un peu plus tard, nous étions en voiture lorsque nous passâmes devant une vitrine où était scotchée une pancarte de mon adversaire.

« Allez, on y va », dis-je à Venus. Je pris une de mes propres pancartes dans le coffre, nous entrâmes dans la boutique, saluâmes le commerçant, puis je lui demandai de soutenir ma candidature.

« Mais… hmm… J'ai déjà un autre candidat dans la vitrine », répondit-il. Il n'avait pas l'air très sûr de ce qu'il devait penser de moi. « Aucun problème, lui dis-je. Vous pouvez mettre la mienne à côté ! » Il accepta finalement et nous repartîmes.

Pendant le déjeuner, je demandai à Venus pour quelle raison elle voulait devenir procureure, et quels étaient ses rêves quand elle était petite. Elle m'apprit que son père avait fait une longue carrière dans la police et qu'elle s'était toujours imaginée se battant au côté des victimes. Après avoir précisé que j'avais à peu près le même parcours qu'elle, je lui recommandai de suivre son instinct et d'entrer au bureau du procureur de district du comté d'Alameda. Je ne demandais pas mieux, lui assurai-je, que de passer quelques coups de fil pour l'aider.

Elle parut se demander pourquoi j'étais prête à faire cela pour elle. Je lui dis que ma mère me répétait souvent ceci quand j'étais petite : « Tu seras peut-être la première. Ne sois pas la dernière. »

Ma mère était arrivée là où elle était parce qu'elle avait été aidée, elle avait eu des mentors. Moi aussi, j'étais devenue celle que j'étais parce que j'avais eu des mentors. Et je comptais bien être la mentor d'autant de gens que je le pourrais au cours de ma carrière.

Quelques années après notre première conversation, Venus décrocha l'emploi dont elle rêvait au bureau du procureur de district du comté d'Alameda. Elle y travailla pendant huit ans. Comme moi, elle se spécialisa dans l'aide aux victimes de violences sexuelles. Nous restâmes régulièrement en contact pendant toute cette période. En 2014, elle rejoignit mon équipe au bureau de la procureure générale de Californie. Après qu'elle eut travaillé auprès de moi, pendant à peu près un an, sur des questions législatives, j'eus une demande particulière à lui formuler.

Je la fis venir dans mon bureau. « Venus, dis-je, je voudrais que vous soyez mon assistante à la procureure générale, et donc concrètement ma cheffe de cabinet. »

Il y eut un long silence. « Moi ? fit-elle.

— Oui, vous ! »

J'ai eu beaucoup de chance, au cours de ma vie, mais je ne sais pas si je me suis jamais sentie aussi chanceuse qu'au moment où elle a accepté. Venus se révéla aussi parfaite pour le poste que je l'avais prévu. En plus de donner sans cesse l'impulsion aux choses, de me doter en personnel compétent et d'être toujours la dernière personne à veiller à ce que je sois fin prête pour mes réunions et mes conférences de presse, elle contribuait à gérer une bureaucratie complexe et à diriger des projets de premier plan, en mon nom, en tant que conseillère juridique et politique. Je n'aurais pu souhaiter meilleure collaboratrice dans mon équipe.

Pendant ces années-là, jusqu'à ce que je devienne sénatrice, nous avons passé beaucoup de temps ensemble. Nous continuons de nous parler régulièrement. Parfois pour évoquer les affaires dont elle s'occupe. Parfois pour réfléchir aux changements de carrière qu'elle envisage. Un jour, nous avons passé un bon moment sur la recette d'un bouillon de poulet sensationnel.

Venus a en partie inspiré un discours que je prononce souvent, notamment devant des groupes de jeunes femmes que j'ai plaisir à faire entrer dans ce que j'appelle le Club des Modèles.

Je leur dis que quelle que soit la profession qu'elles choisissent, elles ne doivent jamais cesser de lever la main, de faire connaître leurs bonnes idées – sans oublier bien sûr de se les attribuer –, et d'avoir conscience qu'elles méritent de grimper aussi haut qu'elles oseront aller. Je leur dis aussi que lorsqu'elles rencontrent des personnes qui ont besoin d'aide, elles doivent faire un effort pour leur donner un coup de main.

Je leur dis qu'il arrive de temps en temps aux membres du Club des Modèles de se sentir seules. De se demander : « Faut-il vraiment que ce soit moi qui porte ce fardeau ? » C'est sûr, elles vont parfois se trouver dans des lieux où personne ne leur ressemblera. Et faire tomber les barrières, cela peut être effrayant. Lorsque l'on perce un plafond de verre, on encourt le risque de se couper, de se faire mal. Ce n'est pas sans douleur. Mais je leur demande de se regarder les unes les autres et de mémoriser cette image dans leur cerveau, dans leur cœur et dans leur âme. Je leur dis de se souvenir qu'elles ne seront jamais seules, en réalité, dans ces lieux – que nous serons toutes ensemble, toujours, pour les encourager. Et ainsi, quand elles se lèveront et prendront la parole pour articuler leurs pensées et leurs sentiments, elles sauront que nous sommes là, dans la salle, avec elles, et qu'elles ont tout notre soutien. Je sais que j'ai toujours celui de Venus.

J'ai vu beaucoup de choses depuis le début de ma carrière dans la fonction publique. Et je ne peux distiller ici tout ce que j'ai appris en cours de route. Mais j'en ai tiré la conviction que les gens sont fondamentalement bons. Et s'ils en ont seulement la possibilité, ils tendront en général la main pour aider leur prochain.

J'ai appris, par l'histoire et par mon expérience personnelle, que le progrès n'est pas graduel ou linéaire. Parfois il passe simplement d'un plateau au suivant. Parfois nous régressons de façon tragique. Parfois nous faisons un bond en avant et accomplissons davantage que nous ne le croyions possible. Je pense que notre rôle à tous est de fournir la force de propulsion qui peut nous permettre d'accéder à quelque niveau supérieur.

Nous n'en sommes pas encore à l'union parfaite. En parallèle aux grandes réalisations de l'expérience américaine, il y a une histoire sombre à laquelle nous devons faire face aujourd'hui. Or, lorsque l'on est confronté à de puissants vents contraires, on fatigue facilement. On se sent dépassé. Mais nous ne pouvons pas renoncer. Le début de la chute, c'est lorsque nous cessons d'aspirer à mieux.

Permettez-moi de livrer une dernière vérité : en dépit de toutes nos différences, en dépit de toutes nos querelles, toutes nos batailles intestines, nous sommes quand même une famille, la famille de l'Amérique, et nous devrions nous conduire comme une famille. Nous avons tellement plus en commun que ce qui nous sépare. Il faut que nous dessinions une image de l'avenir où chacun peut se retrouver et où chacun est visible. Un portrait plein de vitalité pour une nation américaine pleine de vitalité, où chacun est traité avec la même dignité et où chacun a les opportunités qu'il faut pour profiter au mieux de la vie. Voilà la vision, née de l'amour du pays, pour laquelle il vaut la peine de se battre.

C'est un combat séculaire. Et à ce sujet, nous savons ceci : les victoires remportées peuvent se diluer dans l'autosatisfaction. Les batailles perdues peuvent être regagnées par de nouvelles initiatives. Chaque génération doit se réinvestir dans l'œuvre commune, dans l'effort, et dans le véritable sens du mot « patriote ». Un patriote n'est pas quelqu'un qui approuve la conduite du pays quelle qu'elle soit. C'est quelqu'un qui se bat chaque jour pour les idéaux du pays, quoi qu'il en coûte.

Ce qui me paraît clair, en particulier depuis que je suis entrée au Sénat des États-Unis, c'est qu'il s'agit aussi d'un combat qui prend sa source dans l'optimisme. Je vois cela chez les centaines de Dreamers qui occupent les couloirs du Capitole, persuadés qu'ils réussiront à faire bouger les lignes s'ils se font entendre. Et cela arrivera. Je le vois chez les parents qui sont venus à Washington des quatre coins du pays, avec leurs enfants handicapés, afin de montrer aux élus du Congrès les visages de ceux qui n'auraient plus de couverture santé si l'Obamacare était abrogé. Je le vois chez les femmes qui se battent chaque jour pour le droit de prendre elles-mêmes les décisions qui concernent leur corps. Je le vois chez les rescapés de Parkland[1] qui manifestent et s'organisent pour que soient votées des lois de contrôle des armes à feu – et qui ont déjà remporté des victoires significatives prouvant qu'un avenir meilleur est possible.

Quand je voyage dans notre pays, je vois cet optimisme dans les yeux d'enfants de cinq, sept ou dix ans qui sentent déjà que ce combat leur donne un but. Je le vois, et je le sens, dans la vitalité des personnes que je rencontre. Oui, les gens manifestent. Oui, les gens crient. Mais ils le font avec optimisme. C'est pour cela que leurs bébés les accompagnent. C'est pour cela que mes parents m'emmenaient dans la poussette aux manifestations pour les droits civiques. Car si accablantes les circonstances du moment puissent-elles être, tous ces gens croient, comme je le fais, qu'un avenir meilleur est possible pour nous tous.

Le défi que je me donne chaque jour est d'être partie prenante pour trouver des solutions, d'être une participante enjouée de la prochaine bataille. Le défi que je vous propose est de vous joindre à cet effort. De vous lever pour nos idéaux et nos valeurs. Ne baissons pas les bras quand vient le moment, au contraire, de remonter nos manches. Ni maintenant, ni demain, ni jamais.

Un jour, à l'avenir, nos enfants et nos petits-enfants se tourneront vers nous pour nous interroger. Ils diront : « Où étiez-vous quand les enjeux étaient si importants ? Comment c'était ? » Je ne veux pas que nous nous contentions de leur dire ce que nous aurons ressenti ou pensé. Je veux que nous puissions leur raconter tout ce que nous aurons fait.

1. Le 14 février 2018, un jeune homme, Nikolas Cruz, tua 17 personnes et en blessa 17 autres avec un fusil semi-automatique dans un lycée de Parkland, Floride.

Remerciements

Lorsque j'ai entrepris d'écrire sur ma propre vie, je ne m'attendais pas à ce que ce projet devienne une expérience existentielle à lui tout seul. Pendant ce qui fut l'une des années les plus tumultueuses de l'histoire récente de notre pays, mes jours de semaine ont commencé de bonne heure et fini tard, et j'ai passé l'essentiel de mes week-ends à travailler à ce livre : à me remémorer les expériences professionnelles qui en sont le substrat, à revisiter l'enfance qui a façonné mon système de pensée, à m'interroger sur ce que représente ce point d'inflexion. L'écriture de ce livre a mis l'accent, à mes yeux, sur ce qui m'a attirée vers la fonction publique et ce pour quoi il vaudra toujours la peine de se battre, et je suis infiniment reconnaissante à toutes les personnes qui m'ont aidée tout au long de mon parcours. Vous êtes nombreux, celles et ceux que je dois remercier.

Pour commencer, je veux remercier les habitants de la Californie, que je suis depuis si longtemps honorée de représenter. Merci de croire en un avenir plus radieux pour notre État et pour notre nation, et de si bien travailler pour le créer. Merci de croire en moi, et d'avoir placé votre confiance en moi pendant toutes ces années. Je veux que vous sachiez que je m'efforce chaque jour de la gagner. Et je veux tout particulièrement remercier les personnes qui m'ont envoyé des courriers et m'ont permis d'en partager des extraits dans ce livre. Vos histoires comptent.

Je veux aussi remercier mon extraordinaire équipe sénatoriale, à Washington et en Californie, pour le travail essentiel que vous accomplissez chaque jour au nom du peuple américain. Je vous suis tellement reconnaissante d'avoir cette motivation, cette détermination et ce dévouement qui vous caractérisent. Je sais que chacun de vous prend cette mission à cœur. En particulier, je souhaite remercier Tyrone Gale, qui fut mon attaché de presse au Sénat dès le premier jour. Un cancer l'a récemment emporté. Tyrone était irremplaçable. C'était une personne exceptionnelle, par ses qualités humaines comme par ses compétences. Il était gentil, chaleureux, généreux et profondément dévoué à la chose publique. Tous ceux qui l'ont connu entretiennent sa mémoire et essaient d'être à la hauteur de l'exemple qu'il donnait.

Comme toute chose dans ma vie, ce livre n'aurait pas été possible sans l'amour, le soutien et l'aide de ma famille. Doug, merci de tes conseils, tes encouragements et tes observations sur ce projet. Cole et Ella, vous êtes une intarissable source d'amour et de joie absolue pour moi. Aujourd'hui que je vous regarde entrer dans le monde, choisir l'un et l'autre votre propre voie, je me sens tellement fière, chaque jour, d'être votre Momala.

Maya, écrire ce livre a été comme revivre notre enfance. La liste des choses pour lesquelles je veux te remercier est trop longue pour tenir ici. Alors permets-moi simplement, tout de suite, de te remercier pour tes idées et ta perspicacité tout au long de ce processus d'écriture. Merci, aussi, de m'avoir apporté un frère avec Tony – et pour Meena. Meena, je me souviens de toi quand tu avais deux ans, marchant à travers la maison mes chaussures aux pieds. Aujourd'hui tu es toi-même une femme influente qui mène des campagnes importantes et dont je chéris les conseils. Merci pour tout, surtout pour mes petites-nièces, Amara et Leela, et leur génial père, Nik.

Merci à mon père, qui lorsque j'étais petite m'encourageait à être intrépide. Merci à mes chères *Chithis*, Sarala et Chinni, et à Oncle Balu, pour l'amour que vous m'avez toujours donné par-delà l'éloignement géographique. Merci à Tante Lenore d'avoir une place si importante dans ma vie, et à Tonton Aubrey, qui pour l'écriture de ce livre a partagé avec moi des souvenirs d'autrefois. Et merci à Mimi et à Denise de leurs encouragements de toujours.

À Chrisette et à Reggie, merci de m'avoir encouragée à écrire ce livre dès le premier stade du projet. J'ai évoqué nombre de mes plus chers amis dans ces pages et j'aurais pu écrire des chapitres entiers sur les moments que nous avons partagés et partageons encore. Qu'il me suffise ici de dire que je suis immensément reconnaissante à Amy, à Chrisette, à Lo, à Stacey, à Vanessa et à tous ceux (trop nombreux pour les nommer ici) avec qui j'ai la chance de faire ce voyage de la vie. Lorsque quelqu'un me demande le secret de l'existence, je réponds que c'est avoir de bons amis qui deviennent votre famille. Voilà ce que vous êtes tous pour moi, et ce que j'essaie d'être pour vous. Et merci pour tous les filleuls que vous avez mis au monde et dans mon existence.

Ce livre n'aurait pas été possible, non plus, sans le soutien de ma famille au sens large : mes collaborateurs de travail présents et passés, qui sont à mon côté depuis toutes ces années.

Merci à mes conseillers de longue date, Ace Smith, Sean Clegg et Juan Rodriguez, d'être toujours là pour moi, et de votre perspicacité et de vos points de vue au fil des ans.

Je suis profondément reconnaissante envers les équipes qui m'ont entourée lorsque j'étais procureure générale et procureure de district. Vous avez tous continué, chacun dans votre propre voie, à faire des choses remarquables, mais vous restez ma famille. Il y a tant de noms que je voudrais citer. Un merci particulier à Venus Johnson, Debbie Mesloh, Brian Nelson, Lateefah Simon, Dan Suvor, Michael Troncoso, et à d'autres, pour votre aide sur ce projet de livre. Et merci à Josie Duffy Rice, qui est comme une nièce pour moi, de ses commentaires sur le manuscrit et suggestions. J'ai tant de respect pour vos points de vue et votre perspicacité à tous. Je veux aussi remercier John Pérez, que j'appelle encore monsieur le Président, et Marc Elias, pour vos sages conseils à tous les deux.

Bien sûr, rien de tout ceci n'aurait été possible sans l'extraordinaire équipe de Penguin dirigée par Scott Moyers. Scott, vous êtes le meilleur éditeur qu'un auteur peut souhaiter avoir, et je vous serais toujours reconnaissante d'avoir compris le livre que je voulais écrire. Merci à l'équipe de Creative Artists Agency, et en particulier à Mollie Glick, David Larabell, Craig Gering, Michelle Kydd Lee et Ryder White, pour tout le travail que vous avez fourni.

Je veux remercier mes collaborateurs de l'ombre, Vinca LaFleur et Dylan Loewe, pour votre dévouement, pour votre passion et, oui, pour votre patience. Vous avez fait de cette aventure une joie.

Et un grand merci à leur équipe de recherche et de vérification des informations : Brian Agler, Zach Hindin, Steven Kelly, Machmud Makhmudov, Maggie Mallon et Raul Quintana. Et merci à Dorothy Hearst pour notre important travail préparatoire conjoint sur ce projet.

Enfin, je veux remercier tous les gens que j'aime qui ne sont plus avec nous. Je ne sais pas comment Penguin assure la distribution des livres au paradis, mais Tante Mary, Tonton Freddy, Oncle Sherman, M. et Mme Shelton, Tante Chris, Tata Bea, Henry Ramsey, Jim Rivaldo, Mme Wilson et mes grands-parents : ce livre est un hommage à tout ce que vous avez représenté pour moi, à ce que ma vie vous doit pour la forme qu'elle a prise, à l'importance immense que vous avez eue.

Maman, tu es l'étoile brillante de ce livre parce que tu es la raison de tout. Il y a presque dix ans que nous t'avons perdue, et tu me manques terriblement. La vie sans toi est encore difficile à accepter. Mais je crois que tu nous regardes de là-haut. Quand je coince sur une décision difficile à prendre, je demande : « Que penserait maman ? » Et comme ça, tu es ici. C'est mon espoir le plus sincère que ce livre permette à ceux qui ne t'ont jamais connue de comprendre le genre de personne que tu étais. Ce que cela voulait dire d'être Shyamala Harris. Et ce que cela veut dire d'être sa fille.

Notes

Préambule

11 **Peu après, l'Associated Press :** Phil Willon, « Kamala Harris Breaks a Color Barrier with Her U.S. Senate Win », *Los Angeles Times*, November 8, 2016, http://www.latimes.com/politics/la-pol-ca-senate-race-kamala-harris-wins-20161108-story.html.

13 **« Nous ne pouvons pas faire l'autruche :** Thurgood Marshall, « The Meaning of Liberty », discours d'acceptation de la Liberty Medal le 4 juillet 1992, http://www.naacpldf.org/press-release/thurgood-marshalls-stirring-acceptance-speech-after-receiving-prestigious-liberty-award-on-july-4-1992.

Chapitre 1 : « Pour le peuple »

25 **Ils se retrouvaient le dimanche :** Donna Murch, « The Campus and the Street : Race, Migration, and the Origins of the Black Panther Party in Oakland, CA », *Souls* 9, n° 4 (2007) : 333-45, https://doi.org/10.1080/10999940701703794.

25 **un Collège expérimental :** Martha Biondi, *The Black Revolution on Campus* (Berkeley : University of California Press, 2012), 47.

34 **Pollar a dit un jour à un journaliste :** Richard Ramella, « The Rainbow Sign Can Use Some Help », *Berkeley Gazette*, April 18, 1975, 14.

50 **« Le code pénal n'a pas été écrit :** Scott Duke Harris, « In Search of Elusive Justice », *Los Angeles Times Magazine*, October 24, 2004, http://articles.latimes.com/2004/oct/24/magazine/tm-kamala43.

52 **C'était une pionnière :** *ibid.*

Chapitre 2 : Une voix pour la justice

57 **des déchets toxiques polluèrent les sols :** *Pollution, Health, Environmental Racism and Injustice : A Toxic Inventory of Bayview Hunters Point, San Francisco* (San Francisco : Hunters Point Mothers Environmental Health and Justice Committee, Huntersview Tenants Association, and Greenaction for Health & Environmental Justice, 2012), http://greenaction.org/wp-content /uploads/2012/08/TheStateoftheEnvironment090204Final.pdf.

63 **j'ai présenté une loi de réforme :** A Bill to Clarify the Rights of All Persons Who Are Held or Detained at a Port of Entry or at Any Detention Facility Overseen by U.S. Customs and Border Protection or U.S. Immigration and Customs Enforcement, S. 349, 115th Cong. (2017-2018), https://www.congress.gov/bill/115th-congress/senate-bill/349.

65 **95 % des procureurs élus :** Nicolas Fandos, « A Study Documents the Paucity of Black Elected Prosecutors : Zero in Most States », *New York Times*, July 7, 2015, https://www.nytimes.com/2015/07/07/us/a-study-documents-the-paucity-of-black-elected-prosecutors-zero-in-most-states.html.

66 **En 2018, nous avions plus :** The University of London, Institute of Criminal Policy Research, *World Prison Brief.* (Consultation le 25 octobre 2018.) http://www.prisonstudies.org/highest-to-lowest/prison-population-total?field_region_taxonomy_tid=All.

71 **En 2004, par exemple :** Lee Romney, « Bill Would Fight Child Prostitution »», *Los Angeles Times,* September 5, 2004, http://articles.latimes.com/2004 /sep/05/local/me-child5.

72 **Lateefah travaillait huit heures :** Kevin Cartwright, « Activist Awarded for Work with Troubled Youth », *The Crisis* 111, n° 1 (January/February 2004) : 9, https://books.google.com/books?id=Ice84BEC2yoC&pg.

73 **« Je voyais de la résilience :** Carolyn Jones, « Lateefah Simon : Youth Advocate Nominated as Visionary of the Year », *SFGate*, January 5, 2015, https://www.sfgate.com/visionsf/article/Lateefah-Simon-Youth-advocate-nominated-as-5993578.php/.

74 **près de 70 % commettent un crime :** « NRRC Facts and Trends », National Reentry Resource Center, Council of State Governments Justice Center, https://csgjusticecenter.org/nrrc/facts-and-trends.

77 **Parmi eux je veux aussi citer :** Bob Egelko, « Judge Thelton Henderson Ending Long Career Rallying for Oppressed », *San Francisco Chronicle,* January 15, 2017, https://www.sfchronicle.com/bayarea/article/Judge-Thelton-Henderson-ending-long-career-10859424.php ; Associated Press, « Judge Thelton Henderson, Lawyer Fired for Loaning MLK a Car, Retiring », Al.com, January 20, 2017, https://www.al.com/news/birmingham/index.ssf/2017/01/judge_thelton_henderson_lawyer.html ; et Jenifer Warren, « Judge Is No Stranger to Controversy », *Los Angeles Times*, December 16, 1996, http://articles.latimes.com/1996-12-16/news/mn-9670_1_federal-judges.

78 **intelligemment et efficacement :** U.S. Department of Justice, Office of Justice Programs, *Back on Track : A Problem-Solving Reentry Court,* by Jacquelyn L. Rivers and Lenore Anderson, FS 00316 (Washington, DC, September 2009), https://www.bja.gov/Publications/backontrackfs.pdf.

83 **l'épargne médiane :** Board of Governors of the Federal Reserve System, Survey of Consumer Finances, 2016 (Washington, DC, 2016), https://www.federalreserve.gov/econres/scfindex.htm.

84 **Le *New York Times Magazine* :** Nick Pinto, « The Bail Trap », *New York Times Magazine,* August 13, 2015, https://www.nytimes.com/2015/08/16/magazine/the-bail-trap.html.

85 **Les Latinos paient :** Kamala Harris and Rand Paul, « To Shrink Jails, Let's Reform Bail », op-ed, *New York Times,* July 20, 2017, https://www.nytimes.com/2017/07/20/opinion/kamala-harris-and-rand-paul-lets-reform-bail.html.

85 **En 2016, d'après le FBI** : Christopher Ingraham, « More People Were Arrested Last Year over Pot Than for Murder, Rape, Aggravated Assault and Robbery – Combined », *Wonkblog, Washington Post,* September 26, 2017, https://www.washingtonpost.com/news/wonk/wp/2017/09/26/more-people-were-arrested-last-year-over-pot-than-for-murder-rape-aggravated-assault-and-robbery-combined.

85 **Entre 2001 et 2010 :** « Marijuana Arrests by the Numbers », ACLU, https://www.aclu.org/gallery/marijuana-arrests-numbers.

86 **93 % des personnes arrêtées :** John Annese, « NYPD Ripped for "Racially Biased Practices" After Stats Show Cops Still Targeting Minorities for Pot Arrests », *New York Daily News,* April 27, 2018, http://www.nydailynews.com/new-york/nyc-crime/nypd-targeting-minorities-marijuana-arrests-2018-article-1.3957719.

87 **dans la décennie qui a suivi :** *33 States Reform Criminal Justice Policies Through Justice Reinvestment* (Philadelphia : Pew Charitable Trusts, November 2016), http://www.pewtrusts.org/~/media/assets/2017/08/33_states_reform_criminal_justice_policies_through_justice_reinvestment.pdf.

87 **Et depuis 2010, vingt-trois États :** Chris Mai and Ram Subramanian, *The Price of Prisons : Examining State Spending Trends, 2010-2015* (New York : Vera Institute of Justice, May 2017), https://www.vera.org/publications/price-of-prisons-2015-state-spending-trends.

88 **les manifestations de Ferguson :** Jim Salter, « Missouri Report : Blacks 85 Percent More Likely to Be Stopped », AP News, June 1, 2018, https://apnews.com/58d9ad846ef14b93915ee26d3cf4663e.

88 **trois fois plus susceptible :** C.K., « Black Boys Are the Least Likely of Any Group to Escape Poverty », *The Economist*, 2 avril 2018, https://www.economist.com/blogs/democracyinamerica/2018/04/broken-ladder.

88 **deux fois plus souvent :** *ibid.*

88 **six fois plus que les hommes blancs :** Janelle Jones, John Schmitt, and Valerie Wilson, *50 Years After the Kerner Commission* (Washington, DC : Economic Policy Institute, February 26, 2018), https://www.epi.org/publication/50-years-after-the-kerner-commission.

88 **près de 20 % plus longues :** American Civil Liberties Union, « Written Submission of the American Civil Liberties Union on Racial Disparities in Sentencing Hearing on Reports of Racism in the Justice System of the United States », submitted to the Inter-American Commission on Human Rights, 153rd Session, October 27, 2014, https://www.aclu.org/sites/default/files/assets/141027_iachr_racial_disparities_aclu_submission _0.pdf.

Chapitre 3 : « Sous l'eau »

96 **« Jardin du soleil » :** Wallace Smith, *Garden of the Sun : A History of the San Joaquin Valley, 1772-1939,* ed. William B. Secrest Jr., 2nd ed. (Fresno, CA : Craven Street Books, 2004).

96 **près de 40 % de Latinos** : Michael B. Teitz, Charles Dietzel, and William Fulton, *Urban Development Futures in the San Joaquin Valley* (San Francisco : Public Policy Institute of California, 2005), 18, http://www.solimar.org/pdf/urbandevsanjoaquin.pdf.

98 **plus de la moitié de leur valeur** : Bonhia Lee, « Emerging from the Bust, Fresno Housing Market Is Healthiest Nationwide », *Fresno Bee,* January 5, 2016, https://www.fresnobee.com/news/business/article53168660.html.

98 **le taux de chômage :** U.S. Bureau of Labor Statistics, *Unemployment Rate in Fresno, CA (MSA),* document du site FRED, Federal Reserve Bank of St. Louis, https://fred.stlouisfed.org/series/FRES406UR.

99 **Dix ans après avoir acheté leur maison :** Alana Semuels, « The Never-Ending Foreclosure », *The Atlantic*, December 1 2017, https://www.theatlantic.com/business/archive/2017/12/the-neverending-foreclosure/547181.

99 **Humane Society :** « Hidden Victims of Mortgage Crisis : Pets », NBC News, January 29, 2008, http://www.nbcnews.com/id/22900994/ns/business-real_estate/t/hidden-victims-mortgage-crisis-pets/#. W2dfby2ZOEI ; et Linton Weeks, « The Recession and Pets : Hard Times for Snoopy », *All Things Considered,* NPR, April 6, 2009, https://www.npr.org/templates/story/story.php?storyId=102238430.

99 **cinq millions de propriétaires :** « 2010's Record-Breaking Foreclosure Crisis : By the Numbers », *The Week,* January 14, 2011, http://theweek.com/articles/488017/2010s-recordbreaking-foreclosure-crisis-by-numbers.

99 **Et deux millions et demi :** *ibid.*

101 **« signature robot » :** « "Robo-Signers" Add to Foreclosure Fraud Mess », NBC News, October 13, 2010, http://www.nbcnews.com/id/39641329/ns/business-real_estate/t/robo-signers-add-foreclosure-fraud-mess.

103 **candidate au poste de procureur général :** ProsperitasMember, « Pundits Explain Why Kamala Will Never Win (Oops) », vidéo YouTube (3:00) publiée le 7 décembre 2010, https://www.youtube.com/watch?v=1HemG2iLkTY.

106 **j'étais désormais en tête de la course :** Jon Brooks, « Video : Steve Cooley Prematurely Declares Victory Last Night », KQED News, November 3, 2010, https://www.kqed.org/news/4195/video-steve-cooley-prematurely-declares-victory-last-night.

108 **près de neuf millions de bulletins :** Jack Leonard, « Kamala Harris Wins Attorney General's Race as Steve Cooley Concedes [Updated] », *Los Angeles Times,* November 24, 2010, http://latimesblogs.latimes.com/lanow/2010/11/steve-cooley-kamala-harris-attorney-general.html.

109 **37 000 propriétaires emprunteurs :** CBS News, « The Next Housing Shock », rapport *60 Minutes*, vidéo YouTube (14:06) publiée le 3 avril 2011, https://www.youtube.com/watch?v=QwrO6jhtC5E.

109 **« Dans les années 1930 :** Ryan Chittum, « *60 Minutes* with a Good Look at the Foreclosure Scandal », *Columbia Journalism Review,* April 5, 2011, https://archives.cjr.org/the_audit/60_minutes_with_a_good_look_at.php ; et CBS News, « The Next Housing Shock ».

111 **On lui avait promis de l'aider :** California Department of Justice, « Attorney General Kamala D. Harris Convenes Roundtable with Foreclosure Victims », vidéo YouTube (15:59) publiée le 22 novembre 2011, https://www.youtube.com/watch?v=QbycqFzva5Q.

115 **62 % des nouveaux emprunts :** Douglas J. Elliott, « The Federal Role in Housing Finance : Principal Issues and Policy Proposals », in *The Future of Housing Finance : Restructuring the U.S. Residential Mortgage Market,* ed. Martin

Neil Baily (Washington, DC : Brookings Institution Press, 2011), https://www.brookings.edu/wp-content/uploads/2016/07/thefutureofhousingfinance_chapter.pdf.

121 **en décembre 2011 nous décidâmes :** State of California Department of Justice, Office of the Attorney General, « Attorneys General of California and Nevada Announce Mortgage Investigation Alliance », communiqué de presse, 6 décembre 2011, https://www.oag.ca.gov/news/press-releases/attorneys-general-california-and-nevada-announce-mortgage-investigation-alliance.

128 **Le rêve des parents de financer :** Janis Bowdler, Roberto Quercia, and David Andrew Smith, *The Foreclosure Generation : The Long-Term Impact of the Housing Crisis on Latino Children and Families* (Washington, DC : National Council of La Raza, 2010), https://communitycapital.unc.edu/files/2010/02/Foreclosure-Generation.pdf.

128 **« l'augmentation du chômage aux États-Unis :** Aaron Reeves et al., « Increase in State Suicide Rates in the USA During Economic Recession », *The Lancet* 380, n° 9856 (November 24, 2012) : 1813-14, https://www.thelancet.com/journals/lancet/article/PIIS0140-6736 % 2812 % 2961910-2/fulltext.

128 **À Fresno, en 2017, la valeur :** Patrick Clark, « Most U.S. Homes Are Worth Less Than Before the Crash », Bloomberg, May 3, 2017, https://www.bloomberg.com/news/articles/2017-05-03/most-u-s-homes-are-worth-less-than-before-the-crash.

129 **la crise a accablé les familles noires :** Sarah Burd-Sharps and Rebecca Rasch, *Impact of the US Housing Crisis on the Racial Wealth Gap Across Generations* New York : Social Research Council, June 2015), https://www.aclu.org/files/field_document/discrimlend_final.pdf.

129 **345 milliards de dollars :** Peter Rudegeair, Rachel Louise Ensign, and Coulter Jones, « Big Banks Find a Back Door to Finance Subprime Loans », *Wall Street Journal,* April 10, 2018, https://www.wsj.com/articles/big-banks-find-a-back-door-to-finance-subprime-loans-1523352601.

Chapitre 4 : Que sonnent les cloches du mariage

134 **18 000 couples homosexuels :** « Fed Court OKs Immediate Gay Marriages in California ; SF Conducts 1st », KPIX CBS San Francisco, June 28, 2013, http://sanfrancisco.cbslocal.com/2013/06/28/federal-court-oks-gay-marriage-to-resume-in-california-immediately.

137 **Le juge Stephen Breyer :** *Hollingsworth v. Perry,* 558 U.S. 183 (2010), oral arguments, March 26, 2013, https://www.supremecourt.gov/oral_arguments/argument_transcripts/2012/12-144_5if6.pdf.

138 **« non parce qu'elle est ancienne :** Franklin D. Roosevelt, « Address on Constitution Day, Washington, D.C. », discours prononcé le 17 septembre 1937, disponible sur le site The American Presidency Project : https://www.presidency.ucsb.edu/documents/address-constitution-day-washington-dc.

142 **des centaines de mariages :** Malia Wollan, « California Couples Line Up to Marry After Stay on Same-Sex Marriage Is Lifted », *New York Times*, June 29, 2013, https://www.nytimes.com/2013/06/30/us/california-couples-line-up-to-marry-after-stay-on-same-sex-marriage-is-lifted.html.

146 **en 2009, nous avions fait baisser :** Jill Tucker, « Pressuring Parents Helps S.F. Slash Truancy 23 % », SFGate, June 9, 2009, https://www.sfgate.com/news/article/Pressuring-parents-helps-S-F-slash-truancy-23-3228481.php.

148 **Notre premier rapport :** State of California Department of Justice, Office of the Attorney General, « Report on California Elementary School Truancy Crisis : One Million Truant Students, Billions in Economic Harm », press release, September 30, 2013, https://oag.ca.gov/news/press-releases/report-california-elementary-school-truancy-crisis-one-million-truant-students.

Chapitre 5 : Je dis, il faut se battre

171 **dans la Silicon Valley :** Farhad Manjoo, « Why Silicon Valley Wouldn't Work Without Immigrants », *New York Times,* February 8, 2017, https://www.nytimes.com/2017/02/08/technology/personaltech/why-silicon-valley-wouldnt-work-without-immigrants.html.

171 **Elle voulait dire à ses enfants :** Phil Willon, « Newly Elected Kamala Harris Vows to Defy Trump on Immigration », *Los Angeles Times,* November 20, 2016, http://www.latimes.com/politics/la-pol-ca-senate-kamala-harris-trump-20161110-story.html.

171 **près de six millions d'enfants :** Leila Schochet, « Trump's Immigration Policies Are Harming American Children », Center for American Progress, July 31, 2017, https://www.americanprogress.org/issues/early-childhood/reports/2017/07/31/436377/trumps-immigration-policies-harming-american-children.

172 **peur d'être expulsés :** Randy Capps et al., *Implications of Immigration Enforcement Activities for the Well-Being of Children in Immigrant Families : A Review of the Literature* (Washington, DC : Urban Institute and Migration Policy Institute, September 2015), https://www.urban.org/sites/default / files/alfresco/publication-exhibits/2000405/2000405-Implications-of-Immigration-Enforcement-Activities-for-the-Well-Being-of-Children-in-Immigrant-Families.pdf ; et Seline Szkupinski Quiroga, Dulce M. Medina, and Jennifer Glick, « In the Belly of the Beast : Effects of Anti-Immigration Policy on Latino Community Members », *American Behavioral Scientist* 58, n° 13 (2014) : 1723-42, https://doi.org/10.1177 /0002764214537270.

178 **durant les cent premiers jours :** Schochet, « Trump's Immigration Policies ».

178 **ils arrêtèrent quatre-vingt-dix-sept :** Caroline Scown, « Countering the Effects of Trump's Immigration Policies in Schools », Center for American Progress, May 3, 2018, https://www.americanprogress.org/issues/education-k-12/news/2018/05/03/450274/countering-effects-trumps-immigration-policies-schools.

178 **20 % des élèves latinos :** Scown, « Countering the Effects ».

178 **En 2016, le quart des enfants :** Leila Schochet, « Trump's Attack on Immigrants Is Breaking the Backbone of America's Child Care System », Center for American Progress, February 5, 2018, https://www.americanprogress.org/issues/early-childhood/news/2018/02/05/445676/trumps-attack-immigrants-breaking-backbone-americas-child-care-system.

179 **20 % des professionnels :** *ibid.*

179 **ces chiffres ont triplé :** *ibid.*

Chapitre 6 : Nous valons mieux que cela

187 **« ils savaient très bien :** Sankar Raman, « A Cardiac Scientist with Heart », The Immigrant Story, July 10, 2017, http://theimmigrantstory.org/scientist.

188 **jusqu'à 460 milliards de dollars :** Zoe Henry, « 800,000 Workers, $460 Billion in Economic Output, Dozens of Entrepreneurs : What the U.S. Loses if DACA Goes Away », *Inc.*, March 5, 2018, https://www.inc.com/zoe-henry/dreamer-entrepreneurs-respond-to-daca-uncertainty.html.

193 **En Amérique centrale se trouve une région :** Rocio Cara Labrador and Danielle Renwick, « Central America's Violent Northern Triangle », Council on Foreign Relations, June 26, 2018, https://www.cfr.org/backgrounder/central-americas-violent-northern-triangle.

193 **près de 50 000 personnes y ont été assassinées :** *ibid.*

193 **la MS-13 et la Mara 18 :** *ibid.*

194 **les morts violentes de femmes :** « Special Rapporteur on Violence Against Women Finalizes Country Mission to Honduras and Calls for Urgent Action to Address the Culture of Impunity for Crimes Against Women and Girls », Haut-Commissariat des Nations unies aux droits de l'homme (mais document cité en anglais seulement), https://www.ohchr.org/FR/NewsEvents/Pages/DisplayNews.aspx?NewsID=14833.

194 **une fillette de onze ans :** Sonia Nazario, « The Children of the Drug Wars », *New York Times*, July 11, 2014, https://www.nytimes.com/2014/07/13/opinion/sunday/a-refugee-crisis-not-an-immigration-crisis.html.

194 **S'il existait un épicentre :** Labrador and Renwick, « Violent Northern Triangle ».

195 **environ 50 % de chances :** *Continued Rise in Asylum Denial Rates : Impact of Representation and Nationality,* Transactional Records Access Clearinghouse (TRAC) at Syracuse University, December 13, 2016, http://trac.syr.edu/immigration/reports/448.

196 **350 000 immigrés environ :** Labrador and Renwick, « Violent Northern Triangle ».

196 **chuta de 10 % :** Anneliese Hermann, *Asylum in the Trump Era* (Washington, DC : Center for American Progress, June 13, 2018), https://www.americanprogress.org/issues/immigration/reports/2018/06/13/452025/asylum-trump-era.

198 **sept cents enfants :** Caitlin Dickerson, « Hundreds of Immigrant Children Have Been Taken from Parents at U.S. Border », *New York Times,* April 20, 2018, https://www.nytimes.com/2018/04/20/us /immigrant-children-separation-ice.html.

198 **le stress et le traumatisme extraordinaires :** Colleen Kraft, « AAP Statement Opposing Separation of Children and Parents at the Border », American Academy of Pediatrics, May 8, 2018, https://www.aap.org/en-us/about-the-aap /aap-press-room/Pages/StatementOpposingSeparationofChildrenandParents.aspx.

201 **« Les personnes qui enfreignent les lois :** Julie Zauzmer and Keith McMillan, « Sessions Cites Bible Passage Used to Defend Slavery in Defense of Separating Immigrant Families », *Washington Post,* June 15, 2018, https://www.washingtonpost.com/news/acts-of-faith/wp/2018/06/14/jeff-sessions-points-to-the-bible-in-defense-of-separating-immigrant-families.

201 **Sessions supprima le droit :** Katie Benner and Caitlin Dickerson, « Sessions Says Domestic and Gang Violence Are Not Grounds for Asylum », *New York Times,*

June 11, 2018, https://www.nytimes.com/2018/06/11/us/politics/sessions-domestic-violence-asylum.html.

205 **— Je ne connais pas toutes les tâches :** Kamala D. Harris, U.S. Senator for California, « At Hearing on Family Separations, Harris Blasts Immoral Separations and Inhumane Detention of Pregnant Women », press release, July 31, 2018, https://www.harris.senate.gov/news/press-releases/at-hearing-on-family-separations-harris-blasts-immoral-separations-and-inhumane-detention-of-pregnant-women.

206 **avoir recours à des analyses ADN :** Caitlin Dickerson, « Trump Administration in Chaotic Scramble to Reunify Migrant Families », *New York Times,* July 5, 2018, https://www.nytimes.com/2018/07/05/us/migrant-children-chaos-family-separation.html.

206 **« Ces mère ont témoigné :** « Sen. Kamala Harris Visits Otay Mesa Detention Center », NBC 7 San Diego, June 22, 2018, https://www.nbcsandiego.com/on-air/as-seen-on/Sen_-Kamala-Harris-Visits-Otay-Mesa-Detention-Center_San-Diego-486286761.html.

207 **il arrive qu'Andriy se réveille :** Brittny Mejia, « A 3-Year-Old Was Separated from His Father at the Border. Now His Parents Are Dealing with His Trauma », *Los Angeles Times,* July 3, 2018, http://www.latimes.com/local/lanow/la-me-ln-separation-trauma-20180627-story.html.

207 **Jefferson resta raide :** Esmeralda Bermudez, « "I'm Here. I'm Here", Father Reunited with Son amid Tears, Relief and Fear of What's Next », *Los Angeles Times,* July 15, 2018, http://www.latimes.com/local/california/la-me-family-reunion-20180715-htmlstory.html.

207 **un garçon de quatorze mois :** Lisa Desjardins, Joshua Barajas, and Daniel Bush, « "My Son Is Not the Same" : New Testimony Paints Bleak Picture of Family Separation », *PBS NewsHour,* July 5, 2018 (updated July 6, 2018), https://www.pbs.org/newshour/politics/my-son-is-not-the-same-new-testimony-paints-bleak-picture-of-family-separation.

207 **Une femme enceinte tomba :** *ibid.*

207 **Les enfants étaient humiliés :** *ibid.*

208 **La plupart des Américains :** Eleanor O'Neil, « Immigration Issues : Public Opinion on Family Separation, DACA, and a Border Wall », AEIdeas (blog), American Enterprise Institute, June 21, 2018, https://www.aei.org/publication/immigration-issues-public-opinion-on-family-separation-daca-and-a-border-wall.

Chapitre 7 : Tout le monde est fragile

211 **les États-Unis font partie :** Linda Villarosa, « Why America's Black Mothers and Babies Are in Life-or-Death Crisis », *New York Times Magazine*, April 11, 2018.

211 **un écart d'espérance de vie :** Dave A. Chokshi, « Income, Poverty, and Health Inequality », *Journal of the American Medical Association* 319, n° 13 (2018) : 1312-13, https://jamanetwork.com/journals/jama/fullarticle/2677433.

212 **le chef des républicains au Sénat :** Jillian Rayfield, « McConnell at CPAC : Repeal Obamacare "Root and Branch" », *Salon,* March 15, 2013, https://www.salon.com/2013/03/15/mcconnell_at_cpac_repeal_obamacare_root_and_branch.

212 **les républicains l'ont comparé :** Jack Gurdon, « Rand Paul : The Republican Frontrunner in Seven Quotes », *Telegraph,* October 2, 2014, https://www.

telegraph.co.uk/news/worldnews/us-politics/11134793/Rand-Paul-the-Republican-frontrunner-in-seven-quotes.html.

212 **sont allés jusqu'à insinuer :** « 25 Unforgettable Obamacare Quotes », *Politico,* July 16, 2013, https://www.politico.com/gallery/2013/07/25-unforgettable-obamacare-quotes-001595?slide=11.

213 **Le retrait de l'Obamacare :** « H.R. 1628, Obamacare Repeal Reconciliation Act of 2017 », cost estimate and analysis, Congressional Budget Office, July 19, 2017, https://www.cbo.gov/publication/52939.

213 **Il permettrait aux compagnies d'assurances :** U.S. Department of Health and Human Services, Office of Health Policy, *Health Insurance Coverage for Americans with Pre-Existing Conditions : The Impact of the Affordable Care Act* (Washington, DC, January 5, 2017), https://aspe.hhs.gov/system/files /pdf/255396/Pre-ExistingConditions.pdf.

215 **Comparés aux citoyens :** « How Prescription Drug Prices Compare Internationally », *Wall Street Journal,* December 1, 2015, https://graphics.wsj.com/table/GlobalDrug_1201.

215 **une même dose de Crestor :** Rachel Bluth, « Should the U.S. Make It Easier to Import Prescription Drugs ? », *PBS NewsHour,* March 22, 2017, https://www.pbs.org/newshour/health/u-s-make-easier-import-prescription-drugs.

215 **58 % des Américains prennent :** « Public Opinion on Prescription Drugs and Their Prices », Henry J. Kaiser Family Foundation, https://www.kff.org/slideshow/public-opinion-on-prescription-drugs-and-their-prices.

216 **L'un des tout premiers votes :** Zack Struver, « Klobuchar Drug Importation Amendment Sees Votes Crossing the Aisle », Knowledge Ecology International, January 13, 2017, https://www.keionline.org/23248.

216 **en 2017, 153 sociétés :** John Morgan, *A Bitter Pill : How Big Pharma Lobbies to Keep Prescription Drug Prices High* (Washington, DC : Citizens for Responsibility and Ethics in Washington, 2018), https://www.citizensforethics.org/a-bitter-pill-how-big-pharma-lobbies-to-keep-prescription-drug-prices-high.

216 **augmenté ses frais de cotisation :** *ibid.*

216 **deux milliards et demi en lobbying :** *ibid.*

217 **le prix de la pravastatine :** *ibid.*

217 **le prix de l'Albuterol :** *ibid.*

218 **près de 19 000 dollars à l'hôpital :** Jenny Gold and Sarah Kliff, « A Baby Was Treated with a Nap and a Bottle of Formula. His Parents Received an $18,000 Bill », *Vox*, July 20, 2018, https://www.vox.com/2018/6/28/17506232/emergency-room-bill-fees-health-insurance-baby.

218 **31 250 dollars de « frais » :** *ibid.*

218 **se vit réclamer 7 294 dollars** : Sarah Kliff, « He Went to an In-Network Emergency Room. He Still Ended Up with a $7,924 Bill », *Vox,* May 23, 2018, https://www.vox.com/2018/5/23/17353284/emergency-room-doctor-out-of-network.

218 **La dépression est en augmentation :** « Depression Is on the Rise in the US, Especially Among Young Teens », *Science Daily,* October 30, 2017, https://www.sciencedaily.com/releases/2017/10/171030134631.htm.

219 **L'Alabama ne compte qu'un seul :** « Mental Health in America, Access to Care Data », Mental Health America, http://www.mentalhealthamerica.net/issues/mental-health-america-access-care-data.

219 **60 % des comtés américains :** New American Economy, « New Study Shows 60 Percent of U.S. Counties Without a Single Psychiatrist », press release, October 23, 2017, https://www.newamericaneconomy.org/press-release/new-study-shows-60-percent-of-u-s-counties-without-a-single-psychiatrist.

219 **590 psychiatres :** *ibid.*

219 **41,4 % des adultes :** « The State of Mental Health in America », Mental Health America, October 7, 2018, http://www.mentalhealthamerica.net/issues/state-mental-health-america.

221 **« il perdurait une disparité** : U.S. Department of Health and Human Services, *Report of the Secretary's Task Force on Black and Minority Health,* vol. 1, by Margaret M. Heckler (Washington, DC, 1985), https://ia800501.us.archive.org/32/items/reportofsecretar00usde/reportofsecretar00usde.pdf.

221 **mortalité des Noirs américains :** Robin L. Kelly, *2015 Kelly Report : Health Disparities in America* (Washington, DC : Office of Congresswoman Robin L. Kelly, IL-02, 2015), 11, https://robinkelly.house.gov/sites/robinkelly.house.gov/files/2015%20Kelly%20Report_0.pdf.

222 **« Un bébé né à Cheswolde :** Olga Khazan, « Being Black in America Can Be Hazardous to Your Health », *The Atlantic,* July/August 2018, https://www.theatlantic.com/magazine/archive/2018/07/being-black-in-america-can-be-hazardous-to-your-health/561740.

222 **Les bébés noirs risquent deux fois plus :** Villarosa, « Why America's Black Mothers and Babies ».

222 **Les bébés noirs ont moins de chances :** On lit dans le rapport Heckler : « En 1981, de plus, les Noirs étaient frappés par 20 décès de nourrissons pour 1000 naissances, une mortalité infantile encore deux fois supérieure à celle des Blancs (10,5), mais proche de celle des Blancs en 1960 ». U.S. Department of Health and Human Services, *Black and Minority Health,* 2 ; « Infant Mortality », Centers for Disease Control and Prevention, https://www.cdc.gov/reproductivehealth/maternalinfanthealth/infantmortality.htm.

222 **risquent trois fois plus :** Villarosa, « America's Black Mothers and Babies ».

222 **Une importante étude :** New York City Department of Health and Mental Hygiene, *Severe Maternal Morbidity in New York City, 2008-2012* (New York, 2017), https://www1.nyc.gov/assets/doh/downloads/pdf/data/maternal-morbidity-report-08-12.pdf ; et Nina Martin and Renee Montagne, « Black Mothers Keep Dying After Giving Birth. Shalon Irving's Story Explains Why », *All Things Considered,* NPR, December 7, 2017, https://www.npr.org/2017/12/07/568948782/Black-mothers-keep-dying-after-giving-birth-shalon-irvings-story-explains-why.

223 **« l'adversité vécue dans l'enfance :** David Bornstein, « Treating the Lifelong Harm of Childhood Trauma », *New York Times,* January 30, 2018, https://www.nytimes.com/2018/01/30/opinion/treating-the-lifelong-harm-of-childhood-trauma.html.

223 **voir leur espérance de vie réduite :** Khazan, « Being Black in America ».

223 **les télomères de centaines de femmes :** Khazan, « Being Black in America ».

223 **Les patients blancs ont 10 % de chances :** Robert Pearl, « Why Health Care Is Different if You're Black, Latino or Poor », *Forbes*, March 5, 2015, https://www.forbes.com/sites/robertpearl/2015/03/05/healthcare-black-latino-poor/#650c70d37869.

223 **également moins susceptibles :** Quinn Capers IV, « To Reduce Health-Care Disparities We Must Address Biases in Medical School Admissions », *The Hill*, April 14, 2018, https://thehill.com/opinion/healthcare/383154-to-reduce-health-care-disparities-we-must-address-biases-in-medical-school.

224 **Les taux de dépistage :** Pearl, « Why Health Care Is Different ».

224 **de leur statut socioéconomique :** Villarosa, « America's Black Mothers and Babies ».

224 **Plutôt que de l'emmener au scanner :** Rob Haskell, « Serena Williams on Motherhood, Marriage, and Making Her Comeback », *Vogue,* January 10, 2018, https://www.vogue.com/article/serena-williams-vogue-cover-interview-february-2018.

224 **quelqu'un comme Serena Williams :** Haskell, « Serena Williams », *Vogue.*

225 **La recherche a montré que 75 % :** April Dembosky, « Training Doctors to Spot Their Own Racial Biases », CNN, September 7, 2015, https://www.cnn.com/2015/09/07/health/healthcare-racial-bias/index.html.

225 **9 % seulement :** « Diversity in the Physician Workforce : Facts & Figures 2014 », Association of American Medical Colleges, 2014, http://www.aamcdiversityfactsandfigures.org.

227 **la neuvième cause de mortalité :** « End Stage Renal Disease in the United States », National Kidney Foundation, updated January 2016, https://www.kidney.org/news/newsroom/factsheets/End-Stage-Renal-Disease-in-the-US.

227 **trois fois et demie supérieur :** « Low Income Linked to Higher Levels of Kidney Disease Among African Americans », National Kidney Foundation, November 5, 2012, https://www.kidney.org/news/newsroom/nr/Low-Income-Linked-to-Higher-Levels-of-Kidney-Disease.

228 **« le propre service médical de Fresenius :** Andrew Pollack, « Dialysis Equipment Maker Settles Lawsuit for $250 Million », *New York Times,* February 18, 2016, https://www.nytimes.com/2016/02/19/business/dialysis-equipment-maker-settles-lawsuit-for-250-million.html.

228 **DaVita a accepté de payer 350 millions :** U.S. Department of Justice, « DaVita to Pay $350 Million to Resolve Allegations of Illegal Kickbacks », press release, October 22, 2014, https://www.justice.gov/opa/pr/davita-pay-350-million-resolve-allegations-illegal-kickbacks.

230 **les médecins y ont prescrit :** Melanie Saltzman, « Ohio Sues Big Pharma over Increase in Opioid-Related Deaths », *PBS NewsHour,* October 7, 2017, https://www.pbs.org/newshour/show/ohio-sues-big-pharma-increase-opioid-related-deaths.

230 **trente-huit personnes y sont décédées :** Joel Achenbach, « No Longer "Mayberry" : A Small Ohio City Fights an Epidemic of Self-Destruction », *Washington Post*, December 29, 2016, https://www.washingtonpost.com/national/health-science/no-longer-mayberry-a-small-ohio-city-fights-an-epidemic-of-self-destruction/2016/12/29/a95076f2-9a01-11e6-b3c9-f662adaa0048_story.html.

230 **quarante autres ont perdu la vie :** « Fentanyl and Related Drugs like Carfentanil as Well as Cocaine Drove Increase in Overdose Deaths », in Ohio Department of Health, *2016 Ohio Drug Overdose Data : General Findings* (Columbus, 2016), https://www.odh.ohio.gov/-/media/ODH/ASSETS/Files/health/injury-prevention/2016-Ohio-Drug-Overdose-Report-FINAL.pdf.

230 **il faut moins de temps :** Achenbach, « No Longer "Mayberry" ».

230 **« Un jour de septembre :** Achenbach, « No Longer "Mayberry" ».
230 **la criminalité violente a augmenté :** Achenbach, « No Longer "Mayberry" ».
230 **deux cents enfants ont été placés :** Paula Seligson and Tim Reid, « Unbudgeted : How the Opioid Crisis Is Blowing a Hole in Small-Town America's Finances », Reuters, September 27, 2017, https://www.reuters.com/article/us-usa-opioids-budgets/unbudgeted-how-the-opioid-crisis-is-blowing-a-hole-in-small-town-americas-finances-idUSKCN1BU2LP.
230 **Cette situation a obligé :** Seligson and Reid, « Unbudgeted ».
231 **« C'est comme d'avoir la grippe :** Achenbach, « No Longer "Mayberry" ».
232 **Entre 2007 et 2012 :** Julia Lurie, « A Brief, Blood-Boiling History of the Opioid Epidemic », *Mother Jones*, January/February 2017, https://www.motherjones.com/crime-justice/2017/12/a-brief-blood-boiling-history-of-the-opioid-epidemic.
232 **les États-Unis consommaient :** Lurie, « History of the Opioid Epidemic ».
232 **259 millions d'ordonnances d'opiacés :** Lurie, « History of the Opioid Epidemic ».
233 **environ 80 % des Américains :** Keith Humphries, « How Legal Drug Companies Helped Revive the Heroin Trade », *Wonkblog, Washington Post,* June 15, 2018, https://www.washingtonpost.com/news/wonk/wp/2018/06/15/how-legal-drug-companies-helped-revive-the-heroin-trade.
233 **les décès dus aux opiacés :** Karen Kaplan, « Opioid Overdose Deaths Are Still Rising in Nearly Every Segment of the Country, CDC Says », *Los Angeles Times,* March 29, 2018, http://www.latimes.com/science/sciencenow/la-sci-sn-opioid-overdose-deaths-20180329-htmlstory.html.
234 **dépouillé la DEA de son arme** : Scott Higham and Lenny Bernstein, « The Drug Industry's Triumph Over the DEA », *Washington Post,* October 15, 2017, https://www.washingtonpost.com/graphics/2017/investigations/dea-drug-industry-congress.
235 **De nombreuses compagnies d'assurance :** German Lopez, « She Paid Nothing for Opioid Painkillers. Her Addiction Treatment Costs More Than $200 a Month », Vox, June 4, 2018, https://www.vox.com/science-and-health/2018/6/4/17388756/opioid-epidemic-health-insurance-buprenorphine.

Chapitre 8 : Le coût de la vie

242 **La plupart des poubelles :** Steven Ross, Allison Graham, and David Appleby, *At the River I Stand* (San Francisco : California Newsreel, 1993), film documentaire, 56 minutes, https://search.alexanderstreet.com/preview/work/bibliographic_entity%7Cvideo_work%7C1858429.
243 **« Si souvent nous négligeons :** Martin Luther King Jr., « All Labor Has Dignity », King Series, ed. Michael K. Honey (Boston : Beacon Press, 2011).
243 **« Nous sommes fatigués :** King, « All Labor Has Dignity ».
246 **la crèche de votre enfant :** Tanza Loudenback, « In 33 US States It Costs More to Send Your Kid to Childcare Than College », *Business Insider,* October 12, 2016, http://www.businessinsider.com/costs-of-childcare-in-33-us-states-is-higher-than-college-tuition-2016-10.
246 **plus de trois fois plus vite** : Michelle Jamrisko and Ilan Kolet, « College Costs Surge 500 % in U.S. Since 1985 : Chart of the Day », Bloomberg, August 26,

2013, https://www.bloomberg.com/news/articles/2013-08-26/college-costs-surge-500-in-u-s-since-1985-chart-of-the-day.

248 **moins de 1 % des biens :** Jenny Luna, « Buying a Home Is Nearly Impossible for Teachers in These Cities », *Mother Jones,* February 4, 2017, https://www.motherjones.com/politics/2017/02/buying-house-nearly-impossible-teachers-these-cities-2.

249 **1,2 million de plus d'ici 2026 :** U.S. Department of Labor, Bureau of Labor Statistics, « Fastest Growing Occupations », *Occupational Outlook Handbook*, 13 avril 2018, www.bls.gov/ooh/fastest-growing.htm.

249 **21 000 dollars de moins :** Brandie Temple and Jasmine Tucker, *Equal Pay for Black Women* (Washington, DC : National Women's Law Center, July 2017), https://nwlc.org/resources/equal-pay-for-black-women.

250 **les salaires des travailleurs augmentèrent de 90 % :** Lawrence Mishel, Elise Gould, and Josh Bivens, *Wage Stagnation in Nine Charts* (Washington, DC : Economic Policy Institute, 2015), http://www.epi.org/publication/charting-wage-stagnation.

250 **la rémunération des travailleurs :** Mishel, Gould, and Bivens, *Wage Stagnation.*

251 **trois cents fois plus :** Diana Hembree, « CEO Pay Skyrockets to 361 Times That of the Average Worker », *Forbes,* May 22, 2018, https://www.forbes.com/sites/dianahembree/2018/05/22/ceo-pay-skyrockets-to-361-times-that-of-the-average-worker.

254 **40 % de la richesse nationale :** Christopher Ingraham, « The Richest 1 Percent Now Owns More of the Country's Wealth Than at Any Time in the Past 50 Years », *Wonkblog, Washington Post,* December 6, 2017.

254 **à peu près 40 000 milliards :** Harriet Torrey, « Americans' Wealth Surpasses $100 Trillion », *Wall Street Journal,* June 7, 2018, https://www.wsj.com/articles/u-s-net-worth-surpasses-100-trillion-1528387386.

254 **43 % des foyers :** Quentin Fottrell, « 50 Million American Households Can't Even Afford Basic Living Expenses », *MarketWatch,* June 9, 2018, https://www.marketwatch.com/story/50-million-american-households-cant-afford-basic-living-expenses-2018-05-18.

255 **375 millions de personnes :** Daniela Hernandez, « Seven Jobs Robots Will Create–or Expand », *Wall Street Journal,* https://www.wsj.com/articles /seven-jobs-robots-will-createor-expand-1525054021.

255 **23 % des heures :** James Manyika et al., *Jobs Lost, Jobs Gained : Workforce Transitions in a Time of Automation* (Washington, DC : McKinsey Global Institute, 2017), https://www.mckinsey.com/~/media/McKinsey/Featured % 20Insights/Future % 20of % 20Organizations/What % 20the % 20future % 20of % 20work % 20will % 20mean % 20for % 20jobs % 20skills % 20and % 20wages/MGI-Jobs-Lost-Jobs-Gained-Report-December-6-2017.ashx.

255 **2,5 millions d'emplois :** Karen Harris, Austin Kimson, and Andrew Schwedel, « Quick and Painful : Brace for Job Automation's Next Wave », Bain and Company, March 7, 2018, http://www.bain.com/publications/articles/quick-and-painful-brace-for-job-automations-next-wave-labor-2030-snap-chart.aspx.

256 **les événements climatiques extrêmes :** Jeff Goodell, « Welcome to the Age of Climate Migration », *Rolling Stone,* February 25, 2018, https://www.rollingstone.com/politics/politics-news/welcome-to-the-age-of-climate-migration-202221.

256 **terribles conséquences économiques :** Eileen Drage O'Reilly and Alison Snyder, « Where Climate Change Will Hit the U.S. Hardest », *Axios*, June 29, 2017, https://www.axios.com/where-climate-change-will-hit-the-us-hardest-1513303282-6566eea4-6369-4588-88cc-c2886db20b70.html.

256 **Après l'ouragan Harvey :** Goodell, « Age of Climate Migration ».

Chapitre 9 : Une sécurité bien pensée

269 **deux milliards de litres :** Andrea Elliott, « Sewage Spill During the Blackout Exposed a Lingering City Problem », *New York Times*, August 28, 2003, https://www.nytimes.com/2003/08/28/nyregion/sewage-spill-during-the-blackout-exposed-a-lingering-city-problem.html.

269 **à New York, les taux de mortalité :** G. Brooke Anderson and Michelle L. Bell, « Lights Out : Impact of the August 2003 Power Outage on Mortality in New York, NY », *Epidemiology* 23, n° 2 (March 2012) : 189-93, https://www.ncbi.nlm.nih.gov/pmc/articles/PMC3276729.

270 **le vol de propriété intellectuelle :** Sherisse Pham, « How Much Has the US Lost from China's IP Theft ? », *CNN Business*, March 23, 2018, https://money.cnn.com/2018/03/23/technology/china-us-trump-tariffs-ip-theft/index.html.

270 **les pertes dues à cette cybercriminalité :** James Lewis, *Economic Impact of Cybercrime–No Slowing Down* (Washington, DC : Center for Strategic and International Studies and McAfee, February 2018), https://www.mcafee.com/enterprise/en-us/assets/reports/restricted/economic-impact-cybercrime.pdf.

271 **six millions de tentatives de hacking :** Keith Alexander, « U.S. Cybersecurity Policy and the Role of USCYBERCOM », transcript of remarks at Center for Strategic and International Studies Cybersecurity Policy Debate Series, Washington, DC, June 3, 2010, https://www.nsa.gov/news-features/speeches-testimonies/speeches/100603-alenander-transcript.shtml.

271 **« Cyber Crime Center » :** State of California Department of Justice, Office of the Attorney General, « Attorney General Kamala D. Harris Announces Creation of eCrime Unit Targeting Technology Crimes », press release, December 13, 2011, https://oag.ca.gov/news/press-releases/attorney-general-kamala-d-harris-announces-creation-ecrime-unit-targeting ; et State of California Department of Justice, Office of the Attorney General, « Attorney General Kamala D. Harris Announces California Cyber Crime Center Initiative in Fresno », press release, October 10, 2016, https://oag.ca.gov/news/press-releases/attorney-general-kamala-d-harris-announces-california-cyber-crime-center.

272 **la chaîne Fox :** Hans A. von Spakovsky, « Nominated for a Cabinet Position ? Liberal Senators Just Want to Know Your Position on "Climate Change" », Heritage Foundation, February 24, 2017, https://www.heritage.org/environment/commentary/nominated-cabinet-position-liberal-senators-just-want-know-your-position.

272 **« à côté de la plaque » :** Voir Andrew Seifter, « Yes, CIA Director Nominee Mike Pompeo Needs to Answer Questions About Climate Change », *Media Matters for America* blog, January 13, 2017, https://www.mediamatters.org/blog/2017/01/13/yes-cia-director-nominee-mike-pompeo-needs-answer-questions-about-climate-change/215013.

274 **des maladies prospèrent :** Centers for Disease Control and Prevention, « Illnesses from Mosquito, Tick, and Flea Bites Increasing in the US », press release, May 1, 2018, https://www.cdc.gov/media/releases/2018/p0501-vs-vector-borne.html.

274 **Le CDC a déjà identifié :** Centers for Disease Control and Prevention, « Mosquito, Tick, and Flea Bites ».

275 **Les agriculteurs ont dû laisser dépérir :** Krista Mahr, « How Cape Town Was Saved from Running Out of Water », *Guardian*, May 4, 2018, https://www.theguardian.com/world/2018/may/04/back-from-the-brink-how-cape-town-cracked-its-water-crisis.

276 **n'en réutilisent que 7 à 8 % :** U.S. Environmental Protection Agency and CDM Smith, *2017 Potable Reuse Compendium (Washington, DC, 2017), 30,* https://www.epa.gov/sites/production/files/2018-01/documents/potablereusecompendium_3.pdf.

276 **Près d'un million de foyers :** Ben Westcott and Steve George, « Asia Under Water : How 137 Million People's Lives Are Being Put at Risk », CNN, August 30, 2017, https://www.cnn.com/2017/07/24/asia/climate-change-floods-asia/index.html.

276 **Le bilan officiel :** Leyla Santiago, Catherine E. Shoichet, and Jason Kravarik, « Puerto Rico's New Hurricane Maria Death Toll Is 46 Times Higher Than the Government's Previous Count », CNN, August 28, 2018, https://www.cnn.com/2018/08/28/health/puerto-rico-gw-report-excess-deaths.

276 **4 600 citoyens américains :** See Nishant Kishore et al., « Mortality in Puerto Rico After Hurricane Maria », *New England Journal of Medicine* 379, n° 2 (July 12, 2018) : 162-70, https://www.nejm.org/doi/full/10.1056/NEJMsa1803972#article_citing_articles.

Chapitre 10 : Ce que j'ai appris

290 **sortir des centaines de millions :** Bill Gates, « Here's My Plan to Improve Our World – and How You Can Help », *Wired*, November 12, 2013, https://www.wired.com/2013/11/bill-gates-wired-essay.

292 **les gens, ils ne parlent pas :** Mimi Kirk, « One Answer to School Attendance : Washing Machines », *CityLab*, August 22, 2016, https://www.citylab.com/solutions/2016/08/school-attendance-washing-machines/496649.

297 **Ce n'est pas acceptable ! » :** Niraj Chokshi and Astead W. Herndon, « Jeff Flake Is Confronted on Video by Sexual Assault Survivors », *New York Times*, September 28, 2018, https://www.nytimes.com/2018/09/28/us/politics/jeff-flake-protesters-kavanaugh.html.

297 **qu'elles ne comptent pas :** Jesus Rodriguez, « Woman Who Confronted Flake "Relieved" He Called for Delaying Kavanaugh Vote », *Politico*, September 28, 2018, https://www.politico.com/story/2018/09/28/jeff-flake-protester-kavanaugh-852971.

298 **Kavanaugh, sous serment :** Paul Blumenthal and Jennifer Bendery, « All the Lies Brett Kavanaugh Told », *Huffington Post*, October 1, 2018, https://www.huffingtonpost.com/entry/brett-kavanaugh-lies_us_5bb26190e4b027da00d61fcd.

299 **lorsqu'elle était lycéenne :** « Kavanaugh Hearing : Transcript », *Washington Post* (transcript courtesy of Bloomberg Government), https://www.washingtonpost.com/news/national/wp/2018/09/27/kavanaugh-hearing-transcript. Se trouvent aussi ici les autres références aux informations livrées par l'audition de Kavanaugh.

302 **l'American Bar Association :** Associated Press, « American Bar Association Reopens Kavanaugh Evaluation », *PBS News Hour,* October 5, 2018, https://www.pbs.org/newshour/politics/american-bar-association-reopens-kavanaugh-evaluation.

302 **en tant que professeurs de droit :** Susan Svrluga, « "Unfathomable" : More Than 2,400 Law Professors Sign Letter Opposing Kavanaugh's Confirmation », *Grade Point* (blog), *Washington Post,* October 4, 2018, https://www.washingtonpost.com/education/2018/10/04/unprecedented-unfathomable-more-than-law-professors-sign-letter-after-kavanaugh-hearing.

302 **si j'avais vraiment intérêt à m'exprimer :** « Kavanaugh Hearing : Transcript ».

304 **200 % d'appels de plus :** Holly Yan, « The National Sexual Assault Hotline Got a 201 % Increase in Calls During the Kavanaugh Hearing », CNN, September 28, 2018, https://www.cnn.com/2018/09/24/health/national-sexual-assault-hotline-spike/index.html.

Index

Table

Composition et mise en pages
Nord Compo à Villeneuve-d'Ascq

Imprimé en France par CPI
en mai 2021

MIXTE
Papier issu de
sources responsables
FSC® C003309
FSC
www.fsc.org

L'éditeur de cet ouvrage s'engage dans une démarche de certification FSC® qui contribue à la préservation des forêts pour les générations futures.

Pour en savoir plus :
www.editis.com/engagement-rse/

N° d'édition : 62024/01 – N° d'impression : 3043532